「地方自治の責任部局」
の研究

その存続メカニズムと軌跡〔1947-2000〕

谷本　有美子

公人の友社

目　次

序　章　「地方自治の責任部局」存続メカニズムへのアプローチ ……1

はじめに ………………………………………………………………… 2
第 1 節　「地方自治の責任部局」の組織変容とその特徴 …………………… 6
　　(1)　組織形態の変容 ………………………………………………… 6
　　(2)　組織目的（＝任務）の変容 …………………………………… 8
　　(3)　組織構成員（＝官僚機構）の変容 …………………………… 10
第 2 節　自治省の機能とその活性環境
　　　　－地方の「代弁・擁護」「監督・統制」と各省の「牽制・干渉」…… 12
　　(1)　自治省の二面性と機能の特性 ………………………………… 12
　　(2)　地方の「代弁・擁護」と「監督・統制」機能 ……………… 13
　　(3)　各省個別行政への「牽制・干渉」機能 ……………………… 15
　　(4)　3 つの機能の活性環境 ………………………………………… 16
第 3 節　分析視角 …………………………………………………………… 18
　　(1)　組織と政策との相互関係：西尾隆による「制度化」のアプローチ ……… 18
　　(2)　本書の構成 …………………………………………………… 21

第 1 章　「代弁・擁護」機能の必要性と官僚機構の存続 …………… 25

はじめに …………………………………………………………………… 26
第 1 節　内務省地方局の生き残りと地方自治の「代弁・擁護」 ………… 28
　　(1)　内務省地方局の廃止案と地方局官僚の抵抗 ………………… 28
　　(2)　「監督」機能の潜行と「擁護」機能への置換 ……………… 31

iii

目次

（3）「監督」機能に対する政府内の理解 ……………………………… 34

第2節　地方財政委員会の設置と地方税財政制度改革の難航 ……… 38

（1）臨時機関の地方財政委員会と事務局による地方財政強化案 ………… 38

（2）地方財政強化策をめぐる混乱 ……………………………………… 41

（3）官房自治課に与えられた「代弁・擁護」の機能 …………………… 44

第3節　「代弁・擁護」を担う組織の制度構想 …………………… 48

（1）地方自治庁の「代弁・擁護」権限の攻防 ………………………… 48

（2）「代弁・擁護」の制度構想と「大蔵省・ESS」の壁 ……………… 52

（3）「国会による判定」に対するクロスナショナルな共通認識 ………… 56

小括　地方財政の所管組織と地方の統制問題 ……………………… 61

第2章　「監督・統制」機能の体系化と組織基盤の確立 ……… 65

はじめに ………………………………………………………………… 66

第1節　シャウプ勧告を梃子にした地方財政委員会の形 ………… 69

（1）シャウプ勧告「地方自治庁解散案」への対抗 …………………… 69

（2）政府からの独立性をめぐる攻防 ………………………………… 73

（3）地方財政を管理する役割の設定 ………………………………… 77

第2節　地方行財政の一体的運営と地方財政の専管 ……………… 83

（1）地方自治庁と地方財政委員会の分立体制 ………………………… 83

（2）組織分離の下での「企画・立案と実施」の統合 ………………… 85

第3節　自治庁の設置と「監督・統制」のシステム構築 ………… 89

（1）自治庁の設置と「運営の指導」の明文化 ………………………… 89

（2）「監督・統制」権限の体系化 …………………………………… 95

（3）財政面からの「監督・統制」機能の発揮 ……………………… 103

小括　地方財政調整をめぐる裁量権の確保 ……………………… 106

第3章 「牽制・干渉」機能の定型化と地位の安定 ……………… 109

はじめに …………………………………………………………………… 110

第1節 縦割りの開発政策に対する関与の模索 ………………… 113

(1) 府県区域を超える広域行政機構の構想 ……………………… 113

(2) 総合行政主体としての府県の活用 …………………………… 118

(3) 府県の総合計画を通じた「個別行政」への干渉構想 ……… 120

第2節 地方自治と国土政策の一元化構想 ……………………… 124

(1) 組織統合による内政省構想の頓挫 …………………………… 124

(2) 「地域振興」からの干渉体制の形成 ………………………… 127

第3節 地方財政を通じた「牽制・干渉」体制の確立 ………… 130

(1) 後進地域に対する財政措置 …………………………………… 130

(2) 地方債の資金対策と金融業務への参入 ……………………… 131

(3) 地方財政の自律的・長期的運用と内需拡大への貢献 ……… 133

小活 戦後官僚による地方行財政の一体化 ……………………… 136

第4章 3機能の転回局面と組織目的の変容 …………………… 139

はじめに …………………………………………………………………… 140

第1節 革新自治体勢力に対する「監督・統制」機能の遂行 ……… 143

(1) マスコミ・キャンペーンの活用と指導の正当化 ………… 143

(2) 「都市経営論」の実際 ………………………………………… 146

第2節 臨調行革を契機とする「監督・統制」機能の強化 ……… 149

(1) 助走期の定員管理指導 ………………………………………… 149

(2) 地方行革の定員適正化指導 …………………………………… 151

(3) 「新々中央集権」批判の刺激 ………………………………… 153

目次

第3節 「地方の時代」の転用と「牽制・干渉」機能の発揮⋯⋯⋯⋯ 156

（1）機関委任事務見直し問題の再燃 ⋯⋯⋯⋯⋯⋯⋯⋯⋯⋯⋯⋯ 156

（2）国庫補助金の一般財源化と地方財政負担の拡大 ⋯⋯⋯⋯⋯ 159

小括 組織目的の変容と「代弁・擁護」機能の再始動 ⋯⋯⋯⋯⋯ 162

終章「地方自治の責任部局」存続の意味 ⋯⋯⋯⋯⋯⋯⋯⋯ 165

はじめに 地方分権改革が維持した融合型制度 ⋯⋯⋯⋯⋯⋯⋯⋯ 166

第1節 省庁再編と「地方自治の責任部局」の存続⋯⋯⋯⋯⋯⋯⋯ 169

（1）行革会議が提起した自治省の再編構想 ⋯⋯⋯⋯⋯⋯⋯⋯⋯ 169

（2）地方分権の推進と「牽制・干渉」機能の必要性 ⋯⋯⋯⋯⋯ 173

（3）「代弁・擁護」の放擲？ ⋯⋯⋯⋯⋯⋯⋯⋯⋯⋯⋯⋯⋯⋯⋯ 176

第2節 「地方自治の責任部局」の機能合理性 ⋯⋯⋯⋯⋯⋯⋯⋯ 179

（1）「代弁・擁護」「監督・統制」「牽制・干渉」機能の活性傾向 ⋯⋯⋯⋯ 179

（2）「代弁・擁護」の補完と代替 ⋯⋯⋯⋯⋯⋯⋯⋯⋯⋯⋯⋯⋯ 183

付録 関連事項年表 187

参考文献 193

あとがき 204

索引 207

序　章

「地方自治の責任部局」
存続メカニズムへのアプローチ

はじめに

　本書は、戦後日本の中央政府におかれた「地方自治の責任部局」が存続してきたメカニズムについて、1947年から2000年までの約半世紀の歴史を手掛かりに解明しようとする試みである。それは、2000年の地方分権改革後も、なぜ中央政府に「地方自治の責任部局」が必要とされたのか、という問題認識に端を発している。

　日本の地方自治制度の企画立案権は現在、総務省にある。中央政府におかれた総務省が、「地方自治の責任部局」として地方自治を所管しており、それは「自治制度官庁」（金井 2007:3-5）という概念でも表される。2001年1月の中央省庁再編で総務庁・自治省・郵政省が統合され誕生した総務省には、自治行政局・自治財政局・自治税務局と所掌事務に地方自治の関連政策が掲げられた3つの局がある。ただし、それは2000年の地方分権改革以降の状態を示すもので、本書の問題認識を解く手がかりは、むしろそれ以前の時代に展開した事象にあると捉えている。

　中央省庁再編以前に地方自治を専管していた自治省が設置されたのは1960年であり、さらにその系譜を遡ると淵源は、戦前の内務省地方局にたどりつく。本書が、中央政府において地方自治を所管する組織について「総務省」ないし「自治省」という表現ではなく、「地方自治の責任部局」という表現を用いる意図はここにある。なぜならば、以下に示すように、自治省について「地方自治の責任部局」という表現を用いた天川晃の先行研究から、戦前の地方制度に由来する中央地方を通じた融合型の行政体制が、中央における「地方自治の責任部局」の存続メカニズムを明らかにする際の一つのキーファクターとなることが推察されるためである。

　明治憲法下の地方制度では、府県と市町村が中央政府の行政と融合する体制

にあった。天川は、そうした中央地方関係の下での内務省地方局を「地方自治に対する中央政府の責任部局」と称し、戦後体制において府県区域を超える広域制度構想を展望する中で、そこでの中央地方の融合型制度の維持が「中央政府における地方自治の責任部局」の地位を維持することにつながる可能性に言及した（天川 1983：121-125）。同時に示された「融合型制度が機能するためには、中央政府各省庁の調整も不可欠」であるとの指摘は、中央政府で「地方自治の責任部局」が担う各省との調整の必要性を明示している。

　自治省と各省との関係という点で、これまで最も注目されてきたのは大蔵省との拮抗である。なかでも霞が関で進められる自治省（総務省）と大蔵省（財務省）との間の地方への財源移転をめぐる折衝関係への着眼については、北村（2009）のようにその交渉過程を政治の影響を交え精緻なデータで分析した先行研究がある。また、戦後の中央地方関係で個別行政機能別に実施統制手段が確保されているという集権化の現象を「機能的集権体制」と称した市川喜崇（2012:11）は、その機能的集権体制において総務省が、地方の財源保障機能を通じ国家財政と地方財政を体系的に連動させるシステムの管理者として役割を見出してきたことを指摘している (市川 2012:183-197)。

　しかしながら、戦後の「地方自治の責任部局」と個別行政を担う各省との調整の具体的行為に焦点を絞った先行研究は、管見の限り見当たらない。つまり、本書の問題関心を鮮明にするには、それら先行研究が明らかにしてきた大蔵省との対抗関係に加え、個別行政を所管する各省との調整を検討しながら、「地方自治の責任部局」の存続メカニズムを考察していくことが必要となる。

　他方でその環境面に目を転じると、「地方自治の責任部局」による各省庁との調整の発生要件たる中央地方を通じた融合型の行政体制は、占領政策の下で不安定な状態におかれていたことがある。連合国総司令部（以下、「GHQ」とする。）によって、いわば「国外からの推進力」で進行した戦後改革が、その「地方自治の責任部局」の存置基盤ともいうべき融合型の中央地方関係を揺るがす事態を幾度か招来していたという史実は、本書の基本要素として欠かせない。。

　戦後改革で民主化・分権化を企図した GHQ 民政局は、中央政府と地方政府と

序　章　「地方自治の責任部局」存続メカニズムへのアプローチ

の分離を当然視する米国流の地方自治観に立脚し、地方自治を所管する中央の
行政機構は不要と判断した。地方自治法施行の 1947 年、占領政策の警察改革と
ともに内務省は解体され (天川 2014:271-274)、地方局はその残務処理を担う組織
として設置された内事局（のちに総理庁官房自治課となる）と、地方自治の強
化を目的として新設された地方財政委員会という 2 つの暫定組織に分散される。
しかし、占領後期に入った 1949 年に官房自治課と地方財政委員会は統合され、
地方自治庁の新設へとたどりつく。ついで地方自治の「分離型」モデルを提唱
したシャウプ勧告では地方自治庁の廃止が提案されたにもかかわらず、地方自
治庁・地方財政委員会の分立体制が形成される。講和期に入った 1952 年に両者
の統合で自治庁が新設され、高度成長期の 1960 年、自治省へと昇格している。

　このように戦後の中央政府における「地方自治の責任部局」は、内務省地方
局に系譜を有する組織を核とし、その態様を変化させながら、地方自治を所管
する単独の省としての再興に至り、その後約 40 年間、自治省として地方自治を
専管する「省」の形態を安定的に維持したが、21 世紀を目前に進行した橋本行
革で再び、省庁再編という大改革の波にのまれていく。それでも自治省は総務庁・
郵政省と統合され、新設された総務省において自治省時代の 3 つの局を維持し、
「地方自治の責任部局」としての生き残りを果たしている。

　内務省解体時に残務処理や暫定的任務のみを引きうけたはずの「地方自治の
責任部局」が、旧内務省地方局の DNA を受け継ぐ官僚機構を核としつつ、戦後
改革で分離された組織との有機的な分立や統合を図りながら、一つの省庁とし
て地方自治を専管する安定的な地位を獲得し、さらに 20 世紀末の中央省庁再編
を経た今日まで、存続しているのはなぜなのか。天川の先行研究で、中央地方
融合型の行政体制がその根底に所在することは明らかであるが、本書の問題関
心はさらにそれを深化させ、第 1 節で示すような組織変容と機能特性に着目して、
戦後の「地方自治の責任部局」の存続メカニズムを明らかにしていくことにある。
見方を変えればそれは、戦後日本の地方自治を所管する省庁の機能面からの合
理性を明らかにすることでもある。

　なお、本書が主題とする「地方自治の責任部局」をはじめ関連する用語の以

後の表記についての基本的な考え方をあらかじめ示しておく。戦後日本で中央政府における「地方自治の責任部局」として長くその役割を担ってきたのは自治省であり、先行研究においても、本書が研究対象とする「地方自治の責任部局」については自治省の時代を扱うものが大半を占める。なかには地方財政委員会や自治庁時代を扱うものもあるが、基本的にはその組織が存在していた時期に限定した分析が行われている。そのように、特定の時期ないし省庁を単位として扱われている以外は「自治省」と表記される場合が一般的である。

　これに対し本書は、「地方自治の責任部局」の変遷を戦後地方自治法の施行（1947 年）から地方分権一括法の施行（2000 年）までの行政史として扱っていることから、章ごとで進める特定した時代の論述ではその時期の組織名称を主に用いたうえで、必要に応じ括弧書きで「地方自治の責任部局」を付記することにする。時代不特定の記述では、原則「地方自治の責任部局」を用い、適宜括弧書きにて組織名称を付記する。また、その官僚機構については原則「自治官僚」という呼称を用い、内務省地方局からの継続性を強調する際など、文脈に応じ適宜「内務官僚」「地方局官僚」の呼称を使用することとする。

第1節　「地方自治の責任部局」の組織変容とその特徴

（1）組織形態の変容

　初めに、分析対象となる戦後日本の「地方自治の責任部局」について、その組織変遷を概観・整理すると、次のような経緯がある。

　戦後改革で内務省が解体されると、地方局に系譜を有する組織として、期限付きの地方財政委員会と残務処理機関としての内事局（1947 年）が暫定的に発足する。ついで内事局の後任組織として総理庁官房自治課が発足（1948 年）し、両者がいったん地方自治庁として統合されるが（1949 年）、再び地方自治庁・地方財政委員会（第 2 次）の分立体制（1950 年）となる。自治庁発足の際に地方自治庁・地方財政委員会・全国選挙管理委員会との統合が図られ（1952 年）、自治省への昇格時に消防庁を統合（1960 年）した流れが、戦後昭和期における「地方自治の責任部局」の組織変遷である（**資料 1 参照**）。占領期における分離・統合の繰り返しを経て、占領終結から組織の拡大が図られていく傾向が一つの特徴である。

　またこの分離・統合過程では、内実の異なる組織で地方財政委員会という同一名称が用いられていることにも留意しておきたい。占領期に 2 度登場する「地方財政委員会」という組織は、その性格や権能が大きく異なる。1947 年に発足した最初の地方財政委員会は臨時的機関で、行政委員会の形式を採用しているが、他方で委員長を国務大臣が兼務する国の行政機関としての性格を併有していた。これに対し、地方自治庁と分立体制で 1950 年に発足した地方財政委員会（第 2 次）は国務大臣を委員に含まず、内閣から一定の独立性を有する合議制機関に位置づけられていた。

　前者は戦後改革、後者はシャウプ勧告を契機に誕生した組織である。しかし、

第 1 節　「地方自治の責任部局」の組織変容とその特徴

いずれも「国外からの推進力」で提起された改革の産物である点で共通する。占領期における「地方自治の責任部局」の存続をめぐる日米のクロスナショナルな攻防が、それぞれの組織形態を規定していくことになったのである。このことは、本書の骨格をなす「地方自治の責任部局」の機能形成の面において極めて重要な意味を持つので、第 1 章及び第 2 章で詳述する。

資料 1　内務省解体期から自治省の発足までの組織変遷

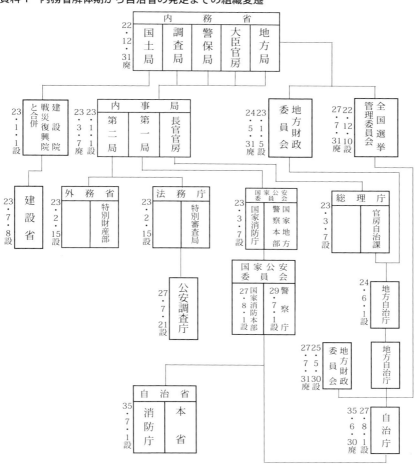

出典）岡田（1986:22）に一部加筆。

（2）組織目的（＝任務）の変容

　次に、組織の必要性や存在意義を表す組織目的の変容を俯瞰する。周知のように国の行政機関の位置づけや性格等は、人事院及び内閣府を除き、通則として国家行政組織法で規定され、各省設置法で任務・所掌事務・権限等が定められている。そのため、国家行政組織法及び各省設置法が整備された1949年以降に「地方自治の責任部局」がおかれた国の行政機関の任務を取り上げ、組織目的の共通点・相違点を確認しておきたい。

　地方自治庁発足当時に規定された任務は、「地方自治庁は、国と地方公共団体との連絡及び地方公共団体相互間の連絡協調を図るとともに、国家公益と地方公共団体の自主性との間に調和を保ちつつ地方公共団体の自治権を擁護し、もって地方自治の本旨の実現に資することを任務とする。」〔地方自治庁設置法（1949年5月31日法律第131号）第3条〕であった。

　この任務が、地方財政委員会及び全国選挙管理委員会と統合されて誕生した自治庁では次のように大きく変更された。新たな条文は「自治庁は、民主政治の基盤をなす地方自治及び公職選挙等に関する各種の制度の企画及び立案並びにその運営の指導に当たるとともに、国と地方公共団体との連絡及び地方公共団体相互間の連絡協調を図り、もって、地方自治の本旨の実現と民主政治の確立に資することを任務とする。」〔自治庁設置法（1952年7月31日法律第261号）第3条〕となる。

　自治庁設置法では、地方自治制度の運営について指導をする役割が前面に打ち出された一方で、「地方公共団体の自治権の擁護」という役割が消えている。自治権を擁護する役割から、地方自治の運営を指導する役割へとこのタイミングで任務が大きく転換していることがわかる。地方財政委員会・全国選挙管理委員会との統合に伴い、地方自治庁という組織名称から「地方」が削除されたとする鈴木俊一による説明が残されている（鈴木1999:115）こともあり、名称変更の問題がクローズアップされる傾向にあるが、ここでは、任務の転換が大き

第1節 「地方自治の責任部局」の組織変容とその特徴

な意味をもつことに注目したい。なお、ここでの全国選挙管理委員会との統合
を契機に挿入された枕詞の「民主政治の基盤をなす」は地方自治にも係る形と
なっており、地方の民主政治も運営指導の対象に含まれた。この点も注目すべ
き改正点である。

　こうして占領終結とともに行われた任務の転換は、のちの中央政府における
「地方自治の責任部局」の存在意義を決定づけたターニングポイントとなる。こ
こで規定された任務が以後の「地方自治の責任部局」が担う路線を確定していく。
そのことは、総理府の外局に置かれた大臣庁の自治庁が、1960年に自治省へと
昇格した際の設置法改正条文との比較で明らかとなる。以下に記すように設置
法に書かれた自治省任務の中で地方自治を所管する部分については、自治庁時
代と比較して何ら変更が加えられていないのである。

　「自治省は、民主政治の基盤をなす地方自治及び公職選挙等に関する各種の制
度の企画及び立案並びにその運営の指導に当るとともに、国と地方公共団体と
の連絡及び地方公共団体相互間の連絡協調を図り、もって、地方自治の本旨の
実現と民主政治の確立に資すること並びに消防に関する事務を処理し、もって、
水火災等による災害の防除に資することを任務とする。」〔自治省設置法第3条(1960
年6月30日法律第113号)〕

　自治庁と自治省との任務の違いは、「消防に関する事務を処理し、もって、水
火災等による災害の防除に資すること」の有無にとどまる。この記述はもとも
と国家公安委員会におかれていた消防庁の任務として規定されていた内容で、
自治省の外局に所管が変更されたために付け加えられた文言である。これ以外
に任務について修正や挿入は行われておらず、自治庁から自治省への昇格[1]にあ

1　なお、大臣庁が省へと昇格する際に公式のルールがあるわけではない。自治省発足以降に庁から省
　へと昇格した例としては、2001年の環境省、2007年の防衛省がある。環境省の場合は橋本行革の
　省庁再編に伴うもので、各省に分散していた環境関係行政を一元的に統合する組織として、当時の橋
　本総理大臣の強いリーダーシップで設置が決まったとの水野清（当時の行政改革会議事務局長・内閣
　総理大臣補佐官）の回想記（水野2007:173）。防衛省の場合は、法案審議の際の防衛庁長官
　答弁に「庁であっても省であっても任務・予算等に変化はなく一緒である、省になることは意識や政
　策官庁としての自覚が違う」との発言があるように、任務からの必要性よりむしろ政権の時代的要請
　が強く作用したことがうかがえる。

9

序　章　「地方自治の責任部局」存続メカニズムへのアプローチ

たって、地方自治に関する任務は特段改正されなかった。

　権限に関しても、内閣総理大臣の権限に属していた事務を自治大臣の権限に移すための条文の整理が行われたにとどまる[2]。その後も自治省の任務を変更する改正は行われていない。つまり、自治庁発足時の 1952 年から中央省庁再編で総務省となる 2001 年までの約 50 年間、地方自治に関わる任務の変更は全く手付かずであったことになる。

（3）組織構成員（＝官僚機構）の変容

　もう一つ、戦後の「地方自治の責任部局」の組織変容で注目すべき点は、組織の内的変容の面である。官僚機構の問題ともいえる。自治省に昇格し、組織の位置づけが安定化した頃から、組織構成員である官僚機構の人事政策に、構造的な変化が生じ始めたことが観察できる。それは、内務省地方局官僚の嫡流が幹部を占めてきた官僚機構において、1970 年前後から見出される特徴的な事象である。このころから、内務省解体後の戦後の「地方自治の責任部局」（当時は地方財政委員会）に採用された、いわば自治官僚の幹部登用が始まっている。

　自治省発足以来、自治事務次官は旧内務省地方局出身の小林與三次、奥野誠亮、金丸三郎、柴田護が順次務めた。各人の系譜をたどると、小林と金丸は行政課、奥野と柴田は財政課出身で、柴田までは旧内務省地方局の行政課と財政課出身者が、交互に次官へと登用される慣行であった（神 1986：168-169）。

　それが、1960 年代後半から行政局よりも財政局の出身者を重用する人事に変化し始め、たとえば 1969 年には、事務次官ポストに財政局長出身者が 2 代続いて登用されている。1969 年 10 月 3 日の人事発令では、旧内務省地方局財政課の流れを汲む柴田護事務次官の後任に、細郷道一財政局長が充てられ、同時に、長野士郎行政局長が財政局長にスライドする人事異動も行われている。その後 1971 年 9 月 1 日発令の人事で長野士郎財政局長が自治事務次官となるまで、「財

2　石原幹市郎国務大臣による提案理由説明（『第 34 国会衆議院会議録』第 13 号, 1960 年 3 月 18 日）。

政局長から自治事務次官へ」の人事ルートが３代続き、２代おいて財政局長の鎌田要人が事務次官となって以降は、財政局長が自治事務次官候補者の指定席となっていく（神1986：194-195）。

　また、省庁の筆頭局は事務次官人事に象徴されるが、内務省地方局時代から伝統的に企画立案をリードしてきた行政課（局）の立場が、財政局との関係で相対的に後退していくかのような政策展開もこの頃から見え始める。伝統的な状況は、元自治事務次官の宮沢弘による「ものを創って推進していくのは行政局であり行政課であるという気概が我々にあった」一方で、財政局は「ものを積極的に創りだしていこうというところではありませんでした」と内務省地方局時代の行政課を自負する発言に象徴される（御厨／飯尾 2007:120-121）。しかし、1970年代の自治省が着手した地域政策の分野を見ると、明らかに財政局の企画・立案事務の重要度が増してきた様相が看取できるのである。第３章でも取り上げるように1969年には大蔵大臣が国会答弁で地方交付税を地方の自主財源であることを認め、1970年代半ば以降は、地方交付税制度を活用した国家財政への地方財政の動員が顕著になり始めている。

　こうした政策立案イニシアティブの移行と政策変容については、「官僚個々人の構想力を支えるのは、彼らの業務経験を通じた執務知識である」（牧原2003:49）との指摘があるように、組織の内的変容を示す手がかりとなりうる。そのような政策変容と人事政策を通じた筆頭局の移行がほぼ同時期に発生していることも、自治省の組織変容の特徴として注目すべき事象と捉えている。

第2節　自治省の機能とその活性環境
—地方の「代弁・擁護」「監督・統制」と各省の「牽制・干渉」

(1) 自治省の二面性と機能の特性

　さらに「地方自治の責任部局」が果たす機能について取り上げてみると、地方自治を専管した自治省については定説的にその二面性が指摘されている。「国の行政部局として地方行政を担う」機能と、「地方自治体の利害を代弁して政策に反映させる」機能をもった「二重の性格」をもつ組織（和田 1980:99）と言われるように、中央にあって地方の利益を代弁するという、その矛盾した組織の位置づけと役割が、二面性の由来であることは言うまでもない。

　しかしながら「代弁・擁護」という役割は、前節で言及したように、自治省の前身である自治庁発足の段階ですでに設置法上の任務から除外されていたのである。とすれば、この組織が果たす「地方の利益を代弁して政策に反映させる」という役割は、設置法との関係で見出されるものではなく、各種制度の企画立案や国と地方との連絡調整といった任務を通じ、この組織が実質的に果たしていた機能であると理解すべきである。なお、自治省（自治庁）という組織を一つの装置に例えるなら、設置法上の任務が本来その装置に元来与えられた性質であるのに対し、ここでいう機能は、その装置が実際に埋め込まれた環境において発揮される独特の働き、いわば作動特性という言葉で表現されるようなものを示す。

　このような機能に着目すれば、設置法に示されていない「代弁・擁護」という役割は、中央地方の「融合型」行政体制に置かれたゆえに不可欠となった機能かもしれない、という推測も成り立つだろう。そこで、自治省に象徴される「地方自治の責任部局」の組織特性とそのメカニズムを解明するには、設置法等で

明文化される役割のみならず、実質的に果たされる機能面からの分析も欠かせないことになる。

こうしたことから本節では、自治省の役割に着目した既存研究を手掛かりとしながら、中央政府の「地方自治の責任部局」の機能面の特性を整理しておくこととする。

(2) 地方の「代弁・擁護」と「監督・統制」機能

行政学の教科書（西尾 2001:89-90）では、自治省には自治体の「代弁者・擁護者」の側面と自治体に対する「監督者・統制者」としての2つの側面があると説明される。

前者の「代弁・擁護」の側面については、戦後改革で民主化・分権化の流れの中から自治省に備わったという見方がある。旧来の内務官僚的な体質に加え、「中央政府の官僚群の中で、いち早く民主化の洗礼を受け、その精神を骨の髄までたたき込まれた」ことにより、「地方自治を守り育てるために、中央政府の中にあって地方自治に逆行する動きを監視、地方自治体の支配を意図する施策には頑強に抵抗するという」新たな体質が自治官僚には培われたとされる評価である（坂本 1979:112）。

ただし、旧内務官僚が占領期において GHQ 民政局との交渉の中で主張したのは、地方自治発達のため地方を「代弁・擁護」する中央の行政機構、すなわち「地方自治の責任部局」の必要性である。この主張の背景には当然、戦後の地方自治で財政の困窮化にあえぐ自治体の側からの地方財政の強化という強い要請があったものの、中央政府において「代弁・擁護」の機能を果たすには、その前提として行政組織の確保が優先されるという論理があることは見逃せない。

また、主に地方財政の分野で見出される特徴として、「通常時の」「代弁・擁護」機能と「非常時の」「監督・統制」機能という二面性がある。地方財政計画の策定や地方税制改正など行政資源の調達をめぐる国と自治体との交渉で、自治体の「代弁者・擁護者」として大蔵省（財務省）などを相手に折衝するという「通

常の構図」があることと、他方で、国の財政の逼迫した状況下などではしばしばこの構図が崩れ、むしろ自治体の「監督者・統制者」としての側面が強調される傾向にあること（西尾 2001:89-90）は、行政学のセオリーとしてよく知られている。

　特に第二次臨調期には「自治省は第二臨調という援軍をえて、通常ではできないレベルで定数や給与問題に介入した。」（村松 1994:143）、「臨調から行革審への展開において、自治省はしきりに自治体へ統制を強めてきた。」（今村 1988：243）、「地方自治体が本当の自治に立って、自らの決定をしようとすると介入をして、自治省の指導を強化してきた。」（和田 1980:99）など、そうした自治体に対する「監督者・統制者」としての機能が活性化した。21世紀に入り、総務省に再編された以後もその傾向は不変で、小泉政権下の「地方行革」においても「監督・統制」機能は活性化している。いわゆる「三位一体の改革」を契機として地方交付税の総額抑制がすすみ、わずかな税源移譲の一方で、地方行革の推進のために自治体統制が強化されたことは記憶に新しい。

　そのように中央政府が進める行政改革のタイミングで自治体に対する指導、すなわち「地方自治の責任部局」による「監督・統制」機能が積極的に発揮される背景には、大蔵省との「交渉カード」として扱われる財政統制の特性がある。1950年代に形成された地方財政調整制度の交渉過程で、「地方自治の責任部局」（自治庁）が置かれた環境の中、大蔵省を中心とした「中央政府からの譲歩を引き出すためには、地方政府に対する財政統制を加え、その実効性を示していかなければならなかった」と田辺国昭（1992:117-118）が指摘した地方財政対策は、次第に定石と化し、毎年の予算編成に際し自治体への要請が繰り返されていくのは、もはや恒例行事となっている。

　このような国と地方との関係の下で作動する「代弁・擁護」「監督・統制」機能は互いに矛盾するかのように見えるが、これを中央政府におかれた「地方自治の責任部局」の存在意義という視点で改めて照射してみると、前者は大蔵省との交渉の対等的地位を支えるものとして、後者は内閣を構成する省庁の任務として不可欠な機能となっている現実が浮かび上がってくる。

（3）　各省個別行政への「牽制・干渉」機能

　以上のような「代弁・擁護」「監督・統制」という機能の二面性とともに、中央レベルの霞が関において「調整」という役割を果たしていることも、自治省の機能特性として見逃せない。この点については、伊藤大一（1989:27-30）が、「自治省の存在理由は国地方間の利害調整に当たる調整官庁たること」にあるとし、そこで行われる「地方利害と中央利害との調整」という活動が、組織としての「自治省と他の省庁」との調整活動へと置き換えられていく点を指摘している。それは中央地方間の調整活動が中央レベルでの各省との調整活動という形で出現する傾向を捉えたものである。とすれば「地方自治の責任部局」の機能特性を扱うには既述の「代弁・擁護」と「監督・統制」に加え、もう一つそれらとの関連で各省との「調整」に対する視点が欠かせないということになる。

　加えて、「地方自治の責任部局」（自治省）が、各省庁による地方自治の「侵害」に対し地方を「代弁・擁護」するという立場を主張して調整活動を行う背景には、「パターナリズム」とも指摘される旧内務官僚の後見的地方自治観がある（赤木 1978, Kurt Steiner1965）。戦後改革で地方の代弁・擁護を主張した旧内務官僚の主たる関心は、地方の自立性をめざすことよりもむしろ、建設省や通産省などのいわゆる事業官庁による、機関委任事務の増加や地方出先機関の乱立といった個別行政の縦割りの系列化の進行に、対抗・牽制の意味をもつところにあった。それは旧内務省地方局が、戦前昭和期に表面化し始めた「縦割りの問題」に対処した（高木 1976：294-296）ことと重なる立場でもある。

　そのような縦割りの各省「個別行政」に対する調整活動は、中央地方の結節点における利害調整に着目して「垂直調整」と称される（岡田 1986：31-32）こともある。そこで自治省が行う調整活動については、たとえば各省庁の所管する事業や政策のうち地方団体の負担を伴うものに対する自治省の意見具申権が「強く忌み嫌われている」（伊藤：1989：28）こと、各省からの地方に関わる法案

協議を「重箱のスミをほじくるようなことで対抗してきた」(遠藤 1981：49) ことなどが指摘されている。また、「1 省庁の施策だけで対応できない課題」の増加とともに「地方財政措置についての権限を有している自治省が縦割り省庁の間に入って調整すること」もあるとの元自治官僚の幸田雅治 (2002：217-218) の論述からは、時に省庁間の調整役を担う姿も浮かび上がる。

　こうした自治省による実際の調整活動に対する指摘は、「調整」という言葉が示す「調子をととのえ過不足をなくし、程よくすること」(広辞苑第 6 版) の含意から読み取れる「両者の中立的な」立場よりも、ある一定方向をめざし明確な組織的意思を有しながら関与が行われる姿がイメージされる。旧内務官僚で自治事務次官まで務めた鈴木俊一 (1949b：9) も、戦後改革の過程で各省との関係において自治省が果たす役割を「連絡折衝」と説明していた。こうした点を考慮すれば、各省に対する関与は、「調整」というよりもむしろ、「相手の注意を自分の方にひきつけるなどして自由に行動させないようにする」という意味をもつ「牽制」や、「他人の物事に強いて立ち入り、自己の意思に従わせようとすること」と説明される「干渉」のような表現を用いた方が明示的である。

　そこで、自治省が霞が関で行う調整については、明確な組織的意思の下で個別行政に関与する様相を鮮明化するため、本書では「牽制・干渉」機能と呼ぶこととする。それは、地方の「代弁・擁護」と「監督・統制」という二面性から「自己否定型官庁」のディレンマを抱える自治省 (伊藤 1983：13) が、「地方自治の本旨の実現」という組織目的に照らし、その時期の社会経済環境に適応する形で「程よい」と判断した状態をめざして、主体的に発揮される機能である点に焦点を当てたいとの意図もある。

(4)　3つの機能の活性環境

　本書では、以上のような自治省時代に指摘された地方の「代弁・擁護」「監督・統制」、そして、これら2つの機能と関連性を有しながら各省に対し発揮される「牽制・干渉」という3つの機能を「地方自治の責任部局」の組織存続に関わる

第 2 節　自治省の機能とその活性環境

有用な要素として着目し、その分析を試みる。ただし、これらの機能については、かつてジャーナリストの田原総一朗（1979:50）が、「地方自治体を代弁して中央官庁批判の正論を吐くかと思えば」その一方で「平然と中央官庁の特権を行使して自治体にのり込む」と、政治過程の争点に応じて変幻自在に登場する様子を「自治官僚とは気楽なカメレオン」と評したように、短期的な活性変化が予測される。しかし、それぞれの機能がどのような環境条件において活性するのかという問題について、体系的に整理・分析された先行研究は管見の限り存在しない。

　手がかりとしては、既述の行政改革と「監督・統制」機能のように国政課題に呼応し、明らかな活性傾向を示すものがある。また、伊藤大一（1983：12-14）による「自治省の権力的地位」が中央各省のセクショナリズムと自治体との交錯や反発、中央レベルと地方レベルに行政を二元化しようとする構造力学的な要請等々の「多元的な緒力の微妙な均衡の上に」成り立っているとの指摘もある。まずは、それらいくつかの局面を時系列的に検討する中から環境条件を導き出す手法を試みていく。

　具体的には、戦後の「地方自治の責任部局」の歴史において、これら３つの機能が特徴的に活性化した局面を抽出することから始める。その局面ごとの観察を通じ、それぞれの機能が活性化する際の環境条件の共通性を浮かび上がらせることが、本書の目的とする「地方自治の責任部局」の存続メカニズムの解明には不可欠な手順と捉えている。

17

第3節　分析視角

（1）組織と政策との相互関係：西尾隆による「制度化」のアプローチ

　本書が主題としているような組織と政策との関係性を扱った先行研究には、公共政策と行政組織との相互関係に着目した西尾隆（1988）による行政史研究がある。本書では、歴史を手がかりに「地方自治の責任部局」の組織変容の様相を明らかにするため、西尾隆による「組織の構築」（＝制度化）とする分析枠組みからアプローチを試みる。

　西尾は、行政の歴史的発展において組織が政策を媒体として環境と融合していくプロセスに焦点を当て、フィリップ＝セルズニック（Selznick1957 ＝ 1963）による「制度的アプローチ」を援用し、林政史を対象に組織と政策の相互関係の検証を通じて、それを「制度化」という概念で次のように定義した。西尾による「制度化」とはすなわち、「一定の使命に仕えるべく生み出された組織が、内外の環境と価値を交換しながらそれ自身意思を持って一つの有機体に成長していき、その内的変容がひるがえって組織の欲求や理念（政策）を変化させる過程」である（西尾 1988：ⅰ‐ⅱ）。

　この「制度化」の視点から、戦後の「地方自治の責任部局」の組織変容の時期を捉えると、必ずしも同一年に重なるわけではないが、特定の時期において自治省の特徴的な3つの機能、つまり「代弁・擁護」「監督・統制」「牽制・干渉」という各機能が活性化し、それぞれの機能に呼応する形で政策が展開されていくという事象を次のように抽出することができる。

　まず第1期が占領期、戦後改革の時期である。この時期は「地方自治の責任部局」の3つの機能のうち、「代弁・擁護」機能がもっとも発揮される。周知のように、戦後日本の地方自治は憲法第8章に規定され、戦後の制度としてスター

トしたのとほぼ同時期に、戦前から内政（＝地方行政）を包括的に監督してきた内務省が解体へと至っている。GHQ民政局が普及を目指した米国流の「都市自治」概念[3]では、戦前の内務省・府県を軸とした中央集権・官治型の「自治制」が否定され、中央における「地方自治の責任部局」は不要とされたためである。それでも内務省の解体時に「地方自治の責任部局」であった旧内務省地方局の官僚機構は、GHQが必要性を容認した地方財政委員会とともに内事局に分割・継承され、断片的に残る。それらが、占領後期に占領政策が経済復興へと重点を移す中、中央政府の行政機構改革の一環で地方自治庁として統合・設置に至る。米国流の地方自治観と地方局官僚の意向が同床異夢的に合致し、「地方自治の発達のため」に地方を「代弁・擁護」するという役割の必要性が、「地方自治の責任部局」の存続に大きく寄与した時代である。

　第2期は占領後期以降、講和期のいわゆる「逆コース」と称される改革から1950年代半ばまでの時期である。高木鉦作（1987：47-49）の表現を借りれば、戦後の中央政府と自治体との間の行財政制度の基本的な枠組みが1950年代の中ごろまでの改革を経て形成されたと指摘した「制度の改革の時期」に相当する。この時期には「地方自治の責任部局」で「監督・統制」機能が積極的に発揮された。ここではシャウプ勧告により地方自治庁が廃止の危機に陥るが、地方財政の企画と実施を分離し、地方自治庁は地方財政制度の企画立案を分掌する組織として、地方財政委員会（第2次）と分立する体制で生き残りが図られる。その組織整備の過程で地方財政を管理する体制も一体的に整備が図られていく。そこからほどなく、地方自治庁・地方財政委員会が統合して自治庁が発足し、地方自治法の大幅な改正が行われるとともに自治体に対する指導・監督権限の強化が進んでいく。同時に、自治庁設置法に地方自治の運営指導という役割が登場し、「代弁・擁護」機能とは対極的な「監督・統制」機能が前面に打ち出されるようになる。任務と機能が大きく転換した時期である。

　第3期が高度成長から社会開発の時期で、地方自治が「制度の運営の時期」

3　GHQ民政局は、チャーターに基づき都市自治を保障する形式の代議政治の民主主義・市民による都市自治の普及を目指した（第八軍司令部民事局司法行政部 1949）。

に入ったタイミングでもある。この時期には自治省への昇格とともに「牽制・干渉」機能が活性化し始める。自治省が設置された1960年代以降は、高度成長時代へと突入し、地域開発政策を中心に各省縦割りの中央集権化が進行した。それに対抗するかのように自治省は府県の総合行政をスローガンに掲げ、府県レベルで開発行政へと関与する方策を模索し始めるが、各省からの強硬な抵抗に難航する。その中で、過疎と過密の進行を背景に導入された後進地域の格差是正のための財政措置から、各省政策に対する影響力行使の道筋を見出すと地方財政の財源獲得が不可欠な「地域政策」という政策領域を創出し、財政面で各省個別行政をカバーしながら「牽制・干渉」機能の出力を全開にしていく。

　また、この頃には戦後改革以来地方自治の強化のためとして積極的に基盤整備が図られてきた地方財政が拡大し、1960年代の地方財政規模は、オイルショック後の国家財政を支える主要財源となるまでに肥大化していた。それだけに各省の個別行政に対する関与は、法の企画立案段階での協議よりもむしろ、予算措置への干渉の方が重要な意味をもつようになっていた。自治省が霞が関における地位を安定化させるとともに、各省との政策の「縄張り争い」に積極的に参入し始める時期である。

　本書の前半を占めるここまでの過程は、西尾隆のいう「一定の使命に仕えるべく生み出された組織が、内外の環境と価値を交換しながらそれ自身意思を持って一つの有機体に成長」していく過程と捉える。ただし、「地方自治の責任部局」についてはゼロからの創出ではなく、内務省地方局という壊された組織をモデルにしながら、戦前とは異なる環境下で新たな組織が生み出される過程を扱うという点で、本書のケースはこれを「再制度化」と定義するのがふさわしいかもしれない。

　後半に入り第4期は、地方の時代・第二次臨調行革期を対象とする。ここからは、西尾による「制度化」の定義に示された「内的変容がひるがえって組織の欲求や理念（政策）を変化させる過程」の側面も視野に入れながら、検討をすすめる。それは、自治省発足後約10年が経過した1960年代末から財政局長が事務次官候補の「指定席」となる事象が見出され、組織に人事政策の面から「内的変容」

が生じたと認識できるためである。

　組織に「内的変容」が生じたことが確認できる自治省後半の 20 年間は、他方で政策対象である自治体の活動にも大きな変化が生じていた。そうした外部環境の変化に対応しながら各々の局面で 3 つの機能が交互に活性化していく様相は、自治省の政策展開に特徴的に表出する。それぞれの局面に応じた機能は次のような作動傾向を示している。

　1970 年代は大都市部において革新自治体の躍進が目立ち始め、地方自治の環境も大きく変化して地方自治の変動が指摘された時期である（佐藤 1980：14-23）。自治省では 1970 年代後半以降に、革新自治体勢力の抑制や臨調行革への対応から、自治体に対する「監督・統制」機能が発揮されていくが、その出力は必ずしも一定でなく強弱があることが看取される。ついで、1980 年代には、自治体サイドから打ち出された「地方の時代」のスローガンを転用すると、臨調行革を契機に占領終結後の「逆コース」の時代から条件付で容認してきた機関委任事務の見直しに着手し、個別行政に対する「牽制・干渉」機能を積極的に発揮する場面も見られるようになっていく。

　1990 年代に入ると、1979 年の第 17 次地方制度調査会答申で提起していた「地方分権の推進」という政策理念を強調し始め、政府の地方分権推進委員会設置と呼応するかのように地方の「代弁・擁護」の役割が前面に打ち出されて、「地方分権の推進」が組織目的の最優先事項となっていく様相が看取できる。

　以上のような形で、戦後改革から 2000 年地方分権改革までの半世紀にわたる主に昭和の時代の地方自治を 4 つの時期に区切り、「地方自治の責任部局」の組織変容のタイミングと、組織特性としての 3 つの機能に対応した政策とをクロスさせながら分析・考察を進め、それにより「地方自治の責任部局」の存続メカニズムを明らかにしていく、というのが本書の分析視角である。

（2）本書の構成

　本書は、序章以下、第 1 章「『代弁・擁護』機能の必要性と官僚機構の存続」、

序　章　「地方自治の責任部局」存続メカニズムへのアプローチ

第2章「『監督・統制』機能の体系化と組織基盤の確立」、第3章「『牽制・干渉』機能の定型化と地位の安定」、第4章「3機能の転回局面と組織目的の変容」、終章「『地方自治の責任部局』存続の意味」の5つの章で構成される。

　第1章では、戦後改革においてGHQ民政局が不要と判断した、中央における「地方自治の責任部局」の組織が、占領下で再生・復興に至った経過を検証しながら、「代弁・擁護」機能の必要性とともに組織の刷新が是認されていく経緯を明らかにする。「地方自治の発達」をめぐる日米の異なる地方自治観が複雑相互に作用し合う中から、戦後の「地方自治の責任部局」が「代弁・擁護」機能を前面に打ち出すこととなった過程を探究しつつ、結果としてそれが組織存続の砦の役割を果たすことになった点を解明していく。

　第2章では、占領後期に提起された「シャウプ勧告」から講和独立後の、いわゆる「逆コース」の改革が進められた時期を取り上げる。1949年から1952年までの約3年間は、「地方自治の責任部局」の機構改革が3度行われた時期でもあり、これらの機構改革の過程を検証しながら、「監督・統制」機能の体系化が組織整備とともに図られていった様相を明らかにする。地方自治庁の発足後、地方財政委員会との分立体制を経て自治庁が発足し、戦後の「地方自治の責任部局」の組織基盤が、「監督・統制」機能の体系化とともに構築されていった事象が観察対象となる。

　第3章では、高度成長・安定成長の時代に自治省が協議や意見具申等の手段を積極的に活用し、各省個別行政を調整ないし協議の形で「牽制」しつつ、財政面から一歩踏み込んで「干渉」のシステムを整えることで、霞が関における組織のポジションを安定化させていった過程を取り上げていく。とりわけ、「地域政策」という時代適合的な政策領域の開拓を通じて地方財政の面から個別行政をカバーし、自治省が「牽制・干渉」機能を定型化させていく様相を明らかにする。

　第4章では、自治省が霞が関における地位を安定化させた1970年代以降に、いわゆる「地方の時代」と注目されたように、地方自治が動態化する中で中央地方関係の変化が生じ始め、ついで第二次臨調を契機に地方行革への取組みが

強化されていく時期を取り上げる。この時期は、自治省の「代弁・擁護」「監督・統制」「牽制・干渉」の３つの機能が入れ替わるように活性化する局面、いわば機能転回の状況を特徴的に見出せることから、各々の機能が活性化する前後の事象にも着目しながら、機能が転回する環境を検討していく。

　終章では、本書冒頭の問題認識に立ち返りながら、全体を総括する。まず第１節において「地方分権の推進」と同時期に進行していた中央省庁再編を経て、「地方自治の責任部局」が再編・存続した事実に着目し、機能面からのアプローチで存続理由を検討する。ついで第２節で、第１章から第４章までに検討してきた「代弁・擁護」「監督・統制」「牽制・干渉」という３つの機能についてその活性環境とともに改めて整理・分析を行い、その中から「地方自治の責任部局」の存続メカニズムの核心と捉える３つの機能の合理性と関係性を明らかにしていく。

第1章

「代弁・擁護」機能の必要性と
官僚機構の存続

はじめに

　第1章では、占領政策の中でGHQ民政局（以下、「民政局」と表記。）により一時は「不要」と判断された「地方自治の責任部局」が、その後自らの「代弁・擁護」機能の必要性を是認させながら、組織の再生をめざしていく過程を検証していく。

　戦後憲法下での地方自治制度施行日〔1947（昭和22）年5月3日〕を目前に控えた4月30日、GHQで憲法草案の起草を担当した民政局（Goverment Section）から終戦連絡局に対し、内務省の改組案を示すよう指示が出された[1]。のちの、内務省解体という結末の発端となった文書である。これが、内務省地方局にとっては戦後の地方自治制度において「地方自治の責任部局」としての必要性を問われる交渉の始まりを意味するものとなった。

　内務省地方局は、GHQが出した内務省改組の指示に対し、「地方自治の責任部局」の必要性を楯に存続に向けた必死の抵抗を試みていくものの、同時期に進行した警察制度改革の影響を受け、解散の道を辿ることになる。しかし一方で、地方税財政制度の企画立案を暫定的に担う地方財政委員会と、内務省の残務処理のための内事局が暫定的に設置されることとなり、「地方自治の責任部局」の官僚機構はそれぞれの組織に引き継がれていく。残務処理組織としておかれた内事局から「内務省地方局」という古巣を失った官僚機構が核となり、総理庁の官房自治課という形で組織の一部復活を果たすと、占領末期の1949（昭和24）年5月には「地方自治庁」という形で、総理庁の外局の地位と国務大臣の長を獲得するまでに至る。

　戦後改革で内務省改組を指示した民政局は、分権化・民主化の推進により戦前の内務省が担ってきた「地方団体の監督機能の廃止」をし、「地方自治の発達」をめざした[2]。一方、内務省地方局では、戦前から継承される「後見的な地方自治観」に基づき、戦後憲法下での「地方自治の発達」をめざしていた。ここで

は、そのような「地方自治の発達」をめぐる日米の地方自治観、すなわち地方自治に中央の関与は不要とする民政局の地方自治観と、それと相克する旧内務省地方局の地方自治観が複雑相互に作用し合う中で、内務省解体により断片化された旧地方局の官僚機構が、組織の再生に向けて方策を尽くす姿が観察される。その中で地方局官僚が示した地方の「代弁・擁護」機能への固執が、戦後の「地方自治の責任部局」存続の砦となっていく過程を論及するのが本章の狙いである。

1　GHQ 発足時の 1945 年 10 月 2 日に設置された民政局の中で、「内務省の分権化に関する件」を担当したのは、1947 年 4 月 20 日に新設された中央政府課であった（平野 1994:96）。
2　分権化は民政局の発足当初からの主要任務の 1 つであり、なかでも内務省による強力な地方支配を分権化することが目標とされていた（天川 2014:245-246）。

第1章 「代弁・擁護」機能の必要性と官僚機構の存続

第1節　内務省地方局の生き残りと地方自治の「代弁・擁護」

(1)　内務省地方局の廃止案と地方局官僚の抵抗

内務省分権化に関する覚書

　1947（昭和22）年4月30日、GHQ民政局長のホイットニーから終戦連絡中央事務局総裁あてに「内務省分権化に関する件」と題する「覚書（メモランダム）」が発せられた。地方自治法の施行を目前に控え、第1回地方議会議員の普通選挙が実施された当日のことである[3]。戦後の地方自治制度が本格施行を迎えるにあたり、地方を監督する立場にあった内務省地方局がその存在意義を問われることとなった。

　のちに内務省の「解体」をもたらすことになるこのホイットニーの覚書（メモランダム）の内容は、内務省が「日本の政府組織で中央集権的統制の中心点である」ことを指摘し、内務省の「改組案」提出を要請したものである（自治大学校1966：27-28）。民政局は、内務省が国家警察制度とともに地方行政機関に対する統制手段を有していることから、この「高度に中央集権化された機構体系」を通じて作用する「人民統制機能」が民主的政府の確立を阻害する要因になることを懸念していた[4]。

　「改組案」の提出期限を約1ヵ月後の6月1日と指定した民政局は、その作成にあたっては、「地方分権並に（原文ママ）地方自治の憲法的及び立法的方針を実

3　旧内務官僚の小林與三次は、この出来事を次のように述懐している。「もっとも、こんな泣き言のような言い方は、言う方がお笑いものかもしれないが、なんにせよ、終戦以来、司令部に引き回され、矢継ぎ早な内政の諸改革に寧日なく、とくに、4月選挙に寝食を忘れて没頭してきて、ようやく最後の日を迎えることができるようになった者にとっては、このような覚書の出し方は、いかにも痛憤に堪えなかったものである。」（小林1966:209）。
4　GHQのこうした内務省観は占領準備段階ですでに確立していた（平野1994:69-76）。なお、このとき民政局が改革を強く求めていたのは、警察の分権化である（天川2014:271-273）。

28

行するため」として、以下のような3つの要件を規定すべきとした[5]。

　（イ）同省の機能を中央政府の内部的事務に不可欠なことが証明し得られるものに限定すること

　（ロ）同省内の局でその職務が地方政府により一般の福祉に適い遂行することの出来るものはすべて廃止すること

　（ハ）中央政府の他の省或は機関に対して、それ等各省、機関の責任と機能的に関連する事務を移管すること

　つまり、地方分権の観点から、内務省の機能を限定すること、地方政府によって遂行可能な職務を担う局はすべて廃止すること、他省庁の任務と機能的に関連する事務を移管することという3つの要件を満たした上で、内務省の改組案の提出を求める内容であった。これを受けた日本政府では、翌5月1日にまず終戦連絡中央事務局の山田久就政治部長がGHQ民政局次長のケーディス大佐と会談を行った（自治大学校1966：42-43）。この会談でケーディス大佐は、新憲法の下での中央政府の全般的な機構改革の一環として、徹底的な内務省改組案の提出を期待している旨を山田部長に伝えるとともに、機構改革案の具体例として地方局の廃止、財務関係事項の大蔵省への移管、土木関係事項等の他の省への移管等を提示し、警察については別途研究の余地があることも示唆した（自治大学校1966：43）。

　民政局は、新制度で「監督事務も少なくなる」「税なども、もっと地方団体の意思でどうにでもなるような制度に改正すべき」といった理由から[6]、地方分権の線に従って、地方行政に対して強力な統制の権能を持っていた地方局を廃止することを求めていたのである。

米国側の分権的地方自治観と内務省地方局官僚の後見的地方自治観

　民政局が示した「地方局の廃止」という方向性は、中央の行政機関による地

5　「内務省分権化の覚書」1947.4.30〔GS-B-02560〕（天川2001: 251）、及び「内務省の分権化に関する件」（自治大学校1996:27）。
6　5月13日の斎藤内務次官とケーディス民政局次長との会談におけるケーディスの発言。斎藤内務次官が5月1日に行われた山田部長とケーディスの会見内容を確認した（自治大学校1966:47）。

第 1 章 「代弁・擁護」機能の必要性と官僚機構の存続

方自治への関与は不要である、とする米国流のいわば分権的地方自治観である。
そうした民政局の地方自治観は、以下の内務省と民政局との会談からも看取で
きる。

　内務省は、山田－ケーディス会談から 4 日後の 5 月 5 日、民政局と直接会談
を行った。この会談には、斎藤昇内務次官と民政局政治課長のスウォープ中佐
が出席している（自治大学校 1966：43-47）。ここでスウォープ中佐は、内務省改
組の具体案を日本政府が作成・提示することを改めて要請し、その際、覚書（メ
モランダム）が「一内務省」の問題でなく「内閣全体」の問題であることに言
及した。その上で、内務省については、従来から「国民生活について最も関連
性が深い行政権をもって」いたため、「自治制度を施行するためにこれを改組」
しなければならないこと、「地方分権制が施行するに中央政府自体の改組案が必
要である」という見解を示している。こうしたスウォープ中佐の発言は、中央
地方「分離型」体制の米国における地方自治観に立脚した、極めて当然の見解
であった。

　また、5 月 13 日に行われた斎藤内務次官との会談でケーディス大佐も、「内
務省の機構は地方行政に対して強力な統制の権能をもっていたことを前提とし
て出来ている」と内務省による地方統制の権能に言及し、覚書（メモランダム）
の趣旨が「新自治法の制定に伴い又其の精神をおし進め」、さらに「一歩前進し
て地方分権の線に従い此の際当然改組」すべきことにある旨を伝えている。加
えてケーディスは、内務省のみならず、「各省の機構で地方分権に即せぬ点があ
れば」、他の省についても「同精神でやって貰いたい」とし（自治大学校 1966：
47-48）、地方分権の観点から中央の行政機構による地方統制は徹底して排除すべ
きとの考え方を示していた。

　これに対し、内務省は当然に反発の意を示した。ケーディス大佐、スウォー
プ中佐の両者と個別の会談に臨んだ斎藤内務次官は、5 日のスウォープ中佐との
会談の席で「内務省が自治の問題について一番熱心」で「自治制を発達しよう
と法律を作った」にもかかわらず、「各省は逆の方向をむいて」いるとして、各
省の地方出先機関設置[7]を地方分権の精神に反するものと批判した。その上で「内

30

務省は常に地方自治擁護のために各省と論議するためにいやがられて」いること、そのため「各省は内務省のかかる権限をとりたいと考えて」いることを考慮にいれるよう、進言している（自治大学校 1966：43-47）。各省に対し地方自治の擁護を主張する存在として内務省が不可欠である、というのが内務省側の見解であった。

このように内務省改組をめぐる民政局と内務省との交渉は、地方自治の確立には地方分権の方向にそぐわない中央の機構は改組すべき、と考える民政局の分権的地方自治観と、地方自治擁護のためには内務省が不可欠である、とする内務省の後見的地方自治観との相克から始まったのである。

(2)「監督」機能の潜行と「擁護」機能への置換

それら会談における内務省側の主張はいくつかの文書に記録されている。民政局から出された内務省「改組案」提出の指示に対し、内務省文書課は5月20日付で「連合国最高司令部政治部長翰『内務省の分権化』に対して採るべき措置」[8] の文書を作成していた。この文書では、ホイットニー覚書の趣旨が「中央政府の行政はなるべく地方自治団体に委譲して地方自治法による地方制度の改正と相俟って地方自治の強化を図るべし」というところにあると言及し、内務省は「従来この趣旨によって来」ていること、また「新自治法の施行に際し」て、権限を「他省及地方への委譲」していることから、「これ以上改正を加へる必要はない」という見解を示している。内務省の改組問題に先行し、すでに内務省の地方に対する監督権を廃止する地方制度改革が次のように進行していたことを強調したものである。

7 　特別地方行政機関の存置問題については、府県の総合行政を主張する内務省と所轄庁との間で、次のように地方自治法制定時から対立を招いていた問題であった。「元来、徹底した地方分権化を主張する内務省の構想は総司令部民政局の意向に合致するものであった。したがって、占領行政の常として各省の反対があろうとも特別地方行政機関の整理を中心とする地方分権化は容易に実現される筈であった。しかし、この問題に関しては事情が異なっていた。各省にはそれぞれ所掌事務に関し総司令部の各部局が後ろ盾となっており、したがって内務省対大蔵省その他の各省との意見の対立は、すなわち、民政局対経済科学局その他の局との意見の対立でもあった。」（自治大学校 1963:86）。
8 　自治大学校（1966: 48-51）に全文が掲載されている。

第1章 「代弁・擁護」機能の必要性と官僚機構の存続

　戦後の地方自治制度では、府県知事には「公選」制度が導入され、府県知事は「公吏」となった。明治地方制度では、内務大臣が任命した「官吏」の地方長官が府県知事として、中央各省の地方で処理する国政事務を総合的・一元的に執行していた（高木1987：53）が、こうした内務省が地方官官制を通じて地方を統制するしくみは戦後改革で廃止されていた。

　また、戦前の地方制度には、府県行政については内務大臣が、市町村行政については第一次に府県知事、第二次に内務大臣が一般的監督権を有し、それぞれに監督上必要な命令を発し、又は処分を行なうことができるとする監督の規定が存在していた。内務省が起草した当初の地方自治法案でも戦後の地方自治に継承することが当然のようにこの一般的監督権の規定がおかれていた。しかしこの規定も、民政局からの申し入れによって、衆議院の法案審議段階で修正・削除された。

　こうした経過からすれば、内務省にとって地方に対する監督権の問題はすでに解決済みの問題であり、民政局からの分権化の指示には納得できるはずもない。内務省が5月23日に作成した「連合軍最高司令部政治部長書翰『内務省の分権化』に対する内務省意見」では、「地方行政の一元的統制をなくすべし」という民政局の趣旨にのっとって内務省地方局が改正を進めてきたこととともに、「知事及び地方行政全体に対する指揮監督権を廃止した」ことが強調されている（自治大学校1966：52）ことはそれを物語る。

　そのように内務省地方局にとって「不本意な」形で消滅した監督権限に対しては、廃止後もなお、固執し続ける地方局官僚の姿が垣間見える。内務省改組に関する覚書が示された直後に、その後の交渉に備えて内務省が作成した『内務省に地方自治の充実、発展を図ることを任務とする一局を必要とする理由』（自治大学校1966:58-61）には、以下のように地方を監督する機能の必要性が記されている。この文書では、内務省地方局の機能が主として「地方自治の円滑な運営とその発達を可能ならしめるところにある」とされ、具体的に3つの役割が提示されていた。

　それは、

第1節　内務省地方局の生き残りと地方自治の「代弁・擁護」

（一）地方自治制度の制定、改廃に必要な調査企画及びこの制度を保持運営するため必要な最小限度の地方自治体に対する監督、調整

（二）地方自治の運営上必要な地方財政制度の制定、改廃に必要な調査、企画及びこの制度を保持、運営するために必要な最低限度の地方自治体に対する監督、調整

（三）中央諸官庁の地方自治体に対する各機能別の見地よりする指揮監督について、地方自治体がなるべく事務を自主的、総合的且つ能率的に行い得るためにする連絡、調整

である。

　（一）及び（二）には、「最小限度の」との但し書きがあるものの、「地方自治体に対する監督」という権能が記されている。明治地方制度を「牧民官」として差配してきた地方局官僚の後見的な地方自治観が、短期間ですすめられた占領改革でにわかに消滅するはずもない。内務省地方局では、地方の行政権に介入する中央の組織の存在を「日本の現実において必須」と捉えており、地方自治の発達のため自らの権能消滅と権限移譲を前提とするような制度の立案は、まったく予定していなかったのである[9]。

　ただし、その論理は占領政策に逆行する。それだけに、ここでは民政局が決して受け入れるはずのない「監督」の立場を潜行させ、戦後の地方自治制度に合わせて「地方自治の擁護」という新たな立場に置換する必要があった。その

9　「それは、地方自治について、司令部が非常な錯覚を起こしていたのである。内務省のような行政府が、中央にあって、地方自治に介入するということは、自由な自治の発達を妨げる。地方公共団体は即国会に直結すべきだ。民主化された国会に直結して、そこで必要な民主的コントロールの下に立法的規制を受けるべきであって、行政権の介入はいけない。‥‥（中略）‥‥しかし日本の現実においては、国会は唯一の立法機関であるけれども、実際は、その殆どは政府が提案した法律案を審議するのだし、予算は勿論政府に提案権が専属しており、これを審議し、議決し、修正するが、それだけのことで、予算の全体を始めから国会自体が決めるわけではない。‥‥（中略）‥‥そこで、国会に案を提出する予算の編成なり、法律の立案なりの過程において、筋を通さなかったら、日本の自治を守ったり、育成したりしてゆく手段はない。更に法律の実施上の事務も勿論ある。実施上の事務について、例えば、市町村の合併のことを考えれば、市の設置の問題とか、合併の問題などについて、どこか国の役所が関与するとなれば、誰かがやらざるを得ない。このような施行上の問題、或いは財政上の、例えば起債の許可の問題を一つ考えても、誰かが許可せざるを得ない。或いは財政調整の問題も、現在の交付税制度には長い経緯があるが、いずれにしろ調整財源を配るとすれば誰かが配る。そういった役所が必要なのであって、地方の行政権に介入しないで、自治団体即国会に直結するという仕組みは、全く実体から遊離した空論である。」（小林 1960:5-6）。

33

第1章 「代弁・擁護」機能の必要性と官僚機構の存続

役割の必要性こそが、分権化をめざす民政局とほぼ唯一の共通認識であり、内務省地方局の組織存続に対する賛意を得られる可能性を内包していたためである。

内務省地方局の役割として示された（三）では、中央諸官庁の地方自治体に対する「指揮監督」について、地方自治体が「自主的、総合的且つ能率的に行い得る」ために、内務省地方局による「連絡、調整」機能が必要であるとしている。戦後に拡大した各省による地方特別官庁の設置は、府県における内政の統合を志向する内務省とは対立する動きであった[10]。このため、内務省地方局は「地方分権の強化」を民政局との共通目的に掲げ[11]、地方の立場に立って他省の地方への権限委譲や地方特別官庁の整理を求めていくことになったのである。

(3)「監督」機能に対する政府内の理解

ところで、民政局が全否定していた内務省の地方に対する監督権も政府内においては一定の理解が得られていた側面がある。

内務省改組に関わる総司令部との正式な交渉窓口は、1945（昭和20）年10月に設置された行政調査部が担っていた。政府の行政機構全般についての調査研究立案を担当していた行政調査部機構部では、ホイットニーの「覚書（メモランダム）」以前から、自主的に行政機構についての各種の改革試案を作成・検討を進めており、5月8日付の行政調査部機構部『中央行政機構改革試案（昭22.5.8）』で、すでに内務省改組の案を複数提示していた（自治大学校 1966：62-67）。

この試案の視点は、内閣における行政統合機関の強化に置かれたもの（岡田 1986：26）であり、内務省については「地方行政における地方分権化の趨勢に応

10　内務省と他省の地方出先機関との問題については、高木（1987）参照。
11　「地方分権の強化は、先方の錦の御旗であるだけに、こちらはそれを引用することができて、議論のし易いところがあったが、アメリカ連邦と地方自治に関する知識と体験しか持っていない者に、それと全く事情の違ったわが国の行財政の実際を説明しながら、彼らの今一つの攻撃目標である内務省地方局を守ろうとするのである。」（小林 1966:215）。

じて、内務省の機構が旧態を維持することについては考慮の必要がある」として、分権化の趨勢を踏まえながら旧態の機構を維持することには消極的な見解が示されていた。その上で、警察制度との改革とも関連して「従来内務省の所管であった、所謂内政事務の分野に於て、行政各部の再編成が特に問題」と、内政を担う組織の再編成案を提起している。

　明治地方制度の成立以来「地方行政」は内務大臣が所管し、その指揮監督に属する地方官の府県知事が、主務大臣の指揮監督の下で各省の事務の法律命令を執行し、「部内の行政及び警察事務を総理する」という体制であって、内務事務は、内務大臣－府県知事の地方官官制により、府県の行政区画ごとに一元化して、内務大臣が監督してきた。また、内務大臣の地位が閣内で副総理格とされ、警察事務を管理していたことともあいまって、地方の監督のみならず、各省大臣に対しても絶大な支配力・影響力を示してきた側面もあった。

　行政調査部はそうした「内務事務」の執行体制全体の再編成を視野に入れ、次のような内務省改組の案を準備したのである。

　まず、「内務省改組要綱」とした内務省機構改革の第一案がある。内務省に官房の外、内局として自治局、公安局及び調査局の三局を、また外局として警察総局を置くこととしている。そこでは「地方局」の名称が「自治局」に変更され、警察総局を外局に置く案が示されているが、土木・神社を除いた地方行政と警察行政を所管する省で、名称も含め旧来の内務省を概ね継承する機構案となっている。

　二つめに、この代案とされる「自治局設置要綱」では、内務省ではなく総理庁の一局として自治局を置くこととしており、自治局に置かれる情報課、制度課、財務課、選挙課の四課についての所掌事務を示している[12]。「省」ではなく「局」の単位で地方自治関係事務を抽出した機構案であり、法案等の提出権は内閣総理大臣の管理に属する形である。

　三つめには「社会省（又は民政省）設置要綱」とする内務省機構改革の第二

12　ここでは備考の（二）として、「なお、内務省地方局財政課の所轄事務は整理の上、大蔵省に移管する一案がある。」との但し書きがあり、大蔵省への移管も検討されていた。

第1章 「代弁・擁護」機能の必要性と官僚機構の存続

案があり、社会省には官房の外、内局として社会局、児童局、公衆保健局、医務局、予防局、自治局、公安局及び調査局の八局と、外局として引揚援護院及び警察総局を置くこととしていた。厚生行政も含めて、明治期の内務省の体制を彷彿させる機構案となっている。

　これら3つの機構案は、所管行政の範囲が異なるが、いずれも「自治局」の設置を掲げており、自治局の所掌事務として、①地方自治制度の制定、改廃及び調査に関する事項と、②地方自治制度の認める地方公共団体の監督に関する事項、を含めている点で共通する。中央行政機構としての「自治局」に予定される事務とは、地方自治制度の「企画立案」と「地方公共団体の監督」であった。

　なお、それらの機構案には、既述のように内務省が民政局に主張した「地方自治の擁護」、すなわち「地方自治体の側に立って」中央諸官庁との「連絡、調整」を図る立場は想定されていない。また、内務省が5月23日付の文書で内務省改組案として提示した「公共省案」でも「自治局」の所掌事務には、「地方自治体の行財政制度の企画及び調査研究に関する事項」と「地方自治に関する法令に基づく地方公共団体の監督」と「選挙に関する事項」が掲げられたのみである。地方の「代弁・擁護」的な役割は明記されていない。

　その後、内務省の機構改革については行政調査部機構部でさらに研究が重ねられ、民政局との交渉を経た6月16日に最終案として決定されたのは、「民政省」案であった。それは、内務省を単独改組して名称を「民政省」に改め、内局として官房、総務局、土木局、調査局等を置き、外局に公安庁を置くという内容で[13]、「地方自治に関わる事務」は、それまで提案されていた「自治局」でもなく、「地方局」でもない、「総務局」に所管させるという案である。その際、一部の事務を他の省又は地方団体に移し、地方に対する監督権を縮小するものとされ、「総務局」の所管事務は、省内の連絡総合調整等に加え、地方自治体の

13　林敬三氏の発言「しかしながら種々政府部内で論議折衝の結果、結局二十二年六月二十日の閣議において、内務省の権限は大幅に地方に移し、または、廃止をする、あるいは他の省に移管する。しかしながら最低限ものはどうしても残しなければならないということで、そのために民政省という名称で、省を存置することに決定し、なおその組織は総務局、国土局、調査局、警保局より成るものとし、また警察制度は引き続き研究をして、その結果、この民政省組織を更に改正する必要があればさらに改正する、ということで閣議の諒解をえたのであります。」（郡祐一ほか 1960：54）。

36

第 1 節　内務省地方局の生き残りと地方自治の「代弁・擁護」

行財政制度の調査研究及び企画立案に関すること、地方自治に関する法令に基づく地方公共団体の監督及び選挙に関する事項とされている。ちなみにこれは、現在の総務省におかれた「地方自治の責任部局」にも重なるイメージである。

　結果として、この「民政省」案が GHQ の了承を得られることはなかったが、少なくとも閣議了承を得たこの行政調査部の機構案に「地方に対する監督権」が盛り込まれていた点から、政府内では地方の監督権限の必要性が認識されていたことは明らかである。他方で、行政機構部の案に「地方自治の擁護」の立場は一切記されていない。こうしたことからも、内務省地方局が主張した「地方自治の擁護」という立場は、主に民政局との「交渉材料」として活用されていたことがうかがえるのである。

第1章 「代弁・擁護」機能の必要性と官僚機構の存続

第2節　地方財政委員会の設置と地方税財政制度改革の難航

(1)　臨時機関の地方財政委員会と事務局による地方財政強化案

　内務省の改組案として行政調査部が示した「民政省案」は6月20日に「内務省の機構改革に関する件」として閣議了解されたが、民政局は、翌日の新聞各紙が報じた内容がそれまでの交渉内容と矛盾することを非難し、また交渉中の事項が公表されたことを、日本側の反逆行為とみなして態度を硬化させる。ついで民政局の直接介入により6月22日からの3日間で検討され、6月27日に閣議決定された地方自治委員会法案を含む内務省解体関連法案[14]も国会審議が行われる間に、民政局次長のケーディスから地方自治委員会の設置を認めない旨の通告を受けることとなり、9月26日の閣議で撤回が正式決定される（自治大学校1966：152）[15]。その後、全国市長会・全国町村会からの働きかけもあり、民政局は、中央の干渉を受けない地方財政制度を研究する機関を必要とする見地から、期限付きで地方財政委員会を設置することを決めた[16]。

　当時内務省で官房文書課長を務めていた荻田保によれば「中央の行政が必要になっていること自体」を否定した民政局は、「将来ずっと置くということではなしに、地方の財政制度、税制というものが中央政府の関与がなくても運営できるような、ほんとうに独立した財政制度」の案を作るのが地方財政委員会である、との考え方に立脚していたとされる（伊藤監修2000：156-157）。これを受

14　「内務省廃止さる　自治委員会、公安庁、建設院を設置　総理庁の外局に吸収　1947.6.29」（天川編2001:264）。

15　この間の詳細な経過については、伊藤（2003:45-49）を参照のこと。

16　「このような一般的な地方委員会は、もう、必要がなく、地方財政についてだけ地方財政委員会を作ればよいということに司令部側の態度も変わって行くわけです。その間の一時期の暫定的な考え方で地方行政関係は、中央に組織は不要で、地方財政のための委員会だけでよいということになったものと思います。」（内政史研究会1976：第7回167）

けて日本政府は「地方財政」の所管に特化した「地方財政委員会法案」を作成することになるのである。

政府提案の地方財政委員会法案[17]は、11月14日の閣議決定を経て、同月18日には国会へと提出され、12月1日に参議院で可決・成立し、同月7日に公布される。臨時機関として設置された地方財政委員会（以下、適宜「委員会」と表記）の任務は、「国家公益と地方公共団体の自主権とが調和する」ように、「地方財政の自主化を図る」ため、以下の事項を含む計画を立案することにあった。

計画に盛り込むべきとされたのは、①租税の賦課及び徴収に関する事項、②借入及び公債の発行に関する事項、③予算、経理および決算に関する事項、④地方行政遂行のために必要な国家資金の公平な配分に関する事項、⑤地方公共団体の政府に対する財政報告に関する事項の5つの柱である。委員会には、3ヶ月以内に地方財政に関する法律案を国会提出することが義務づけられており、計画の提出後にもその実施について必要な諸般の調査を行うため、法律公布の日から1年間限り組織を存続することとなっていた。

1947年12月に設置された地方財政委員会は、国務大臣充て職の委員長（当初は竹田儀一、芦田内閣で野溝勝）以下、国会議員の中から指名を受けた者として竹谷源太郎（社会党）、都道府県知事の代表として安井誠一郎、市長の代表として神戸正雄、町村長の代表として生田和平という5人の委員で構成された。

12月7日に発足した地方財政委員会が、3ヶ月という限定された期間で取り組んだ作業には、新しい地方税財政制度の確立に向けた地方税制度の改正、地方配付税制度の改正、地方財政法の立案がある[18]。「わずかの日数のうちに、これらの五法案の要綱案が出来上がったことを記憶している」と当時、委員会事

17　GHQ民政局は、地方自治委員会案の代案となる法案作成を国会にも要請していた。衆議院の治安及び地方制度委員会では10月13日付で「地方委員会法案」を、参議院では10月9日に「地方財政及び地方行政に関する小委員会」を設置し、15日開会の同委員会において「地方財政委員会設置法案」及び「選挙委員会設置法案」の検討を行っている。なお、いずれも採択には至っていない。
　　また、地方団体の代表である東前豊全国市長会長と生田和平全国町村会長らは、9月24日にGHQ民政局を訪問し、ケーディス及びティルトンと会談を行っているが、この際もケーディスが、地方財政に関する委員会について案の提出を求めている。　"Conference in Government Section on 24 September 1947 at 10:00 a.m."〔GS-B-02209〕（天川 2001：423-434）。
18　このほか、結果としては廃案となったが、地方団体中央金庫法案、地方災害復興基金法案の立案等にも着手した。

第1章 「代弁・擁護」機能の必要性と官僚機構の存続

務局の企画課員であった柴田護（1975：31）が述懐するように、これらの法案作成は急ピッチで進められた。地方財政委員会の具体的作業に従事した事務局は、荻田保事務局長を筆頭に、奥野誠亮企画課長、佐久間彊課長補佐、柴田護という内務省地方局財政課出身者を中心としたメンバーで構成されていた。

1948（昭和23）年1月15日開催の第2回会合で委員会は、地方税財政制度改革の目標として、地方財政の自主化の徹底と、現在の経済情勢に即応する地方税財政制度の確立という2点を定め、7項目の方針[19]を決定した。この方針に基づき、発足から約2ヶ月後の2月12日に「地方税財政制度改革要領（案）」をまとめ、これを基に事務局が関係各省からの意見聴取を行っている[20]。要領の柱は、①経費に関する事項、②地方税法に関する事項、③地方分与税に関する事項、④地方債及び地方団体金融に関する事項である。

なかでも、地方財政委員会事務局の旧地方局官僚が注力したのは地方財政法の基礎となった①の経費に関する事項である。それは、地方団体の所管する事務に要する経費を、国家的なものであるか地方的なものであるか、によってその原則を確立しようとするもので、従来の国費地方費の負担区分の是正のための原則を示した。事務局で企画課長を務めていた奥野（2002：98-100）は当時を振り返り、「この際、地方財政法を作りたいということ」で、「年来言っていたことを法律にしようとした」ことを明らかにしており、それが占領政策のスローガンである民主化が徹底し「地方自治が上昇気流に乗っていた」ことから、大蔵省の抵抗が意外に少なかったとも言及している。

---

19 (1) 国家財政と地方財政、国税体系と地方税体系相互の関連をできる限り切断すること。
　　(2) 委任事務よりする地方財政の圧迫を完全に排除すること。
　　(3) 災害に基因する地方財政の窮貧化を防止する方途を講ずること。
　　(4) 地方税制の自主化を図ると共に、地方財政調整制度は、最低限これを存置すること。
　　(5) インフレの進行に応じて直ちに増収のあるような税収の拡充を図ること。
　　(6) 地方団体金融の円滑を期すること。
　　(7) 地方税財政に関する国家の監督を縮減すること。
　　　（自治大学校 1969:40）。
20 「それにしてもこの折衝で思い出すのは、負担区分論の原則でよく各省が私どもの説明に耳を藉し協力してくれたことである。今日の各省折衝の状況から見ると、人間が大まかであったのか、内務省の威令がなお残っていたのか、各省の官僚が立派すぎたのかは判らないが、ともかく、説明会には随分足を運んだし、汗もかいたが、その後において経験したような何が何でも反対というような判らず屋は、何処の省にもいなかった。負担金と補助金の区別論などは、あの時期を除いては、到底立法化できなかったと思う。」（柴田 1975:35）。

40

（2） 地方財政強化策をめぐる混乱

閣内での決着

　こうして旧地方局官僚を中心に構成された事務局が奔走し、多岐の分野で地方の税財源を確保すべく地方財政委員会が提示した「地方税財政制度改革要領（案）」は、大蔵省を監督する GHQ 経済科学局（ESS）から反対の憂き目に遭う。

　ESS が「これでは不十分」として民政局に示した文書[21]には、ESS 財政課の意見として「地方財政委員会の所期の目的は効果的な新しい歳入源の開発にあること」が記されている。国家財政も戦後のインフレーションの影響を受け、決して潤沢といえる状況にない中で、地方の財政負担の軽減や国から地方への税源移転を伴うような地方財政の強化策は、民政局の理解は得ても ESS が受け入れる改革案ではなかったのである[22]。また、関係各省の態度も地方財政自主権の確立という方針に対しては賛成しつつも、個別問題には反対意見が示されたことから調整は困難を極めた[23]。

　さらに、委員会は不測の事態に直面する。地方財政委員会法に定める計画の提出期日が目前に迫った 1948 年 2 月 10 日に片山内閣が総辞職したため、政治的空白が発生し、提出期限と定められた 3 月 6 日までの法案提出は不可能となったのである。3 月 10 日に芦田内閣が発足すると、新内閣の地方財政委員会委員長に任命された野溝勝国務大臣の意見により[24]、委員会が最終案として 3 月 3 日に決定した「地方税財政制度改革要綱（案）」の事業税等の扱いに一部修正が

21　"Local Fiscal Autonomy" 23 January ,1948.〔ESS-A-10058〕（天川／岡田編 1998: 42-43）。
22　地方財政委員会事務局長 (当時) であった萩田保が、次のように発言している。「いわゆる地方財政自主性というようなことから、多年考えているようなことをいろいろ入れて。そしたら GS は大いに賛成してくれたのだけれども、逆に、総司令部のなかの国家財政とか金融とか、そっちの方のセクションが反対して、ほとんど通らなかったのです。」（伊藤監修 2000:180）。
23　「地方財政委員会の試案に対する関係各省の態度は、地方財政自主権の確立という方針に対しては、それが憲法と密接不可分な関係にある以上、もちろん原則的には賛成するものであったが、個々具体的な問題となると依然として中央集権的な色彩の強いものとなり、このようにいずれも相当強硬な反対意見が述べられ、調整は困難を極めた」（「自治大学校 1969:262）。
24　野溝新委員長は、委員会の最終案における原始産業すべてを事業税の対象とする案に対し、特に農業に対する課税で米や麦等の主食に関するものを削除するようにもとめた（自治大学校 1969:275-276）

加えられ、地方財政委員会案として「地方税財政制度改革要綱（案）」がまとめられた。

　これを受けた政府は、新年度早々に政府案作成に向け地方財政関係閣僚懇談会を開催する。閣僚懇談会のメンバーは、西尾末広副総理大臣、野溝勝国務大臣、北村徳太郎大蔵大臣、栗栖赳夫経済安定本部総務長官、苫米地義三内閣官房長官の5名である。本格審議が始まった4月8日の第2回懇談会では、主に①事業税の範囲、②地租・家屋税の引き上げ率、③入場税の地方委譲、④酒・煙草についての消費税新設、⑤分与税の増加、という税源の問題が取り上げられたが、開始以来の地方財政委員会と大蔵省との意見対立は激しく、調整が難航した。とりわけ①の事業税の範囲については、米麦を課税対象外とするか否かという点で大蔵省と地方財政委員会との折り合いがつかず、また②地租・家屋税の引き上げについても、農林省、物価庁、経済安定本部の間で妥協点を見出すのに困難を極めていた[25]。

　政府が内閣総辞職の影響による6月までの暫定予算対応で、1948（昭和23）年度の本予算編成を急ぐ中、5月24日の地方財政委員会、大蔵省、経済安定本部の三者による最終検討で地方予算の決着をめざしたが、歳出面について総額1,995億円で意見の一致を見る一方、歳入面については折り合いがつかず、同日の地方財政関係閣僚懇談会の審議に持ち込まれた。栗栖経済安定本部総務長官による調停案の提示にも関わらず、この懇談会でも最終決定には至らなかったため、西尾副総理、栗栖経済安定本部総務長官、苫米地内閣官房長官の三相に最終決定が一任されることとなった。26日の三相会議で、歳出入総額の内容について、ようやく結論が得られ、農業事業税及び入場税については地方財政委員会の意見を取り入れ、住民税については大蔵省の意見を取り入れるという形で、双方の主張を織り交ぜた経済安定本部調停案に概ね沿って翌27日に閣議了承へとたどりついたのである。

25　審議の詳細については、自治大学校（1969:285-289）を参照のこと。

第2節　地方財政委員会の設置と地方税財政制度改革の難航

地方代表委員の辞任表明騒動

　ところが、三相会談を経て閣議了承へと至った経済安定本部の調停案を基本
とする決着は、地方財政委員会を地方団体の代表委員の辞任騒動を招来するほ
どの混乱に陥れることとなる。

　地方財政委員会は、5月24日の閣僚懇談会に示された栗栖長官の「経済安定
本部調停案」を受け、翌25日に委員会を開会して協議を行っていた。そこでは、
この調停案では地方財政の確立が望めないこと、また地方で受け持つこととな
る歳入不足分が地方財政をさらに引き締めることを懸念し、これを了承しない
という結論に達していたのである。にもかかわらず、政府は27日の経済安定本
部による調停案で閣議了承に至った。そうした政府の決定に対し、地方財政の
実情を無視しているとの認識に立った地方財政委員会は全面的な反対の意向を
明らかにした。

　また、地方財政委員会が作成した地方税財政制度改革の案も、閣僚懇談会に
おいて多岐にわたる修正が加えられ、委員会が意図した根本的な改革が達成さ
れる見込みのないものと化していた。このような結果に地方団体代表の委員は
面目を失い、その不満が「辞任表明」という形で顕在化することになる。

　まず、5月27日の政府予算発表の日に、市長代表の神戸正雄委員（京都市長）
が辞任を通告すると、続いて6月5日に知事代表の安井誠一郎（東京都知事）が、
さらに7日には町村長代表の生田和平委員（徳島県石井町長）が辞表を提出す
る。安井、生田の両委員は7日午前に民政局を訪れ、ティルトン及びケーディ
スに辞任を報告し、地方財政委員会が目的を達成できなかった理由として、以
下の点を説明している。それは、官僚が地方自治の意義を認識しようとしない
こと、官僚が現在の姿勢を有している限り地方自治の確立が不可能であること、
この計画に関しては経済科学局（ESS）が大蔵大臣に同調していること、などで
ある[26]。さらに、国の方針が地方自治の確立を阻害することから、緊急の課題

26　"Resignation of Governor Yasui and Mr.Ikuta."(Nolan) 7 June ,1948.〔GS-B-01216〕（天川／
　　岡田編 1998:64-65）。

第1章 「代弁・擁護」機能の必要性と官僚機構の存続

として地方財政委員会の継続ではなく、常設の機関設置が必要であることを付け加えている。

安田らの民政局訪問前の6月5日には、国務大臣の野溝勝地方財政委員会委員長も民政局ケーディスと面会していた。野溝委員長が地方財政委員会の勧告が承認されなかった理由として挙げたのは、国家予算の詰めの段階での仕事であったこと、地方財政に対する国家権威を示す大蔵大臣の確固たる態度、大蔵大臣に対するGHQ／SCAPの支持があったこと等である。さらに、内閣における大蔵大臣の他の大臣に対する優位性についても、不幸なことであったとの見解も示している[27]。ここでの野溝も安井、生田の両氏と同様、地方財政に関わる継続的な機関の設置を進言した。こうした各委員の直訴による常設機関設置の要請は、地方からの要請[28]とともに、民政局にその必要性を強く認識させることとなっていった。

他方で委員会の地方代表委員の辞任問題は、地方側もそれぞれに協議の結果、積極的に委員を送って地方財政委員会の権限強化につとめるべき、との要望が高まったことを受け、安井・生田の両委員は6月27日に復職届を提出、また、既に政府が辞職届を受諾していた神戸委員については、代わりに全国市長会副会長の東前豊が選出され、かろうじてその体制を維持することとなったのである。

(3) 官房自治課に与えられた「代弁・擁護」の機能

ところで、こうした地方財政委員会の地方財政強化をめぐる騒動の最中に、内務省解体時に残務処理のための暫定機関として設置されていた内事局が、警

27　"Reason for Failure of Local Finance Committee to Obtain Objectives and Resultant resignation of Dr.Kambe"(Nolan) 5 June ,1948.〔GS-B-01216〕（天川／岡田編 1998:6 頁）。
28　政府案の調整が図られていた間も、財政困窮状態からの脱却を切望する地方団体は国に対して積極的な要望活動を行っていた。1948 年 4 月 6、7 日の両日に政府招集で開催された全国知事会議においては、知事側から地方財政制度改革案の推進が要望された。また、5 月 6、7 日開催の全国市長会でも、自治体警察制度の実施に伴う経費の財源措置や、自治体警察移行に伴う臨時経費全額国家負担の要望等、地方団体は国に対し、新規需要の財源措置を求めた。さらに、5 月 24 日に開催された全国知事会、県議会議長会、全国市長会及び全国町村会の地方 4 団体の連合大会では、「国の出先機関整理ならびに地方税財政制度確立に関する決議」及び「付帯決議」が示されている。

44

察法施行前日の 1948 年 3 月 6 日をもって解散に至っていた。ただしそこで内務省地方局の系譜が途絶えたわけではない。内事局の解散と同時に、内事局に置かれていた官房自治課と官房職制課が合体し、総理庁の官房自治課として官僚機構を継承し、新組織が発足していたのである。前身の内事局は、官房と第一局、第二局から構成[29]されていた組織で、内事局官房には、庶務課、会計課、自治課、職制課の四課があり、官房自治課が地方自治法に基づく内閣総理大臣の権限の補佐を担当し、官房職制課は国家公務員法に準じた地方公務員制度の企画立案を担当していた[30]。長官に林敬三前地方局長、庶務課長に鈴木俊一元地方局行政課長、自治課長に小林與三次前地方局職員課長というように、内務省地方局の中核的な人材が「横滑り」の形で配置されていた組織であった[31]。

　その「内事局」の組織が再編され「官房自治課」という新たな組織が総理庁に設置されただけに、発足までの経過も含め、民政局からの風当たりは極めて強いものがあった。官房自治課の発足直後に民政局で当時「行政官庁法案」を担当していたマーカムは、内事局官房自治課と官房職制課が担ってきた事務は廃止すべきという見解に立っており、それらの職務について継続の必要性を立証する報告を日本側に求め、前職の転任についても一時保留をうながした[32]。

　これに対し政府は、「元内事局自治課及び職制課の所掌事務に関し継続的処理を必要とする理由及びその事務の処理を総理庁官房の一部局において行うことを必要とする理由に関する報告」（自治大学校 1966：227-233）を民政局に提出し、必要性を説明している。この報告では、官房自治課と官房職制課が必要な理由

29　第一局は警察法及び消防組織法の施行のための準備を行い、第二局は調査局の役割を引き継ぐ機関である。なお、「内事局」という名称となった経緯について、鈴木は、『『ドメスティック・アフェアーズ・ビューロー』という言葉を使っておりまして、その『ドメスティック』というのを内務局と言いかえれば、その方がよかったんですが、当時、内務省を復活するように考えていたので。」と GHQ の対応を回顧している。（鈴木 1996:116）

30　内務省解体に伴い、地方自治法における内務大臣の行政権限を内閣総理大臣が担当することとしたため、内閣総理大臣の権限行使を補佐する機関が総理庁に必要となった。

31　総司令部は内務省解体に際し、「書類と人は同じ部署に所属させない」とする方針から、内務官僚の各機関への分散状況を明らかにする旨の指示を「職員の進退身分」の事務を所管する鈴木庶務課長に出していたが、「暫定機関」の内事局は例外扱いされたのか、ここでは実質的に事務を継承している。

32　"Instructions to Japanese Government (Administrative Research Bureau)"(Marcum) 11 March ,1948.〔GS-A-00572〕（天川 2001:169）, 及び自治大学校（1966:221-222）。

第1章 「代弁・擁護」機能の必要性と官僚機構の存続

の一つとして、地方自治法に関連のある各省所管の地方行政事務の処理に関する「調整的措置」が挙げられ、各省は中央行政の立場のみに捉われるため、地方自治「擁護」の立場から各省の企画、立案、実施に際し、必要な意見を開陳し、調整を加えることを必要とする場合が多い、との見解が示されていた。

　その後、芦田内閣の福島慎太郎内閣官房次長らの尽力で官房自治課の存置については、民政局の了解を得られることとなっていく（自治大学校 1966:224 及び鈴木 1999:113）。こうした訴えの背景には、地方の意見を代弁する常設機関設置を求める地方からの要請も強く、民政局はこれを容認せざるを得なかったことがうかがえる。官房自治課の発足から約 2 ヶ月後の 1948 年 5 月 13 日に開催された全国町村長大会では、地方自治擁護のための中央の行政機構設置要望が決議され、これに続いて全国地方自治協議会連合会、全国市長会、都道府県議長会も同様の決議を行っている。国政委任事務の財政負担拡大に伴う地方財政の困窮は [33]、結果として地方六団体すべてが中央の行政機構設置を要望するほどまでに、地方意見を代弁する機関の必要性を高めていたのである。

　このように、占領下の旧内務省組織再編をめぐる攻防を経て、民政局からの強力な廃止要求にもかかわらず生き残った総理庁官房自治課は、初代課長に、内務省最後の人事課長でもあり地方自治法の企画立案にも従事していた鈴木俊一が就任する。就任後の鈴木は即座に、「地方自治の責任部局」の地位再興に向けた布石を打っていた。官房自治課は総理庁の「一課」に過ぎなかったため、官房自治課長は次官会議のメンバーではなかったが、鈴木官房自治課長は、地方自治を擁護する立場から各省行政に意見を表明する必要性があるとして、次官会議のオブザーバーとして出席できる立場を獲得したのである [34]。

　ここから官房自治課は「地方自治の責任部局」として、霞が関において地方を「代弁・擁護」する役割を実質的に遂行することが可能となった。また、地方

33　1947 年に制定された義務教育六・三制に伴う校舎の建設等の財政負担に加え、1948 年 3 月に施行された自治体消防及び自治体警察制度は国による財源保障が十分ではなかった。その他、保健所法の制定（1947 年 9 月 5 日）、災害救助法制定（1947 年 10 月 18 日）、児童福祉法の制定（1947 年 12 月 12 日）等に伴う国政委任事務についても国庫補助は一部に限られたため、特に市町村に新規財政需要の大幅増がもたらされていた。

財政委員会事務局長が次官会議への出席が認められない立場にあったことから、官房自治課長が「地方財政」に関わる「代弁・擁護」の役割も一手に引き受けることとなっていく[35]。民政局への対抗から打ち出された「代弁・擁護」機能は、こうした経過とともに、組織を標榜する役割として前面に掲げられていくのである。

---

34 「総理庁官房にあるということの一つの長所は、次官会議に課長が出れるということです。これは特に注文をして出して貰ったんですけれども。それでとにかくいろいろな経緯があってこういう妙な組織になっておるのだけれども、次官会議に各省からいろいろな地方行政に関係のある制度の改正案などが出て来る。従来はともかく内務省なり内事局なりがありましたから、官房長会議とか、あるいは次官会議だとか閣議の話がみんな流れて来るわけですけれども、もう裸でただ総理庁官房自治課では、どっち見たって何もわからんわけですから、そこでどうしても次官会議に出して貰わんと地方行政の肝心の仕事がやれないという地方行政の立場で言うべきときにはやっぱり言わなければその仕事がつとまらないのだからということでそれでは結構だから出なさいということで出してもらっていたわけです。」<鈴木俊一の証言>（内政史研究会 1976: 第7回 172-173）。

35 高木「じゃあやっぱり財政問題とか何かのことも次官会議ではむしろ自治課長が代行しちゃったということになるわけですね」
  鈴木「ええ、そうですね。」（内政史研究会 1976: 第7回 173）。

第1章 「代弁・擁護」機能の必要性と官僚機構の存続

第3節 「代弁・擁護」を担う組織の制度構想

(1) 地方自治庁の「代弁・擁護」権限の攻防

地方自治庁設置法案に対する大蔵省の見解

地方財政委員会は、1947年12月の発足から1年を期限とする臨時機関とされていたため、1948年12月6日をもって地方財政委員会法の失効期日を迎える予定であった。官房自治課では、臨時機関である地方財政委員会の後継組織として常設機関の設置検討を進めていたものの、GHQ の了承を得ることに手間どるのみならず、大蔵省からの強い抵抗もあり、法案化までの道のりは順調ではなかった。地方財政委員会法失効期日直前の1948年11月30日になってようやく、1949年3月31日まで設置期限を延長する法案が GHQ に了承され、ひとまず地方財政委員会の設置期間については4ヶ月の延長が決められた。

そこから約2週間が経過した12月18日、連合国軍最高司令官マッカーサーが「経済安定9原則」の実行を指令すると、吉田内閣は行政整理を均衡予算確立の一環に位置づけ、1月4日に行政機構刷新審議会を設置して「行政機構の刷新と廃合整理」に着手していく。地方財政委員会の後継組織問題は、ここから国の行政機構改革というフレームの中で検討俎上に載せられることになった。

「内務省の復活」も論議された「行政機構刷新審議会」（岡田1997：292）が1949年2月10日に出した答申を受け、行政管理庁が2月15日に GHQ へと提出した行政機構改革の案では、地方財政委員会を総理庁官房自治課と統合し、総理庁の外局として地方自治委員会、ないしは地方自治庁を設置するという案が盛り込まれている[36]。また、審議会の答申以前の1月10日に官房自治課と地

36　"Plan for Reorganization of Japanese Government"16 Feburuary,1949.（Diamantes）〔GS-A-00528〕（天川 2002:606）。

第3節 「代弁・擁護」を担う組織の制度構想

方財政委員会が示した検討草案には、2つの地方自治委員会案も示されていた[37]が、法案化を前提に総理庁官房自治課と地方財政委員会が作成した2月25日付の「地方自治庁設置法案要綱」[38]では、独任制機関としての地方自治庁案が選択され、次のような内容に整理されている。

まず、総理庁に国務大臣を長官とする地方自治庁を設置し、総理庁官房自治課及び地方財政委員会の所掌事務を掌る。地方自治庁には地方自治委員会議を置き、地方自治庁の所掌事務のうち重要な事項を議決する機関とした。地方自治委員会議は、地方自治庁長官と内閣総理大臣が任命する委員5人による構成で、学識経験者は含まず、議長は地方自治庁長官とする。また、事務局は次長制とし、連絡部、行政部及び財政部の三部を置くこととなっていた。

ところが、この法案要綱に対しては次のように大蔵省からの修正要望が出される。大蔵省の3月22日付省議決定文書には、大蔵省の提案する以下の修正意見を踏まえることを条件に、閣議提出に同意する意向が示されている[39]。

まず一つは、地方自治庁の任務についてである。「国家公益と地方公共団体の自主性との間に適切な調整的措置を講じて」という表現を、「国家公益と地方公共団体の自主性とが調和するように」という表現に改める方が適当である、という意見で、地方自治庁による「調整的措置」権限を認めない見解が示された。

もう一つは、地方自治委員会議の中立化を図ろうとする内容である。委員構成に「学識経験者三人を加えること」とした。また、その事務局組織について

---

37 地方財政委員会及び総理庁自治官房課が1949年1月10日付で作成した「地方自治総合連絡調整機関に関する諸案」の段階では、地方自治綜合連絡調整機関として3つの案が示されている。2つの地方自治「委員会」法案と国務大臣を長とする地方自治「庁」案である。3つの案は、いずれもその所掌事務を、総理庁官房自治課、地方財政委員会、全国選挙管理委員会及び国家消防庁並びに自治体警察に関する事務とし、事務局に官房のほか、連絡部・行政部・財政部・選挙部を置くこととしていた。相違点は意思決定機能で、地方自治「委員会」案については、①委員を7人とする案と、②国務大臣と学識経験者を合わせて3人とする案、との2つの案が示され、後者の場合には、その附属機関として地方公共団体の代表者によって組織される「運営審議会」の設置を規定している。一方、地方自治「庁」案は、総理庁の外局とし、国務大臣をもって長官とする独任制官庁案としていた。（自治大学校資料編纂室 1959:73-76）。

38 参考資料XⅧ「地方自治庁設置法案要綱（昭和24年2月25日）」（自治大学校資料編纂室1959:81-82）。

39 参考資料XX「地方自治庁設置法案に対する大蔵省意見（昭和24年3月22日省議決定）」（自治大学校資料編纂室1959）、及び「地方自治庁案に対する大蔵省の見解」1949.2〔ESS(A)10167〕（天川／岡田 1998：84-85）。

49

第1章 「代弁・擁護」機能の必要性と官僚機構の存続

も「三部」を「二部」とし、「連絡部、行政部、財政部」を「連絡行政部、財政部」
に改める、ことにも言及している。

　さらに、地方自治委員会議の位置づけを議決機関でなく、諮問機関へと変更
することを求めた。それはこの会議が「議決機関として国政の運営を実際上拘
束することが不適当」という理由による。このほか、地方債資金計画は国家資
金計画の一環として樹立すべきであること、各行政機関に「協議」の義務を負
わせるような規定を設けるのは適当でないこと等の理由も示されている。地方
自治庁の制度設計に際し、地方の利益を優先させるような事項を盛りこむこと
に、国家公益を優先する観点から大蔵省は極めて否定的であった。

国会が下した議決機関設置の裁定

　大蔵省からの修正要望を踏まえ、4月9日に閣議決定された地方自治庁設置法案
は、4月18日に衆議院内閣委員会に付託され、国会審議が開始される。国会審議
の焦点は、地方自治委員会議の位置づけと委員会の構成メンバーの問題であった。

　法案要綱で「議決」機関と位置づけられていた地方自治委員会議の性格は、
国会提出時の法案では「諮問」機関へと変更されていた。地方自治庁が所掌事
務を処理するに当たっては、その重要事項について地方自治委員会議の「意見
を聴かなければならない」との表記に改め、議決要件を外したものである[40]。

　4月23日に開会された衆議院内閣委員会地方行政委員会連合審査会は、中島
守利地方行政委員会委員長の地方自治委員会議を「議決機関」とすべき要旨の
発言で論戦の火蓋が切られた[41]。重ねて中島委員長は、地方の代表機関として

40　「地方自治長官と総理が任命する委員5人」としていた委員構成も学識経験者1名を加え6名とさ
　れている。『第5回国会衆議院内閣委員会地方行政委員会連合審査会会議録』第1号、1949年4月21日。
41　中島地方行政委員長発言「一体地方財政委員会のできます当事は、地方自治団体これに依頼すると
　ころが多かったのであります。今回のような地方財政委員会の決議が無視されるような形になりまし
　ては、地方財政委員会そのものの権威にも非常に関係するような結果を見たのであります。私は過去
　において、地方財政委員会が決議機関でありますので、今度諮問機関になりましたならば、全く多数
　地方を代表するところの委員がおりましても、価値が疑われるようなことになりはしないか、その希
　望するものが、俗に申せばまことに値打ちがないようなことになりはしないか。意見にわたりますが
　私はぜひこれは議決機関にすることが穏当ではないかと思うのでありますが，政府がどこまでもこれ
　は諮問機関でなければ困るという理由を、もう少しはっきりお答え願いたいと思うのであります。」
　『第5回国会衆議院内閣委員会地方行政委員会連合審査会会議録』第2号，1949年4月23日。

50

第3節　「代弁・擁護」を担う組織の制度構想

府県の知事のみならず地方議会の代表も加えた形が必要である点を付け加えた。これに対し、増田甲子七政府委員（官房長官）は、独任制官庁に付置された委員会の決議が国務大臣を拘束するのは意思決定の迅速性に欠けるとし、諮問機関の方がその運営上好ましいという趣旨の答弁を行った[42]。

5月10日開会の内閣委員会公聴会及び16日開会の内閣委員会においても同趣旨の質疑が繰り返されており、衆議院内閣委員会では、地方自治委員会議を議決機関とすべきこと、また、委員には地方議会の代表者も加えるべきことという意見が多数を占めていた。

これらの審議を経て作成された衆議院の修正案は、地方自治委員会議を議決機関とし、委員に都道府県議会、市議会及び町村議会それぞれの議長の連合組織から各1人と学識経験者3人を追加し、委員を12人の構成とした[43]。5月16日の内閣委員会で、民主自由党池田正之輔委員より提出された地方自治庁設置法案に対する修正案は、5月30日の衆議院本会議において可決に至った[44]。地方の代表者も含めた議決機関は立法府の裁定により設置が決定したのである。

42　増田政府委員発言「すべて行政官庁は、御承知の通り国務大臣がピラミッドの頂上に立っておりまして、そうして行政事務を円滑に、適切に、しかも速度的に処理することを建て前といたしております。そこで今回設置せらるべき地方自治庁は、省ではございませんが、やはり国務大臣が必ず長官になる。省でございましても、庁でございましても、国務大臣がピラミッド型の頂上に立っておる行政官庁的組織におきまして、その横に委員会が付置されまして、その委員会の決議が、国務大臣を拘束するということになりますと、独任制官庁としての働きが立派に運営できないことに相なる次第でございまして、やはり国務大臣が独任制官庁の頂上であるような官庁におきましては、その官庁の事務につきましては、もとより各種の委員会がございまして、それぞれの意見を強力に反映せしむる必要があるとは存じますが、両方が決議機関であるというようなことになりますと、独任制官庁の親玉は意思の自己決定ができる、自分で自分の意思を決定できますから、割合に早いのであります。また決議機関がかりに三人なり五人の委員で構成されておりましても、その委員の方々が集まった決議というものが、やはりこれは意思決定の機関になりまして、両方が意思決定の機関ということになりますと、どうもその間軋轢扞格を来しやすいということもおそれられるのでございます。従いまして、相なるべくは独任制官庁に付置されるべき委員会は、諮問機関であった方が、官庁事務の運営上よいのではないかと思っております。（以下略）」。『第5回通常国会衆議院内閣・地方行政委員会連合審査会会議録』第2号，1949年4月23日。

43　参考資料ⅩⅩⅠ「地方自治庁設置法案に対する修正案（昭和24年5月10日衆議院法制局）」（自治大学校資料編纂室1959:90-91）。
　　この修正案は、このほか内閣総理大臣権限の補佐機構権限条項に自転車競走を行なうことができる市町村の指定の項を追加、地方自治委員会議の定数を3人から6人に変更、附則に地方財政委員会廃止の項を追加している。

44　5月19日の参議院地方行政委員会においては、地方議会代表を1人とし、学識経験者を2人として委員総数を8人とする修正案が提出され、内閣委員会及び本会議においてこの修正案を可決したが、30日の衆議院本会議で否決されている。

第 1 章 「代弁・擁護」機能の必要性と官僚機構の存続

(2) 「代弁・擁護」の制度構想と「大蔵省・ESS」の壁

官房自治課が模索した各省の企画立案への関与策

こうして、内務省解体後に臨時の機関として設置された地方財政委員会と総理庁官房自治課は統合され、1949 年 6 月 1 日に地方自治庁が発足した。同時に地方自治庁には地方の代表者も含めた議決機関として地方自治委員会議も設置されたが、官房自治課は、それよりも中央において地方の立場で各省との折衝役をつとめる「地方自治の責任部局」としての位置づけを重視していた。背景には既述の 1948 年度地方予算をめぐる攻防で地方財政委員会が十分な役割を果たせなかった経験を踏まえ、地方側からも「地方自治の総合連絡調整機関」設置を求める声が上がるようになっていたこともある。官房自治課長から地方自治庁連絡行政部長に就任した鈴木俊一も、当時の論説で「何らかの連絡代行のための機関が中央政府にあって、地方の立場に立ちつつ関係省庁との連絡折衝する必要があることが痛感されてきた」（鈴木 1949：9）との見解を記している。

地方財政委員会の後継機関を検討する過程で官房自治課が作成した文書には、そうした各省個別行政の企画立案に対する関与、それを鈴木の表現で言えば「関係省庁との連絡折衝」に必要な権能を、地方の意見を代弁する組織に付与する設計図として、3 つのモデルが示されている。次のようにいずれの組織形態であっても各省個別行政の企画立案に関与するための方策が何らか盛り込まれおり、そうした権能の獲得に腐心していた旧地方局官僚の姿が看取できる。

1 つめは、1948 年 4 月 9 日付「国家地方連絡調整委員会法律案要綱」[45] で、行政委員会モデルである。「国家公益と地方公共団体の自主性との間に適切な調整的措置を講じて、地方自治権を擁護するとともに、併せて地方公共団体間の連絡を図るために、内閣総理大臣の管理の下に」置くという「国家地方連絡調整委員会案」が示されている。

---

45 資料 III「国家地方連絡調整委員会法律案要綱」（自治大学校史料編纂室 1959:9-11）。

第3節 「代弁・擁護」を担う組織の制度構想

この法律案要綱に示された国家地方連絡調整委員会の所掌事務には、「（１）各大臣の所管の事務で地方公共団体に関係のある行政の企画及び立案に対して自治権擁護の立場から必要な検討を行うこと」と、筆頭に各省個別行政に対する関与の根拠となる事務を掲げた。その上で、「各大臣は、その所管の事務で地方公共団体に関係のある行政を企画し及び立案する場合においては、予め国家地方連絡調整委員会の同意を得なければならない」として、いわば委員会の「拒否権」ともいうべき「同意」を各省企画立案の条件とした。内閣から一定程度の独立性をもつ機関を予定して関与のしくみが設計されている。

２つめの４月12日付「地方自治連絡委員会法案」[46] には、「国家機関」でかつ、「公益的機関」というモデルが明記されている。「国家機関たると同時に、地方公共団体の利益を代表する全国的な公益的機関」と位置づけられた「地方自治連絡委員会」は、「地方公共団体に関係のある各省所管行政の企画及び立案に対し地方自治擁護の立場から必要な調整的措置を講ずること」を掌るとされる。

これは地方の「代弁・擁護」のため、「各省所管行政の企画立案」に「調整的措置を講ずる」ことのできる組織で、「内閣総理大臣・法務総裁及び各省大臣は、その管理する事務で地方自治に関係のあるものに関し、法律案または政令案を企画立案する場合においては、地方自治連絡委員会に協議しなければならない」とされる。１つめの「国家地方連絡委員会案」と比較すると、地方自治に関係のある法令案に対する「同意」を「協議」に変え、拒否権を緩和させるとともに、各省と並列の立場からの調整を予定している。

46　この「地方自治連絡委員会法案」では、名称のみならず、その位置づけが大きく修正されている。たとえば、目的における、地方公共団体の「連絡を図る」という箇所に「連絡協調を図る」と、「協調」の２文字が挿入されていること、第２条に「地方自治連絡委員会は、国家機関たると同時に、地方公共団体の利益を代表する全国的な公益的機関たるものとする」と、「国家機関」である旨を明記していること。あるいは、「地方公共団体の職員の研修制度の実施」が所掌事務に追加され、委員については「国の公務員」とする、事務局職員も「国の公務員」とする旨が明記されていることなどである。同委員会が「国」の機関として、地方団体を「監督」する立場が明文化されている。
　さらに第４条で、「内閣総理大臣・法務総裁及び各省大臣は」その管理する事務で地方自治に関係のあるものに関し、法律案または政令案を企画立案する場合においては、地方自治連絡委員会に「協議」しなければならないとされた。経費についても「国と地方公共団体が折半してこれを負担」するものとし、地方団体への負担を求めた内容となっている。
　国家地方連絡委員会と地方自治連絡委員会とは、中央政府におけるその位置づけを全く異にする機関として構想されている。

第 1 章　「代弁・擁護」機能の必要性と官僚機構の存続

　3 つめとなる 8 月 16 日付の「地方自治連絡委員会法案」[47] では、各省に協議義務を与えていない。また、2 つめの 4 月 12 日付法案で所掌事務にあった、各省個別行政に対する「地方自治擁護の立場から必要な調整的措置を講ずること」の表現も「地方自治擁護の立場から調整的意見を内閣に申し出ること」と変更されている。さらに、委員の構成に新たに「衆議院議員又は参議院議員の中から」議長の指名した者各一人が追加されており、国会議員を含め第三者的な立場で「内閣」に対し「意見申し出」を行う組織が構想されていた。つまり、各省との協議を飛び越え内閣への意見申し出を行う立場を予定していたことになる。

　　大蔵省・ESS の反論

　これら官房自治課が作成した地方の意見を代弁する組織構想に対して、大蔵省の反発は必至であった。大蔵省の『昭和財政史』(1977：480-481) には、1948年 9 月に官房自治課が立案した「地方財政委員会改正案」が、「地方団体の要望を容れて制度改革の立案に関する法案の国会提出に当たり、政府が地財委案を変更するときは地財委の同意を求める」「同意を得られなかったときは、地財委提案に政府の修正理由及び地財委の意見を国会に提出せねばならない」とする強化案であったことが記されている。それは、地方財政委員会の法案に対する同意権と国会への意見提出権も含めた改正案である。

　ここで大蔵省に示されたとされる 1948 年 9 月 16 日時点の「地方財政委員会改正案」は、のちの自治省が地方自治庁設置当時の経緯をまとめた『戦後自治史ⅩⅧ』だけでなく、その執筆に際して収集・整理された自治大学校史料編纂室 (1959) の参考資料にも掲載がないことから、官房自治課が内部協議用資料として提示したもののようである。しかしながら、既述の官房自治課作成の制度構想のほか、9 月 6 日及び 20 日の案の存在記録が「地方自治庁設置にいたるまでの経過概要」の中には残されており、9 月 6 日付「地方自治連絡委員会案」が大蔵省に示した「地方財政委員会改正案」のベースとなったことが推察される。

47　8 月 16 日案にはこのほか、地方自治連絡委員会の所掌事務として「地方税財政」に関連する項目が追加されている。

第3節 「代弁・擁護」を担う組織の制度構想

　いずれにせよ、9月立案の地方財政委員会の権限強化を企図した「地方財政委員会改正案」は、大蔵省がほぼ全面的に反対の意向を示したことで「結局陽の目をみずに終わった」とされ（大蔵省財政史室 1977：481）、「代弁・擁護」機能に関わる権限強化に対し、大蔵省の抵抗が極めて強かったことは明らかである。

　ただし、大蔵省の対応はGHQ経済科学局（ESS）と共通の認識に基づくものであった。両者の構想は、「官房自治課・GS」対「大蔵省・ESS」の構図で対抗していたのである（民政局の表記はここから「GS」と変更[48]）。そのことは、地方財政委員会法の設置期限を目前に控え、官房自治課とGSがその後継組織となる地方自治委員会法案の検討を進めていた時期の交渉過程から看取される。

　11月11日の参議院地方行政委員会において官房自治課長の鈴木は「法案の準備段階の参考資料」として地方財政委員会法案を説明した[49]。それから約1週間後の11月19日にESSのコーエン、モス、バロンの3名が、参議院地方行政委員会の岡本委員長及び衆議院地方行政委員会の山口委員長と会談を行っている。この席上でコーエンは、地方財政委員会の任期延長には賛意を示す一方で、地方自治委員会法案については法案提出に必要な修正同意には更なる検討が必要である、との見解を示した[50]。ここでESSが検討を求めた内容は、次のような大蔵省との共通認識に裏付けられたものだったのである。

　この時期の大蔵省は、ESSに対して次のような提案を記した文書「地方自治委員会法案に対する大蔵省の見解」（1948.11）を示していた[51]。

　①法案では、委員会が重要な行政機関という観点から、委員を常勤としてい

48　GHQ民政局の地方政府(地方行政)課は1948年6月30日に第8軍地方行政部に移管されている。（天川／福永 2002：15）

49　鈴木俊一政府委員の発言「政府におきましては地方自治委員会というのを設けたいという考えで、目下関係法案を立案いたしまして、関係方面の了解を得次第速やかに今国会に提案いたしたいという考えであります。お手許に地方自治委員会法案とその要綱を差上げてあると思いますが、これは未だに正式に提案になっておりません。法案の準備段階の参考資料としてご配付申上げた次第でありますが、将来の審議のご参考になるというつもりでございます。その資料に大体基きまして、地方自治委員会法につきましてご説明を申上げたいと存じます」。『第3回国会参議院地方行政員会会議録』第3号，昭和23（1948）年11月11日。

50　"Local Government Autonomy Commission Law"20 November,1948.(Balon)〔ESS-A-10164〕（天川／岡田 1998:74）。

51　"Comments by the Ministry of Finance Administrative Staff on the Bill for the Local Autonomy Commission"〔ESS(A)10164〕（天川／岡田 1998:72）。

るので、知事、市長、町村長は適任ではないこと

②委員は、国と地方の双方の財政の健全化を目指し、維持するという熱意を有する者であるべきだが、地方自治の確立に熱意を有する者でもある。この点から、財政問題の知識と経験を備えた人を委員にすべきであること

③委員会は、国家と地方団体の公益を公平に代表すべきであること。そこで、委員会は国務大臣と学識経験者による国の行政機関とし、別に地方団体の代表者を中心に組織する助言機関を設け、知事や市長、町村長はその組織のメンバーとすべきであること

④十四条は削除すべきであること

　この大蔵省の提案は、利害関係者である地方の代表を排除すること、財政の専門家登用により組織を中立化すること、委員会を国の行政機関とすることなどにより、委員会の代弁機能を骨抜きにする内容である。なお、④の第14条は「内閣総理大臣、法務総裁及び各大臣は、その管理する事務で地方自治に影響を及ぼすものに関する法令案について、法律案及び法令案にあっては閣議を求める前、命令案にあっては公布の前、予め内閣総理大臣を通じ地方自治委員会の意見を求めなければならない。」との内容で、大蔵省が到底許容しえない規定であった。地方財政強化よりも国の財政の健全運営を優先させる点で認識を共有するESSと大蔵省は、共闘態勢で法案修正に臨んでいたのである。

　　（3）「国会による判定」に対するクロスナショナルな共通認識

　官房自治課とGSが求めた「国会による判定」

　ところで、地方の意見を国の予算に反映させるための方策としては、もう一つ別な観点、具体的には内閣を迂回して国会で判定を仰ぐという形式の検討も行われていたことが、官房自治課とGSとの交渉資料から明らかとなっている。官房自治課が1948年10月2日付「地方自治委員会法案」をもって同月18日

第3節　「代弁・擁護」を担う組織の制度構想

に臨んだ GS との会談は[52]、この地方自治委員会の国会への意見提出権という問題が焦点の一つとなっていた。

　この会談には、日本側から、鈴木俊一官房自治課長及び同次長と連絡調整事務局第二部行政課の赤谷事務官、GS からは、ティルトン、ノーラン、ポーター、ハリス、レンチフィールドが出席して行われた。ここでは、今国会への法案提出の必要性や法案の形式、地方自治委員会の提出案が閣議を通らなかった場合の取り扱い、などが議論されている[53]。

　この席上でノーランは、地方自治委員会の提出案が閣議を通らなかった場合に、国会に提出して最終的に判定を仰ぐ手立てが考慮されていない点を指摘した。一方、ポーターは、そのような方法が政府の統一性を阻害する点を懸念する発言をしており、GS 内部でも地方の意見を法令に反映させる方策についての統一的な見解を有していなかったことが看取できる。それに対しノーランは、閣僚がすべて中央政府の代表者であり閣議を通らないことが時々あると予想されるとして、中立的な国会で最終的に判断してもらうべきではないかと主張し、ティルトンも 5 年程度の暫定的な期間を設定してそうした権限を認めるべきとの見解を示している。

　こうしたノーランらの主張に、鈴木官房自治課長も「個人的見解」として、「地方自治擁護の立場から見て現状の行政事務の配分及び財源の配分は全体的に中央に厚く、地方に薄い」ことから、「将来、均衡がとれたときには一般の国家機関と同等に扱っていいが、現在は国会に提出して最終判定をしてもらうようにすることも意味がある」と、国会での判断を仰ぐことに同調する発言しており、鈴木とノーラン及びティルトンの間では、地方自治の強化手段についてのクロス・ナショナルな共通理解が存在していたことがうかがえる。

　なお、この席で鈴木は、立案当初にはそうしたしくみが存在したものの、前

52　参考資料Ⅶ「第八軍地方行政部長ティルトン大佐との『地方自治委員会法案』に関する会談記録（総理庁自治課）メモ」（自治大学校史料編纂室 1959）。
53　法案の形式については、地方自治委員会と地方財政委員会の二本立ての機関か、統合案かというティルトンの問いに対し、いずれも地方公共団体の自治に関する機関なので統合したいとする鈴木課長の意見にノーランが同意した。

57

第1章 「代弁・擁護」機能の必要性と官僚機構の存続

内閣における官房長官[54]、行政管理庁等の審査の際に不適当として落とされた経緯があることを説明しており、これが政府内での了解を得ることは極めて難しい方策であったことが、後述の会談でも詳らかとなっている。

「国会による判定」制度の消滅

この会談を経て官房自治課が作成した10月20日付修正案には、18日の会談におけるノーランの指摘事項、すなわち「地方自治委員会の提出案が内閣を通らなかった場合」の取り扱いが次のように追記された。

まず、第14条の委員会の権限に17号として「地方自治に影響を及ぼす国の行政に関する法律案で政府が提出するものに関し第11条第1号の規定により必要な調整的意見を政府に申し出た場合又は政府に対し第15号の計画に関する法律案を国会に提出することを求めた場合において政府がその意見又はその案に変更を加えることに対し同意を与えること」として、政府による修正が行われる場合に対する地方自治委員会の同意権が付け加えられた[55]。この条文中の第11条第1号の規定とは「地方自治に影響を及ぼす国の企画立案及び運営に関し、地方自治擁護の立場から必要な調整的意見の内閣及び関係機関に対する申し出」であり、第15号の計画とは「国家資金の配分や地方の財政報告に関わる計画」である[56]。地方行財政全般に関わる事項が対象とされた。

さらに、この規定の後段には、「この場合において委員会の同意が得られなかったときは」として、「政府は、当該法律案を国会に提出する際、委員会の意見又は原案並びに政府が変更を加えた理由及びこれに対する委員会の意見を記載した文書を併せて提出しなければならない。」ことも明記され、同意が得られない際は、委員会の原案や意見も政府が併せて国会に提出することを義務付けた。

しかし、そのような「国会による判定」の制度を盛り込んだ10月20日付地

---

54 芦田内閣における苫米地義三官房長官のことをさすとみられる。（秦 2001:445）
55 参考資料Ⅷ「地方自治委員会法案（昭和23年10月20日）」（自治大学校史料編纂室 1959:43-44）。
56 参考資料Ⅶ「地方自治委員会法案（昭和23年10月2日）」（自治大学校史料編纂室 1959:25-38）。

方自治委員会法案の内容については行政管理庁からの異論が出される。この修正案をもって行われた 10 月 26 日の会談は、GS のハウギと鈴木官房自治課長、連絡調整事務局第二部行政課の赤谷事務官、及び行政管理庁佐藤事務官が出席し、その主題は、国会への法案提出の承認要請であった[57]。ハウギが、地方自治委員会の設置案と地方財政委員会の期間延長案の 2 つの草案を福島前内閣官房次長から貰っている[58] こと、前者が困難な場合は後者によりたいとの意向を日本政府が示していることを確認すると、鈴木課長は、第 8 軍軍政部[59] の意見が明らかになってなかったためそのようにしていたと説明し、これからは前者の地方自治委員会設置案ですすめたい旨を回答している。

　その際、同席していた行政管理庁の佐藤事務官が、地方自治委員会法案に言及し、「今国会への提出時期については行政管理庁も同意しており、法案自体に異論はない」としたものの、一方で「原案を国会に提出して判定してもらう」という国会による判定の制度については「政府の一体性保持」の観点から困るとして、閣議で反対する可能性を示唆した。鈴木とティルトンらが合意していた「国会による判定を仰ぐ」という制度は、こうした政府内での強い抵抗を受け消滅していくこととなる。

　11 月 11 日の参議院地方行政委員会で、鈴木官房自治課長が内容を説明した国会提出前の「地方自治委員会法案」では、第 14 条「地方自治に直接影響を及ぼす法令案」として、「法律案及び政令案にあっては閣議を求める前、命令案にあっては公布の前」に、「内閣総理大臣、法務総裁及び各大臣」が「予め内閣総理大臣を通じ地方自治委員会の意見を求めなければならない」と表記されている[60]。地方自治委員会の権限を示すものでなく、法令の所管の大臣が内閣総理大

57　参考資料Ⅸ「地方自治委員会法案に対する G・S　ハウギ氏との会談記録（総理庁自治課昭和 23 年 10 月 26 日）」（自治大学校史料編纂室：1959）によれば、今国会への法案提出の背景として、①地方団体の代表者から地方自治のための総合機関設置の要望があること、②閣議において労働大臣から地方自治委員会設置に対する努力を諒解する旨の発言があったこと、③ティルトンとの会談においてその出来栄えを評価されていること等が記されている。

58　福島慎太郎内閣官房次長は第 2 次吉田内閣発足に伴い、10 月 15 日で交替している（秦 2001：468）。

59　民政局の地方府課は、6 月 30 日に第 8 軍に移管されている（天川／福永 2002：27）。

60　参考資料Ⅺ「法律第　号地方自治委員会法案（昭和 23 年 11 月 11 日）」（自治大学校史料編纂室 1959:53-67）

臣を通じて地方自治委員会の意見をあらかじめ聴取する程度の内容にとどめられたのである。

　それに加え、既述のように大蔵省・ESS はこの条文の削除を求めた。結果的にこの法案については GHQ の承認が得られず、地方財政委員会の期間延長という中で後継組織の再検討がすすめられ、地方自治庁の設置という道筋へとつながっていったことは、すでに言及したとおりである。

　このように「国会による判定」という制度構想が消滅したことで、地方の「代弁・擁護」機能は政府内において主に発揮されることが所与の条件となった。それだけに官房自治課が認識していた「関係省庁との連絡折衝」の必要性がより高まっていくこととなるのである。

小括　地方財政の所管組織と地方の統制問題

　本章で見てきたように、内務省地方局の廃止とそれを継承した組織の存続を
めぐる攻防は日米で異なる地方自治観を土台にしながら繰り広げられ、その中
から「地方自治の責任部局」という存在を戦後の地方自治に適合させるために
不可欠な理由として地方自治の「代弁・擁護」という役割が登場した。つまり、
内務省地方局に伝統的な地方の「監督」機能に代えて、地方自治の「代弁・擁
護」という機能が前面に出されたことで、戦後体制の下で中央政府における「地
方自治の責任部局」を存続させる道筋が確保されたのである。

　ところでそうした「代弁・擁護」の必要性を民政局が容認する契機となった「地
方財政」については、地方自治の責任部局における「代弁・擁護」の権限強化
に強く対抗してきた大蔵省の所管となる可能性もあった。内務省改組をめぐる
交渉過程では、「地方財政」を内務省地方局の行政事務と分離して、大蔵省へ移
管することも検討されていたのである（自治大学校 1966：157）。

　それは、1947（昭和22）年6月13日に行われた、前田克巳行政調査部総務部長、
宮澤俊義行政調査部機構部長らと民政局次長ケーディス大佐との会談でも、検
討の俎上にのせられたテーマである。この席で宮澤部長は内務省地方局の地方
財政権限を大蔵省に移管した場合を想定し、その際に残された地方局の権限に
ついて、総理庁ないし別の省へと移管する考えを示唆した。これに対してケー
ディスは、残された地方財政の権限を「内務省」に残す点に難色は示したものの、
大蔵省へ移管する案には全面的なサポートを表明していた[61]。

61　「いろんな機会に地方財政の所管に関する話が出ていたんではないですかね。ですから、その頃前
　田さんの動きをわれわれはいつも注視していたわけです。どうしても内務省を解体しなければなら
　ないというなら地方財政を持って行くところといえば、それは内閣か大蔵省しかない。ケージスは
　地方財政を大蔵省が所管しても差し支えないようなことを言ったと言いますね。」（内政史研究会
　1976：第7回155）。

第1章 「代弁・擁護」機能の必要性と官僚機構の存続

　こうした動きに内務省地方局は強い抵抗を示し、交渉用資料として「内務省において地方財政に関する事項を所管せねばならぬ理由書」を作成し、そこでは自治体の組織運営面と財政面の一体性、地方自治体財政の国家財政に対する従属性の排除、地方財政・地方税・地方債に関する監督、調整の必要性、を主張した（自治大学校 1966：108）。しかし、閣議提出を予定した政府案では、「地方財政」を大蔵省へ移管することが決定されている。ところが閣議前日に民政局からの指示が出され、その取り扱いについての最終決定は日本政府の判断に委ねられることとなった。前田総務部長と西尾末広官房長官との政府内協議の結果、地方財政を大蔵省へ移管とする項が閣議提出案から抹消され（自治大学校 1966：102, 110）、6月27日の閣議で決定された「地方自治委員会法案」では地方財政の所管を、「地方自治委員会」に属するとされた経緯がある。

　この決定には地方の統制問題に対する行政調査部の意向が影響した。行政調査部では「地方財政」の所管を決定するにあたって、「地方財政」が地方公共団体に対するほとんど唯一の国家の有力な「統制権」であると捉えていたため[62]、「地方公共団体に対する国家の統制権」を「強力なもの」とする場合は、従来強いつながりを持つ内務省地方局的な機構にこの権限を存置したほうが良く、大蔵省に移管した場合は、財政金融面からの事務的な「弱い」権限になるとの見解に立っていた。行政調査部は最終的に国家による「強力な」統制が行われることを優先したのである。ただしこの時期は、同時に行政調査部の後継機関に関する検討も進められており、その中で、大蔵省の予算配分機能の問題も改革の射程に捉えられていた（岡田 1994:179-183）ことも背景にある。こうしたことが少なからず行政調査部の判断に作用したことは否定できない。

　また地方財政委員会発足後の大蔵省設置法の制定過程でも、「地方財政」の共管をめぐる問題が浮上している。旧地方局官僚の奥野誠亮は「大蔵省設置法案

　「そうしましたところケーディスは『‥‥地方自治体に対する中央の権限はファンクショナルなもの（例えば財務関係等）に限定し、現行法制で中央の権限ある事項を知らされたい。地方財政に関する事項を大蔵省に移すことは全面的にサポートする。地方局はどう見ても存在する必要ないように思われる。』こういうことを言っている。」（自治大学校史料編集室 1959b:25-26）。
62　「内務省の機構改革に関し問題となるべき事項」（自治大学校 1966:82）。

にある大蔵大臣の権限列挙の中に、『地方財政に関すること』とあるのがたいへんな議論」になったのは「昭和23年のこと」と回顧録で振り返っているが（奥野2002：104）、地方自治庁発足の前年である1948(昭和23)年は、従前の各省官制に代わる各省設置法の制定期限が迫る中で、各省設置法の制定作業が進められていた（岡田1994：269）。従来から大蔵省と共管になっていた地方財政の権限については、「国の財政統括の立場」で残すべきとする大蔵省の主張[63]が強く、旧内務省地方局財政課の嫡流にあった奥野らは、「地方財政」に関わる権限の掌握を、地方自治の強化という側面のみならず国の財政からの自立をめざすという点で不可欠、との考え方で対抗した[64]。

結果として、1949年6月施行の「大蔵省設置法」では、大蔵省の地方財政に関する権限は「国の財務の統括の立場からする地方公共団体の財務の調整に関すること」と規定され、設置法施行以前の体制に帰結した（大蔵省財政史室1977：489-490）。「地方財政」は国の財務統括下にあることが大蔵省設置法に明記されたのである。戦後の地方自治強化策として「地方財政」の面で地方から期待が強く寄せられた「代弁・擁護」の役割は、国の財務統轄の下では翻って抑制役を求められる可能性も内包することとなった。

こうして地方財政の所管とともに、「代弁・擁護」機能と対極的な「監督・統制」機能を抱え込んだ「地方自治の責任部局」は、次章で見るように、シャウプ勧

63　奥野の発言「国の財政統轄の立場からすればというのだから、そのくらいはしようがないと今は思うけども、そのくらい地方財政の独立性を打ち立てようという努力は大へんなものだった。そのくらい地方財政は自主性がなかったのだね。」（自治大学校資料編集室1961:51）。

64　こうした大蔵省との「縄張り争い」を象徴する権限の一つに、起債の許可権がある。戦時中に一時、内務省の専管とされた地方債の許可は、戦後まもなく大蔵省と方針を協議する形に変更されていた 。1947年の地方自治法第1次改正では、「地方公共団体の起債」については「当分の間」として、所轄行政庁の許可を要するものと明記され、起債に対する当該議会による議決の他に「所轄行政庁の許可」を規定した 。地方団体は起債許可の廃止を切望しており、GHQ民政局も地方公共団体の自主性及び自律性の強化に向けて起債許可制度の廃止をめざしている中で、内務省は、国の財政金融の現状からみて起債許可は当面必要という方針を示し、条文には「当分の間」という文言を挿入した。
　この権限が内務省解体後に、行政委員会である地方財政委員会には「異例の」権限として継承され、内閣総理大臣がこれを行うものとされている。これは、起債許可制度の廃止を企図した民政局の意向によるものではなく、財政金融を所管する経済科学局が、起債を許可する中央機関を必要としていたためであるが、地方財政に関わる事項の決定権を、財政全般を所管していた経済科学局が掌握していたことで、クロス・ナショナルな関係に後押しされ、内務省地方局は「起債の許可」権限を死守することになったのである。

第1章 「代弁・擁護」機能の必要性と官僚機構の存続

告を経て地方財政を管理する立場を獲得し、中央集権化を図る国家的要請を受けて後者の「監督・統制」機能を際立たせて発揮していくようになる。

第2章

「監督・統制」機能の体系化と組織基盤の確立

第2章　「監督・統制」機能の体系化と組織基盤の確立

はじめに

　第2章は、占領後期に提起されたシャウプ勧告から講和独立後のいわゆる「逆コース」の改革が進められた時期を取り上げる。この時期は、地方自治庁の発足から地方財政委員会との分立体制、自治庁の発足と、1949（昭和24）年から1952（昭和27）年までの約3年の比較的短期間に「地方自治の責任部局」の機構改革が続いた。それら機構改革の過程を検証するなかから、組織変容と「監督・統制」機能のシステム化が一体的に図られていった様相を明らかにし、さらには自治庁発足以後その「監督・統制」機能を積極的に発揮しながら、地方自治を専管する組織としての閣内での基盤を確立していく過程を検討する。

　まず着目するのは、1949年のシャウプ勧告を契機に地方自治庁が地方財政委員会との分立体制に至る経過である。地方自治庁は、国地方の「分離型」行政体制を基調としたシャウプ勧告を梃子にしながら、地方行財政を分立した2つの組織で一体的に運用する法体系を整備する。その法体系の中に、「地方自治の責任部局」がシャウプ勧告で提案された地方財政平衡交付金制度を運用管理する権限が規定され、財政面から地方を「監督・統制」するシステムが巧みに組み込まれていくことが組織と制度との関係で注目すべき点である。

　次いで、サンフランシスコ講和条約発効（1951年）から約1年後、また内務省解体(1947年)から約5年が経過した1952年8月1日に自治庁が設置されると、そこから1960（昭和35）年に「自治省」となるまでの約10年の間、地方自治法の大幅改正（1952年、1956年）をはじめ、町村合併の促進、地方財政平衡交付金法の一部改正や地方財政再建特別促進法の制定など、地方行財政制度の改革が次々と進められていく。この時期の制度改正は、サンフランシスコ講和条約締結後に日本の自立体制の構築をめざす、いわゆる「逆コース」の改革に裏付けられており、改革の方向性は、次のように占領下と明らかに異なるベク

66

はじめに

トルを示す点に特徴がある。

　中央政府における「地方自治の責任部局」の組織統合は、その象徴的な出来事である。いわゆる講和期の「逆コース」の改革で基本方針となった1951年の政令諮問委員会答申において、地方自治庁、地方財政委員会及び全国選挙管理委員会という、かつての旧内務省地方局に所在した組織の再統合が提言されたことは自治庁の設置を促した。戦後改革において民主化・分権化推進の原動力となった占領体制の終結により、中央政府における「地方自治の責任部局」を不要とした米国流の地方自治観は排除され、旧内務省地方局の嫡流にある行政組織の不安定要素が消滅した。

　そのことは、地方自治の制度についても戦前の内務省地方局時代からの後見的な地方自治観に立脚した制度改正を可能とする環境条件を整えた。占領下で進められた地方制度改正は常に民政局の監視下に置かれ、原則的に民政局の承認を得ることが条件とされていたが、前章で詳述したように、そうした中でも内務省地方局に系譜をもつ「地方自治の責任部局」の後見的なスタンスは一貫していた。米国流の地方自治観にもとづく民政局の指示が、旧内務省地方局の伝統的な地方自治観にはなじまず「わが国の現状にそぐわない」という官僚機構の矜持が底流に続いていたのである。

　そのように「地方自治の責任部局」の基調にあった「わが国の実態に即」した地方自治制度への改正に向かうベクトルが、講和期に入り顕在化した中央集権化に向かうベクトルと重なり合うように制度改正が展開されていく。自治庁が発足した1952（昭和27）年の地方自治法改正では、自治体の「簡素化・合理化・能率化」に主眼に置いて諸規定が整備されたが、それとともに地方を「監督・統制」するためのシステム構築が図られていく。地方自治制度の「運用の指導」を新たな任務とした自治庁は、地方官官制(府県)と委任事務制度(市町村)を基軸に構成されていた戦前の地方行政体制を、戦後憲法が規定する地方自治制度へと適合させる作業にも着手していくのである。

　戦前の地方行政は、「官制」による地方の人的統制、すなわち内務大臣が任免する府県知事を通じ全国画一的に事務を執行する体制に支えられていたが、戦

67

第2章 「監督・統制」機能の体系化と組織基盤の確立

後改革で知事公選制が導入され、そうした地方長官たる府県知事を核とした地方官官制が崩れていた。自治庁は官制の廃止に伴い分断された国と地方の関係をつなぐ手立てとして、地方行政を内閣の行政権の下に接続させていく。その上で、戦後改革によりいずれも普通地方公共団体と位置づけられていた都道府県と市町村の事務配分を再整理し、府県に連絡調整事務を付与することで、二層制を明確化した。シャウプ勧告における基本方針の市町村優先主義に対して、戦前のような府県を核とする地方体制には根本的な視点の違いがある。占領後期から講和期への環境変化の中で、自治庁はシャウプ勧告が提唱した「市町村優先主義」の事務配分を基本としつつ、府県による「監督」を戦後型の「非権力的関与」へとアレンジしながら、そこに覆い被せる手法で巧みに両者を結合させていく。

　本章では、こうした地方に対する「監督・統制」機能がメカニカルなシステムとして形成される過程を検討した上で、戦後の「地方自治の責任部局」がその機能を積極的に発揮しながら自らの組織基盤も同時に確立していく事象を観察する。

68

第 1 節 シャウプ勧告を梃子にした地方財政委員会の形

(1) シャウプ勧告「地方自治庁解散案」への対抗

地方自治庁設置から 3 ヶ月後の 1949 年 9 月 15 日、連合国軍最高司令官のマッカーサーが招聘・来日したシャウプ使節団による「シャウプ使節団日本税制報告書(シャウプ勧告)」が公表された。シャウプ勧告は税制のあり方にとどまらず、地方レベルで国の仕事と地方の仕事が混在している点を指摘し、地方自治強化の観点から、中央地方「分離型」による行政事務の再配分と、中央地方の新たな財政調整制度として「平衡交付金」の概念を提言した。

同時に、設立から間もない地方自治庁を解散する提案が盛り込まれていたことで「地方自治の責任部局」の存在が再び問われていく。シャウプ勧告が、国・都道府県・市町村の事務配分の明確化とともに市町村優先の原則を打ち出し、地方税財政制度の抜本的な改革を提言したことはよく知られているが、同時に地方財政を所管する中央政府の機構改革案にも言及していた[1]。それが、新たな「地方財政委員会の設置」とこれに伴う「地方自治庁の解散」の提言であった。

シャウプ勧告による地方自治庁解散の提言を受け、地方自治庁長官の木村小佐衛門国務大臣は、公表当日の 15 日付で次のような談話（自治大学校 1975：141-142）を発表する。その内容はまず、シャウプ勧告が「地方自治庁で担当し

1　シャウプ勧告を研究した文献は多岐にわたり、その内容についても多様な評価が提起されている。しかしそのいずれも、勧告の提起した市町村優先の原則、地方財政平衡交付金制度、地方税制度等、中央と地方との事務配分及び税財政問題に着目したもので、地方財政委員会の設置のように国の行政組織の問題に着目した資料及び文献は極めて少ない。とりわけ「地方自治庁の廃止」が提起された点にまで言及しているものは、当時の自治官僚が記した「記録」ないし「制度解説」と、自治大学校編の『戦後自治史』のように事実経過を記録した程度のものにとどまっている。なお、地方財政委員会の「行政委員会」という組織形態に焦点を当てた先行研究には、制度的・歴史的側面からその機能について丹念な分析を行った伊藤正次（2003）があるが、行政委員会の問題に特化したためかここから取り上げる地方自治庁との並立関係についてはほとんど言及されていない。

第2章 「監督・統制」機能の体系化と組織基盤の確立

資料2　　　　　　　　　　日本税制報告書（シャウプ勧告）
　　　　第二章 国家財政と地方財政との関係　D節 - 地方財政委員会

　　D　地方財政委員会

　国、都道府県、市町村間の財政関係について絶えず発生する問題を処理するために
は常設委員会もしくは何等かの機関が必要になる。この種の問題に対しては前もって
法律で対策を講じておくことはできない。一般的な法律によって地方団体に委せ切る
のは危険であるが、時宜に適する税を課することについての地方団体の申請を審理す
るためにこの委員会は必要である。また、地方債の発行限度制がつづいている限り、
その限度内の許可起債総額を地方間に割り当て、二府県以上にわたって営業を行う法
人については事業税の課税対象たる益金を各県に分配し、法律の定める地方税の最高
税率を一時停止する権限をもたらしめるべきである。この委員会は、改正後の地租お
よび家屋税 (不動産税) に基いて農地を評価する場合において第十二章に勧告してあ
る「調整」係数の決定の任務を持つべきである。この委員会はまた、一般平衡交付金
を配付するについて必要となる地方団体の財政需要と財政力の標準を定めるに必要な
研究を行うべきものである。またこの委員会は、地方財政に関する一連の資料を蒐集
すべきである。なお、国と地方団体間の新しい関係の調整のためになお他の諸権限を
必要とすることは疑いない。要するにこの新機関は、最も重要な行政機関の一つとな
るであろう。この委員会は、地方団体の利益を十分に代表するように構成されなくて
はならない。この点は、これに似通った現在の委員会においてはそうなっていないよ
うにみえる。
　現在、国および地方間の財政関係を処理する機関は地方税審議会と地方自治庁の二
つがある。何れも現在のところ地方財政委員会として活動するには全く不適当である。
従って、これらの機関はこれを解散し、次の要領によって、地方財政委員会を構成す
べきである。即ち、委員の員数五名とし、知事会会長、市長会会長、町村長会会長が
各一名づつ任命し、他の二名は内閣総理大臣がこれを任命する。五人ともすべて、国
会の承認を要するものとする。
　市町村、都道府県、国にはそれぞれいかなる行政機能を行わせるのが最も適当であ
るか−また、その二つまたはそれ以上を連合して行うべき機能は何であるかというこ
とを勧告させるためには、即時臨時「地方行政組織」調査委員会を組織すべきである。
この委員会は、この研究の過程において本報告書の勧告する全額補助金制度に関する
改革の具体的事項を定めるべきである。

出典）小早川ほか（1999）353 頁。

ている行政のことにはふれられていない」点を指摘した上で、「地方自治の発展」のためには、行政と財政を切り離すことができないとして、両者を「併せ担当する機関」を「勧告に示された方向の下に設置」していくことが適当であるとの考えを示したものである。この地方自治庁長官談話における「地方行政と地方財政の分離は不可能」という考え方は、戦後改革でGHQから内務省改組の指示が示された際に旧内務省地方局が発表した『内務省に地方自治の充実、発展を図ることを任務とする一局を必要とする理由』（自治大学校 1977:58-61）とも共通するもので、その後の「地方自治の責任部局」にも徹底していく見解である。

　こうした考え方に立脚していた地方自治庁では、勧告が提唱したような「財政関係」問題のみを処理する機関としての地方財政委員会の案ではなく、木村国務大臣談話に沿う形で、「地方財政」と「地方行政」を併せ担当する「地方自治委員会案」を準備していく。

　ここで地方自治庁が準備していた組織案のうち、まずGSとの交渉を前に作成した12月8日付の「地方自治委員会設置法要綱案」（自治大学校 1975：334）を見ると、地方自治委員会に以下のような任務が予定されている。

＜12月8日付「地方自治委員会設置法要綱案」＞
二、（任務）委員会は、地方自治の本旨の実現に資するため、国と地方公共団体との連絡及び地方公共団体相互間の連絡協調を図り、国家公益と地方公共団体の自主性との間に調和を保ちつつ、地方自治を充実強化し、地方公共団体の自治権を擁護することを任務とすること。

　これは、当時の地方自治庁設置法に定められた任務とほぼ同じ内容である。以下に示す地方自治庁の任務との違いは、「地方自治を充実強化し」という文言の挿入と語句の順序の入れ替え程度であった。
＜地方自治廳設置法＞
（任務）
第三條　地方自治廳は、國と地方公共団体との連絡及び地方公共団体相互間の連絡協調を図るとともに、国家公益と地方公共団体の自主性との間に調和を

第2章 「監督・統制」機能の体系化と組織基盤の確立

保ちつつ地方公共団体の自治権を擁護し、もって地方自治の本旨の実現に資することを任務とする。

また、シャウプ勧告が地方税財政の問題を限定例示した所掌事務や権限については以下のように表記し、列挙式であった地方自治庁の権限[2]と異なる概括的な表現に変えて、委員会の権限が地方行政や地方公務員に関する制度の企画立案も含めた地方自治制度全般に及ぶような書き方となっている。

＜12月8日付「地方自治委員会設置法要綱案」＞
三、（権限）委員会の所掌事務の範囲及び権限は、左に掲げるところによるものとすること。
　　一　地方財政、地方行政及び地方公務員に関する制度の企画立案
　　二　地方自治法、地方財政法、地方税法、地方財政平衡交付金法、地方公務
　　　　員法その他の法令に基き委員会に属しめられた権限の行使
　　三　地方自治権擁護の立場からする国家公益と地方公共団体の利益との調整
　　四　法令に基き内閣総理大臣に属しめられた地方自治に関する権限の行使の
　　　　補佐

つまり地方自治庁は、地方自治委員会が「地方自治の本旨の実現に資する」ことを目的として、地方自治全般にかかる制度の企画立案と、地方自治権を擁護する立場で国家公益と地方の利益との調整を行うという、地方自治庁と同様の権限をもつ組織としての対案を用意していたのである。それは、シャウプ勧告による「地方の利益を代表し、地方税財政の問題のみを処理する機関」という提言を無視する形で名称を付け替えた、事実上の地方自治庁存続案であった。こうした意向を包含しながら地方自治庁はGSとの交渉に臨んでいく。

2　地方自治庁の権限については「地方自治庁設置法」（小早川ほか編 1999a：342 − 343）参照。

第1節　シャウプ勧告を梃子にした地方財政委員会の形

(2)　政府からの独立性をめぐる攻防

国の行政機関としての「委員会」構想

　地方自治庁は、シャウプ勧告を受けて検討した「地方自治委員会設置法要綱案」について閣議決定以前に GS の了承を得るため、12月22日に GS と第1回折衝[3]を行った。GS 側の出席者はコットレル他2名、さらに ESS からブラッドショウも同席しており、日本側の出席者は、地方自治庁の荻田保次長、鈴木俊一財政部長、柴田護総務課長という顔ぶれであった。この会談で開陳された GS 側の関心は、おもに地方自治委員会を「内閣から独立」したものと位置づけることと、委員会の権限が及ぶ範囲を「財政問題に限定」すること[4]に向けられていた。

　会談ではまず、コットレルが GS の正式意見ではないとはしながらも、新たな委員会の性格に関して「総理府の外局以外の方法」をとるべきことを提案し、中央と地方の対立衝突を処理する機関として、国家公安委員会的なものあるいは、独立した地方自治体による組織を示唆した。地方の意見を代表する組織を「内閣の統括下」に置かれる国の行政機関にすべきでないとの見解から、当時の地方自治庁と同様に総理府の「外局」とする位置づけに難色を示したのである。

　これに対し鈴木は、「新しい形式[5]で書いているから『外局』という言葉が入っ

3　「資料Ⅶ　地方自治委員会設置法案要綱について司令部との打合せ」昭和24年12月22日（木）（自治大学校史料編集室 1959a:33 − 38、及び自治大学校（1975:336-338）。なお、ここで GS に提示された要綱案は、既述の12月8日付のものではなく、11月14日付の「地方自治委員会設置法要綱案」（自治大学校史料編集室 1959a:21-26）とみられる。12月8日付要綱案では、「内閣総理大臣の所轄の下に設置する。」との表記で、11月14日付要綱案には「総理府の外局として地方自治委員会を設置する。」と表記されている。

4　コットレルは、"relationship" という言葉の範囲が広過ぎる点を指摘し、"financial relation" として、「財政」に限定して用いるべきことを要請した。また「地方団体の組織及び運営に関する調査、研究」についても一段下に扱う書き方が好ましいこと、権限を具体的に書くことについても言及した。

　加えて、国と地方との関係についても言及している。この機関が、時間経過とともに旧内務省のような機能を持つ可能性を危惧したコットレルは、国と地方団体との関係について、「裁判機関的なもので処理することがよい」ことを提案した。

5　「外局」という機関が政府組織に位置づけられるようになったのは行政官庁法からである（岡田 1997:155）。

73

第2章 「監督・統制」機能の体系化と組織基盤の確立

て」おり、実質は国家公安委員会と全く同様で、あくまでも形式の問題に過ぎないと回答している。米国の独立行政委員会に近い形の国家公安委員会を例示することで、国家行政組織法上の国の行政機関と位置づけられる「外局の委員会」[6]と「内閣の行政権から独立した行政委員会」との異なるスタイルを混同させるような発言である。

　政府は同年7月に制定された国家行政組織法により、占領下で数多く設置された行政委員会を第3条の「国の行政機関」として府及び省の外局の「委員会」と位置づける「同型化」（伊藤2003：124-131）を推進し始めていた。1948年に新設された国家公安委員会は、内閣総理大臣が両議院の同意を得て任命した5名の委員により構成される組織で、内閣総理大臣の所轄の下に設置される「行政委員会」とされ、内閣から一定の独立性が保たれる形式であった。ただし、既述の国家公安委員会は第3条で規定する国の行政機関とされる委員会には含まれていない。つまり、ここで地方自治庁が示した「外局」としての地方自治委員会案は、内閣の統括下に置かれる「3条委員会」として設計されていたにもかかわらず、あたかも内閣からの一定の独立性を保たれる独立行政委員会のような、誤解を生じやすい形でGSに説明されていたことになる。

国務大臣を委員長とすることへの賛否

　ところで、12月22日のGSとの会談以前に地方自治庁が作成した12月8日付「地方自治委員会設置法要綱案」では、委員会構成について、全国の知事・市長・町村長それぞれの連合組織の代表者が推薦した者各1名と学識経験のある者2名の計5名を内閣総理大臣が両議院の同意を得て任命し、委員長は委員の互選に基づき内閣総理大臣が任命する形を予定していた（自治大学校1975：336-337）。この委員構成はシャウプ勧告を反映している。にもかかわらず、GSが強硬に問題視していた事項があった。それが「国務大臣を委員長とする」件である。GSは、1950（昭和25）年1月30日に鈴木財政部長及び柴田総務課長を呼び出し、非

6　国家行政組織法案起草時の「委員会」の「外局」への転換については、岡田（1997:154-158）を参照のこと。

74

第 1 節　シャウプ勧告を梃子にした地方財政委員会の形

公式の見解としつつ次のような意見を表明し、これに基づき要綱案が再検討されるまで国会提出の事前承認を留保するとした[7]。

i　地方自治委員会の性格について、提出された法案では充分でなく、シャウプ勧告にも沿っていないこと。

ii　地方財政委員会は政府から独立したものでなくてはならず、国務大臣がメンバーになると委員会の決定が政府の意思に左右されるということ。

iii　シャウプ博士の意図は、中央に十分かつ強力に地方公共団体の利益を代表する独立の機関を設置する必要を強調していたこと。

iv　独立した機関であっても、委員の選任や予算を通じて政府が必要な統制を行い得ること。

v　「電波監理委員会法案」について発せられた「マッカーサー書簡」の趣旨は地方自治委員会設置法案についても適用されること。

vi　この委員会の独立性と権威とを保持するため、あらゆる行政を行わしめるようにしてはならないこと、特に総理大臣の権限を補佐させることはかえって委員会の独立性を弱めることになること、この委員会は地方財政を中心として権限を行うべきであり、この点においては他の行政関係の法案についても審査権を持つべきこと。

この席上で GS は、特に ii で示された「国務大臣がメンバーになることによって委員会の決定が政府に左右されること」への懸念から、国務大臣を排除し内閣から独立した意思決定のできる機関とすることを地方自治庁に求めている。これは、シャウプ使節団及び総司令部の関係官も非公式な見解として指摘していた内容であり（自治大学校 1975：333）、そこでは、地方自治庁が国務大臣を長官としているため「国の一方的な意志がその施策に強く反映しすぎ」ており「地方自治団体の利益が不当に抑圧される結果」を招いている、という点が問題視されていた。

7　「資料IX　地方自治委員会設置法案に対する G.S の見解について　昭 25.1.30 ／地方自治委員会設置法案に関する G．S との会見議事抄録」（自治大学校史料編集室 1959a:51）、及び自治大学校（1975：342-343）。

第2章 「監督・統制」機能の体系化と組織基盤の確立

　地方自治庁が公式に記した地方自治委員会案には委員長を国務大臣とすることは明記されておらず、委員長は委員の互選で内閣総理大臣が任命するとされていたが、GSが国務大臣の問題をあえて取り上げた背景には、次のような大蔵省の動きがあった。1月25日付で大蔵省主計局が地方自治庁に対して示した文書「地方自治委員会の性格について」には、地方財政委員会を総理府の外局とすること、委員長を国務大臣とすること等の要求が記されている[8]。大蔵省は、国と地方の財政運営の統一という見地から、地方財政を内閣の権限外におくことを認めない姿勢を示したのである[9]。

　地方自治庁でも、シャウプ勧告から間もない前年の9月20日にまとめた「シャウプ勧告に基づく機構改革措置要領(案)」[10]では、「委員のうち1名を他の事務を分担管理しない国務大臣を任命」しなければならないとして、委員に国務大臣を含めることを想定していたが、その後作成された地方自治委員会設置法要綱案等ではこうした記述が見当たらなくなる[11]。国務大臣を委員長とすべきとの意向は、地方自治庁よりもむしろ大蔵省に強く、それはESS財政課の考え方とも一致するものであった（自治大学校 1975：341，343）。

　この会談を受けて地方自治庁が作成した2月12日付「地方自治委員会設置法要綱案」では、両議院の同意を得て内閣総理大臣が任命する委員5人の中に、地方の各連合組織の代表が推薦した者を3名含めることのみが要件とされ、12

---

8 「資料Ⅷ　地方自治委員会の性格について　25.1.25 主計局
　　地方自治庁立案の地方自治委員会設置法案に対する主要意見は左の通りでありその理由は別紙に記する通りである。
　一　本委員会と（原文ママ）国家行政組織法第三条に基づく総理府の外局とすること。(第　二条)
　二　本委員会の担当事務は内閣総理大臣の権限の補佐とすること。(第四条)
　三　本委員会の規則は原則として委員会の事務の処理に関する内部規律に限ること。(第　五条)
　四　本委員会の委員長は委員をもって充てること。委員長は内閣総理大臣が任命す　ること。(第十二条)」(自治大学校史料編集室 1959a:39)。
9　GSとの1月30日会談での鈴木の発言「大蔵省としては国家財政という立場から、委員会が政府から独立して了う（原文ママ）と国家財政と地方財政との調節に困る。そこで、この間の調節をうまく行うために、国務大臣を入れろと主張するのである。」(「資料Ⅸ　地方自治委員会設置法案に対するG.Sの見解について　昭25年1月30日／地方自治委員会設置法案に関するGSとの会見議事抄録」自治大学校史料編集室 1959a :49)。
10　「資料Ⅱ　シャウプ勧告に基づく機構改革措置要領(案)　昭24.9.20地方自治庁」(自治大学校史料編集室 1959a:4-10)。
11　「資料Ⅲ　地方自治委員会設置要綱　昭24.10.4　地方自治庁」,「資料Ⅴ地方自治委員会設置法要綱案（昭24.11.14）」(自治大学校史料編集室 1959a)。

月 8 日案に規定されていた「学識経験のある者 2 名」が削除されている。「委員長は委員の互選」、という委員長の選任規定は残されているが、明文化せず曖昧なままに国務大臣を委員長とする余地が残されていた節はある[12]。

　この問題の決着は、4 月 11 日に連合国最高司令官マッカーサーから吉田首相あて地方財政委員会設置法案に関する書簡が発せられるまで持ち越された。マッカーサー書簡も、国務大臣を委員長とする地方財政委員会は内閣から直接の統制を受けるとして、地方の意見が否定される点を改めて問題視[13]しており、日本政府は国務大臣を委員長としない決断を迫られた。翌 12 日の GS との折衝で本多市郎地方自治庁長官（国務大臣）が「委員長から国務大臣を排除する」ことを確認し[14]、4 月 18 日閣議決定の「地方財政委員会設置法案修正要綱」にはその旨が明記されたのである。地方自治委員会の名称を地方財政委員会と修正することについては、後述するように組織の分立体制をめざしていた地方自治庁からの異論はなかった[15]。

　こうして SCAP ／ GS の意向が反映され、名称を「地方財政委員会」に変更した 4 月 22 日付「地方財政委員会設置法案」（自治大学校 1975：344-347）が国会提出へと至り、地方財政委員会設置法（昭和 25 年法律第 210 号）は 5 月 30 日に可決・成立する。SCAP ／ GS からすればこれは当然、地方の利益を代表する独立の機関として設置されたという認識であっただろう。

(3)　地方財政を管理する役割の設定

　他方でシャウプ勧告は、地方の意見を反映する組織の権限についても一石を投じていた。シャウプ勧告が示した新たな地方財政委員会の設置の提案は、「こ

12　「資料Ⅹ　地方自治委員会設置法案　25.2.12」（自治大学校史料編集室 1959a）。
13　"Proposed Legislation Relating to National-Local Government Fiscal Relations" 11 April,1950.〔GS-B-01358〕（天川／岡田 1998:208 ～ 211）。
14　「地方財政委員会法案の修正　1950.4.13」（天川／岡田 1998:212）。
15　GS との 1 月 30 日会談での鈴木の発言「名称は地方財政委員会でもよい。」（「資料Ⅸ　地方自治委員会設置法案に対する G.S の見解について　昭 25 年 1 月 30 日／地方自治委員会設置法案に関する GS との会見議事抄録」自治大学校史料編集室 1959a :49)

第2章　「監督・統制」機能の体系化と組織基盤の確立

れに似通った現在の委員会」が、地方団体の利益を十分に代表するよう構成されていない[16]という理由によるものであった。シャウプ勧告が「これに似通った現在の委員会」と指摘したのは、地方自治庁の議決機関に位置づけられていた地方自治委員会議のことである。

　地方自治委員会議は、政府施策に対する地方側の意見反映を任務とし、地方自治庁の設置とともに新設された組織である。地方自治庁は、その所掌事務のうち同庁設置法第11条に定められた事項[17]、たとえば地方公共団体の行財政や地方公共団体の職員に関する制度についての法令案に関する事項等を企画立案するにあたっては、地方自治委員会議の「議決」を得ることが義務づけられていた。それは前章で言及したように国会審議において修正可決された権限である。しかし、国務大臣を長官とした地方自治庁では、この会議が意思決定した方針よりも内閣の意向に沿う政策決定が優先される傾向にあった（柴田1950：40）。

　こうした状況を踏まえて、シャウプ勧告は「国、都道府県、市町村間の財政関係について、絶えず発生する問題を処理」するためには、この種の問題が前もって法律で対策を講じておくことが困難であるとして、そうした問題に対処

16　地方自治委員会議の構成は、地方自治庁長官を議長とし、衆議院議員及び参議院議員のうち各院からそれぞれ指名された者、また都道府県知事、市長、町村長、都道府県議会の議長、市議会議長会の議長及び町村会議長会の議長のそれぞれの連合組織から各々推薦された者、さらに学識経験者4名。いずれも内閣総理大臣の任命による。
17　地方自治委員会議の議決事項は次のとおり（小早川ほか編1999：344-345）。
　　（地方自治委員会議の議決事項）
　　第11条　地方自治庁の所掌事務のうち、左に掲げる事項は、地方自治委員会議の議決を経なければならない。
　　一　地方公共団体の行政及び財政並びに地方公共団体の職員に関する制度についての法令案に関する事項
　　二　国家行政組織法第16条第1項の規定による関係各大臣に対する指示その他適当な措置に関する事項
　　三　地方自治法第146条の規定による手続に関する事項
　　四　地方自治法第247条の規定による手続に関する事項
　　五　一の地方好況団体のみに適用される特別法の一般投票の手続き及び当該法律の公布の手続きに関する事項
　　六　地方公共団体の職員の給与についての技術的助言に関する事項
　　七　地方配付税中第五種配付額及び特別配付税の配付に関する事項
　　八　地方債の発行許可の基本方針に関する事項
　　九　その他地方自治委員会議においてその議決を経べきものと決定した事項

第1節 シャウプ勧告を梃子にした地方財政委員会の形

する「常設委員会」もしくは「何らかの機関」を設ける必要性を提言したのである[18]。これより少し前、GHQ 財政金融顧問のドッジ公使の指導で編成された 1949 年度の超均衡予算において、地方配付税が予め交付率を法定していたにもかかわらず大幅に削減されたことが示すように、国地方間の財政問題は、社会経済状況の変化から直接的な影響を受けやすい。シャウプ勧告は、そのような問題に適宜対処しうる常設の機関の必要性を問題提起していたといえる。

　ところが実際に設置された地方財政委員会には、以下の地方財政委員会設置法が示すように「国、都道府県及び市町村相互の間における財政の調整を促進」するという主目的のもとに、自治体の税財政運営に関与しうる事務権限も付与されていたのである。

《所掌事務》

第三条　委員会は、国、都道府県及び市町村相互の間における財政の調整を促進することにより、地方自治の本旨の実現に資することを目的として、左の各号に掲げる事務をつかさどる。

　一　地方財政平衡交付金の総額を見積り、各地方公共団体に交付すべき交付金の額を決定し、その他地方公共団体の財政の運営に関し助言すること。

　二　法定外普通税の新設又は変更を許可し、その他地方公共団体の税制の運営に関し助言すること。

　三　国、都道府県及び市町村相互の間における財政の調整に関し、調査し、研究し、及び関係機関に対し意見を申し出ること。

　四　地方公共団体の財政に関し、資料を収集し、統計を作成し、調査し、及び研究すること

　ここで列挙された委員会の事務のうちシャウプ勧告が提案したものは、四の「地方公共団体の財政に関し、資料を収集し、統計を作成し、調査し、及び研究すること」のみである。それ以外に規定された、地方財政平衡交付金の交付決

18　「日本税制報告書（シャウプ勧告）（抄）D 地方財政委員会」（1949 年 9 月 15 日シャウプ使節団）小早川ほか編（1999：353）。本書 70 頁資料 2 として掲載。

定権や、法定外税の許可権、また地方公共団体の税財政運営に対する助言等は、シャウプ勧告では言及されていなかった事務で、予定していなかった内容となっている。

シャウプ勧告は地方財政委員会に「国、都道府県、市町村間の財政関係について絶えず発生する問題を処理するため」の調停的な機能を予定し、具体的な事務として、①時宜に適した課税についての地方団体の申請の審理、②地方債の発行限度制の下での許可起債総額の地方団体への割り当て、③二府県以上にまたがり営業を行う法人の事業税の課税対象たる益金の各県への分配、④地方税の最高税率の一時停止の権限、⑤改正後の地租及び家屋税（不動産税）に基づいて農地を評価する際の調整係数の決定、を列挙していた。

これに対し地方財政委員会設置法の所掌事務では、交付金総額の見積もり、各地方公共団体に配付すべき交付金の額の決定、及び地方公共団体の財政に関する助言等、地方平衡交付金の交付に関わる事務が明記されている。しかも、平衡交付金の額の決定や税財政運営に関する助言といった、いわば制度を運営する管理者的な権限も付与されている。これらの平衡交付金に係る事務についてシャウプ勧告では、平衡交付金制度における地方財政委員会の役割として、「一般平衡交付金を配付するについて必要」な「地方団体の財政需要と財政力の標準を定める」ための研究を行うことを提唱していたが、実際の設置法では、制度の運営管理者としての役割が規定されたのである。

また、シャウプ勧告では、地方団体からの新たな課税申請に対する「審理権」が提示されていたのに対し、所掌事務ではこれを「許可」する権限に書き換えられている。自治体課税に対し一定の制限を設けた背景には、戦後復興期で歳入不足を補うために車両税・牛馬引取税・家畜引取税といったさまざまな法定外独立税を自治体が賦課していたことがあり、「税制は簡単でなければならない。」との基本原則に立つシャウプ勧告では、こうした法定外独立税の数を制限する「一般的監視」の役割を地方財政委員会に予定した。それは「国の利益が明らかに害される例外的な場合」に限って「地方当局の財政的独立を制限することを許す」という形で、例外的に「地方当局の申請を却下」する準司法的な

第1節　シャウプ勧告を梃子にした地方財政委員会の形

資料3
地方財政委員会（第2次）の権限「地方財政委員会設置法案」より（抜すい）

（権限）
第4条　委員会は、この法律に規定する所掌事務を遂行するため、左の各号に掲げる権限を有する。但し、その権限の行使は、法律（これに基づく命令を含む。）に従ってなされなければならない。
一　予算の範囲内で所掌事務の遂行に必要な支出負担行為をすること。
二　収入金を徴収し、及び所掌事務の遂行に必要な支払いをすること。
三　所掌事務の遂行に直接必要な事務所等の施設を設置し、及び管理すること。
四　所掌事務の遂行に直接必要な業務用資材、事務用品又は研究用資材等を調達すること。
五　不用財産を処分すること。
六　職員の任免及び賞罰を行い、その他職員の人事を管理すること。
七　職員の厚生及び保健のために必要な施設をし、及び管理すること。
八　職員に貸与する宿舎を設置し、及び管理すること。
九　所掌事務に関する統計及び調査資料を収集し、頒布し、又は刊行すること。
十　所掌事務の周知宣伝を行うこと。
十一　委員会の公印を制定すること。
十二　毎年度分として交付すべき地方財政平衡交付金の総額を見積もり、各地方公共団体に交付すべき交付金の額を決定し、及びこれを交付すること。
十三　地方財政平衡交付金の額の算定の基礎についての地方公共団体の審査の請求を整理し、及びこれを審査すること。
十四　地方公共団体の課税権の帰属その他地方税法（昭和25年法律号）の規定の適用について関係地方公共団体の長が意見を異にする場合において、決定すること。
十五　附加価値税の課税標準とすべき付加価値の分割に関する構成又は決定について、主たる事務所又は事務所所在地の都道府県知事に対して、指示をすること。
十六　市町村が行う市町村民税の課税標準とすべき所得又は所得税額の変更について、許可を与えること。
十七　固定資産税の課税標準とすべき固定資産の価格の評価について、技術的援助及び助言を与えること。
十八　農地に対する固定資産税の課税標準とすべき農地の価格に関する倍数を決定すること。
十九　地方公共団体の法定外普通税の新設又は変更を許可すること。
二十　地方債の発行に関して許可を与えること。
二十一　当せん金附証票を発売することができる都市を指定し、及び地方公共団体の行う当せん金附証票の発売を許可すること。
二十二　地方競馬を行なうことができる都市を指定すること。
二十三　自転車競技を行うことのできる市町村を指定すること。
二十四　国、都道府県及び市町村相互の間における財政及びこれに影響を及ぼす諸関係の調整について、内閣及び関係機関に対し、並びに内閣を経由して国会に対し、意見を申し出ること。
二十五　法令により委員会に属しめられた権限の行使について、関係地方公共団体について聴聞をすること。
二十六　関係行政機関及び地方公共団体に対し、地方財政に関し、必要な資料の提出を求め、及び報告をさせること。
二十七　前各号に掲げるものの外、法律（これに基づく命令も含む。）に基き、委員会に属しめられた事項。
2　この法律により、委員会が処理する権限を与えられた事項については、委員会の決定及び処分は、その定める手続きにより、委員会のみによって審査される。
3　前項の規定は、法律問題について、裁判所に出訴する権利に影響を及ぼすものではない。

出典）「資料XII　地方財政委員会設置法（昭和25.4.22第七国会提出政府原案）」自治大学校史料編集室 1959a:75-79)。
なお、この権限部分については自治大学校編『戦後自治史』では省略され、記載がない。

第2章 「監督・統制」機能の体系化と組織基盤の確立

手続きの権限を地方財政委員会に付与すべきという内容であった。

　ところが実際の地方財政委員会には、「法定外普通税の新設又は変更」の許可権限が付与され、ここから自治体の課税自主権は「恒常的に許可」を要するものへと変容した。

　このように地方に対する平衡交付金の交付に関わる事務や自主課税に対する許可権限が与えられた地方財政委員会（第2次）は、地方の財政運営の実質的な管理者としての役割を担うこととなった。シャウプ勧告が予定したような国と地方団体間の財政問題を調停するための組織ではなく、国の立場から地方の財政運営を管理するための組織へと組織目的が置き換えられていたのである。

第2節　地方行財政の一体的運営と地方財政の専管

(1)　地方自治庁と地方財政委員会の分立体制

　シャウプ勧告を契機に設置が準備された地方財政委員会は 1950 年 5 月 30 日に発足する。他方で、シャウプ勧告が「解散すべき」と指摘した地方自治庁も同時に存続することとなった。そのような地方財政委員会と地方自治庁との分立体制は、シャウプ勧告では予定していないシステムであったが、地方自治庁は、国務大臣を置かない地方財政委員会では扱えない「地方行政」の他の事務があることを根拠に、それを担任する国務大臣の必要性があるとして生き残りを図ったのである。

　地方自治庁存続の理由については、地方財政委員会設置法案が審議された 4 月 26 日衆議院内閣委員会・地方行政委員会連合審査会において質疑対象となっている。地方行政委員会の門司亮委員が、地方自治庁が「依然として」従来の姿で残され、かつ主務大臣が置かれることを指摘すると、本多市郎国務大臣（地方自治庁長官）は「こういう建前をとらざるを得ないような事情」があると答弁した。その「事情」とは、SCAP/GS の意向を反映した結果生じた、地方財政委員会の内閣からの独立性の問題である。本多国務大臣の答弁は、地方財政委員会を「独立性のある官庁」で「地方財政に直接関係のある」法定の所掌事務の範囲がはっきりしているので、そこに「総理大臣」の「地方行政に対する仕事」を併せることが「不適当」であること、そのために「総理大臣の地方行政の他の事務」を「どこかに担当せしめなければならない」ことを理由に挙げ、「国務大臣をもってその長官に任じた方が適当」との結論に至ったとする[19]。

19　『第 7 回国会衆議院内閣委員会・地方行政委員会連合審査会会議録』第 1 号、1950 年 4 月 26 日。

第2章 「監督・統制」機能の体系化と組織基盤の確立

　すなわち、内閣から独立性の高い地方財政委員会を設置した場合には、地方財政委員会が扱う地方財政の限定的な事務以外に、地方自治法等に現存する総理大臣の「地方行政」に関する事務をどこかに担当させなければならないという考え方である。地方財政委員会を内閣から一定の独立性をもつ組織とする以上、地方自治庁の存続は必然、というのが地方自治庁の見解であった。

　しかし、その理由は必ずしも地方財政委員会の独立性の問題にあったわけではない。既述のように地方自治庁は、シャウプ勧告の「地方自治庁の解散と地方財政委員会の新設」を求める提言を受けた当初から「地方財政」と「地方行政」を一体的に所掌する「地方自治委員会」の設置案を準備していた。地方自治庁は、従来の日本政府における「地方行政と地方財政の表裏一体の関係」や「地方自治庁創設の経緯」から、「再び行政を所掌する機関を財政を所掌する機関と切離して別に設けることは適当であると思われない。」と[20]の反論を提示し、シャウプ使節団が地方行政に対し認識不足であるとの見解も示していたのである[21]。

　こうした考え方は、内務省改組の指示を受けた際にすでに表明されていたもので、1947年9月15日に内務省地方局が作成した「地方委員会をして地方自治の行政、財政及び選挙に関する事務を綜合的に処理させることを必要とする理由」（自治大学校 1966：153-155）には、「地方委員会」による行政と財政の一元的な処理についての理由が記されている。そこでは、「地方自治体の行政に関する事項」が、「財政関係の事項」と「密接不可分」であり、「地方自治の利益を全体として擁護し、その健全な発達を図る」のみならず、「行政機構の合理的編成を期する」ためにも「地方委員会をして一元的に処理」させなければならないとの記述がある。とりわけ、財政は、「自治体の組織権能」の「物質的裏付け」であり、また「行政機能」は「財政的基礎があって始めてその遂行が保証」されるため、「両者は常に綜合的統一的に考えねば」ならないと強調していた。

20　地方自治庁は、既述の「所謂地方財政委員会等の機構について」の文書で、新たな委員会の名称についても言及していた。ここでは、「行財政を一体として掌理せしめるならば」として、地方行政と地方財政との一本化を当然のことと解し、その名称を「地方自治委員会とするほうが適当」であるとして地方自治庁側の意見を付加していたのである。

21　税制の調査を主たる目的としたシャウプ使節団については、日本側受け入れ窓口を大蔵省が担当しており、地方自治庁は直接の窓口ではなかった。

このように、地方行政と地方財政を一元的に扱う行政機関としての「地方自治の責任部局」のあり方を自明のこととと捉えていた。地方財政委員会が独立性の高い性格と位置づけられたことで、総理大臣が行う他の地方行政の事務を補佐する国務大臣の必要性が正当化された。地方自治庁の存続は、シャウプ勧告の反作用として生じた結果と見ることもできるのである。

(2)　組織分離の下での「企画・立案と実施」の統合

企画・立案と実施の分離

こうして地方自治庁と地方財政委員会の分立体制が始まった。この体制下での地方財政委員会は、内務省解体時に発足した地方財政委員会とは異なり、地方財政の企画・立案権を地方自治庁の所掌事務に留保され、企画・立案権限を有しない実施機関となった。地方財政委員会との分立体制を前提に、地方自治庁設置法にあった従来の「任務」は以下のとおり「所掌事務」と改正されている。

＜改正前：地方自治庁の任務＞

第三條（任務）地方自治庁は、国と地方公共団体との連絡及び地方公共団体相互間の連絡協調を図るとともに、国家公益と地方公共団体の自主性との間に調和を保ちつつ地方公共団体の自治権を擁護し、もって地方自治の本旨の実現に資することを任務とする。

（小早川ほか編 1999a:341-342）

＜改正後：地方自治庁の所掌事務＞

「地方財政委員会設置法案」

附則5　地方自治庁設置法（昭和24年法律第131号）の一部を次のように改正する。

第三條を次のように改める。

第三條（所掌事務）地方自治庁の所掌事務の範囲は、左の通りとする。

一　国と地方公共団体との連絡を図ること。

二　地方自治に影響を及ぼす国の施策の企画立案及び運営に関し、地方自治

第2章 「監督・統制」機能の体系化と組織基盤の確立

　　権擁護の立場から必要な意見を内閣及び関係行政機関に申し出ること。

三　国家行政組織法第16条第1項の規定に基づく内閣総理大臣の権限の行
　　使について補佐すること。

四　地方自治法（昭和22年法律第67号）に基づく内閣総理大臣の権限の行
　　使について補佐すること。

五　地方公共団体の行政及び財政並びに地方公共団体の職員に関する制度に
　　ついて企画し、及び法令案を立案すること。

六　地方公共団体の行政及び地方公共団体の職員に関する調査を行い、統計
　　を作成し、その他資料の収集及び配付を行うこと。

七　地方財政委員会に対し、地方財政に関する資料の提供を求めること。

八　地方自治に関する図書を刊行し、講習会を開催する等地方自治の徹底普
　　及を図ること。

（自治大学校資料編集室 1959a:89-90）

　このように地方自治庁の所掌事務として、地方公共団体の「行政及び財政」に
関する制度について「企画し及び法令案を立案すること」が明記され、地方財
政の「企画立案」部門と「事務執行」部門を分離して、2つの行政機関にまた
がる変則的な所掌事務の配分が行われている。それは、既述のように地方財政
委員会に付与すべき所掌事務については、委員会の内閣からの「独立性という
見地」から、法律の所掌事務の「範囲内にどうしてもとどめることが適当」と
いう見解に基づくもので、内閣の行政権の及ばない「独立した」地方財政委員
会は、法律によりその権能を限定すべきとされた。こうして地方財政委員会には、
　　　　　　　　　　　　　　「限定された」事務権限のみが付与されたのである。

　このような権限配分は、内務省解体時の「地方財政」と「地方行政」のよう
に政策分野で分けられた事務分掌とは質が異なり、政策過程における「企画段階」
と「執行段階」を分離したものである。地方自治庁に「企画・立案権」をとどめ、
地方財政委員会を単なる「実施」機関に位置づけた。旧地方局官僚が委員長を
国務大臣とすることに固執していなかった理由の一つがここに見出される。

第2節　地方行財政の一体的運営と地方財政の専管

法令による結合

　さらに、2つの組織の関係は対等ではなかった。地方自治庁と地方財政委員会との関係は、各設置法においては総理府の「外局」として同等の地位に位置づけられていたものの、事務の執行及び処理に際しては、法令の企画・立案権を有しない地方財政委員会が当然に地方自治庁の下位組織となるような制度設計が施されている。たとえば、地方財政委員会には独自の規則制定権があり、これに基づき地方財政平衡交付金制度の「運用改善を行うこと」が予定されていたが、その対象は「地方公共団体のみに関すること」に限られた（柴田1950：42）。

　また、企画・立案権のない地方財政委員会が地方財政の制度改正を通じて地方利益の擁護を実現することは予定されておらず、「制度の施行を通じて、必要な改革意見を関係機関に上申する」ことにとどめられていた（柴田1950：42）。地方財政の制度改正が必要となった際には、地方財政委員会が地方自治庁に対し上申するしくみで、法制度の企画・立案は地方自治庁が担う。地方財政の「事務執行」部門を担う地方財政委員会は、地方財政に関わる限定的な権限を有するのみであった。

　他方、地方財政の企画・立案を担うとされた地方自治庁には財政課が置かれ、共に地方財政を扱うこととなった。地方財政委員会の所掌事務には、「四　地方公共団体の財政に関し、資料を収集し、統計を作成し、調査し、及び研究すること。」があるのに対し、地方自治庁の所掌事務には「七　地方財政委員会に対し、地方財政に関する資料の提供を求めること。」という地方財政委員会への資料請求権が付与されており、地方財政委員会は、いわば地方自治庁の「地方財政」に関する調査研究実施部門に位置づけられている。地方財政を「共管」する両組織には、所掌事務を介した表裏一体の関係が成立していたのである。

　加えて、地方自治庁と地方財政委員会の事務執行体制は、地方自治庁の事務官が、地方財政委員会の総務課長及び財務課長等を兼務（自治大学校1975：349）する方式により、事実上、人事で「一体化」していた（柴田1950：48-49）。2つの組織は、設置法上では独立した機関として別々に存立しながらも、法令と人

第2章 「監督・統制」機能の体系化と組織基盤の確立

事を通じ根幹において結合が図られ、一体的に運用されていた。

　このように地方自治庁と地方財政委員会の分立体制は、地方財政に関わる制度の企画・立案権を地方自治庁の所管にとどめ、法令を介した制度設計で両者を連結させるという巧妙なしかけが施されていた。しかも地方財政委員会よりも地方自治庁の地位が優位となる形で、組織分離の下での統合が図られていたのである。

第3節　自治庁の設置と「監督・統制」のシステム構築

(1) 自治庁の設置と「運営の指導」の明文化

任務の転換

1950年6月にスタートした地方自治庁と地方財政委員会との分立体制は、約2年が経過した1952（昭和27）年、地方自治庁と地方財政委員会に加え全国選挙管理委員会が統合され、自治庁として総理府の外局に誕生する。これにより、旧地方局官僚がめざした地方行政と地方財政の一体化が名実ともに図られることになった。

自治庁の設置は、1951年8月に「政令諮問委員会答申」が示した中央地方を総合的に考慮して行政制度を改革するという基本方針[22]に基づきすすめられた。国会審議における「旧内務省復活」を危惧する声[23]をはねのけ、自治庁設置法案が他の行政機構改革法案とともに速やかな成立をみたのは、講和後の日本の自立体制構築に際して「地方公共団体を管理する国の行政機構の強化」という、

---

22 「政令諮問委員会　行政制度の改革に関する答申（抄）　1951（昭和26）年8月14日」
　第一　基本方針
　1　講和後の日本の自主自立体制に即応し、国民の負担を軽減するとともに不必要な行政上の諸制約を除去し、国民の創意を生かすことによって総合国力の発展に資することを目的とし、簡素且つ能率的で、而も民主主義の原則に則る行政制度を確立すること。この目的を達成するために、行政制度の改革は、中央地方を通じて総合的に考慮すること。
　2　国力特に財政力とにらみ合わせ、且つ、行政効果を考え、行政事務の範囲はこれを大幅に縮小整理すること。内部管理事務についてはこれを徹底して簡素化すること。行政事務は、能率的効果的な処理が可能なよう中央地方に適切に配分すること。
　3　複雑尨大な中央地方の行政機構は可及的に整備簡素化し、その責任の帰属を明確にするとともに行政事務処理の能率化を図るため、その方式について徹底的に改善を図り、以って国民のためのサービス機関としての使命を達成せしめるようにすること。
　4　行政制度の改革に伴う余剰人員の整理に当っては適切な対策を樹立し、社会不安を惹起する虞のないよう万全の措置を講ずること。
　　（小早川ほか編 1999:392）
23 門司委員発言。『第13国会衆議院内閣委員会会議録』第27号、1952年5月24日。

第２章 「監督・統制」機能の体系化と組織基盤の確立

中央集権化に向けた強力な国家的要請が背景にあったためである。

　そうした国家的要請を受けた自治庁の任務は、前身の地方自治庁及び地方財政委員会の役割と明らかに方向性の異なるものとして規定された。自治庁設置法が定める自治庁の任務は以下のとおりで、そこに戦後改革で内務省地方局が強くその必要性を主張していた「地方自治の擁護」という文字は登場してこない。

（自治庁の任務）

第三條　民主政治の基盤をなす地方自治及び公職選挙等に関する各種の制度の
　　企画立案並びにその運営の指導に当たるとともに、国と地方公共団体相互間
　　の連絡協調をはかり、もって地方自治の本旨の実現と民主政治の確立に資す
　　ることを任務とする。

　前身の地方自治庁設置当初の任務は、「國と地方公共團体との連絡及び地方公共団体相互間の連絡協調を図るとともに、國家公益と地方公共団体の自主性との間に調和を保ちつつ地方公共團体の自治権を擁護し、もって地方自治の本旨の実現に資すること」であった。

　両者の任務を比較すると、自治庁設置法では地方自治庁の任務にあった「地方公共団体の自治権の擁護」という文言が消滅し、これに代わるものとして地方自治制度の「企画立案」と「その運営の指導」という新たな任務が挿入されている。地方自治を扱う組織の任務は明らかに変質したことが看取される。

　自治省（自治庁）は、自治体の擁護者・代弁者の機能をもつことが通説[24]とされているが、自治庁設置法の任務だけを捉えれば、自治権の「擁護」という役割は、自治庁設置の時点ですでに消滅していたことになる。

　既述のように「地方自治の擁護」という機能は、占領下の分権化推進過程において、地方自治を担う中央行政機構を不要とした民政局（当時）への対抗要件として、旧内務省地方局が「地方自治の責任部局」の積極的な存在根拠を提

24　西尾（2002）は「昭和20年代後半の地方財政再建時代の自治庁、第二次臨調以降の地方行革時代の自治省」が「自治体の代弁者・擁護者としての機能よりもその監督者・統制者としての機能を強め、このことを露骨に表に現さざるをえなくなった。」ことを指摘している。

示するため、明治地方制度の下での「監督」という役割に代えて、戦後自治に
おける役割として打ち出された。「地方自治の責任部局」に必要とされた「地方
自治の擁護」はいわば「暫定的な」機能として、占領終結とともに終わりが告
げられたのである。なお、地方財政委員会が果たしてきた利益擁護機関として
の機能は、ここで地方財政審議会に吸収されている（小池 1960 中 :43）。

地方自治法の大改正

　また、中央集権体制への「揺れ戻し」ないし、「逆コース」と称される政令
諮問委員会答申は、戦後地方自治制度の基本的枠組みを規定した地方自治法に
も「施行以来の最大の改正」[25]をもたらすこととなった。自治庁が設置された
1952 年は、地方自治法の大幅改正も行われた年である。

　この改正では、シャウプ勧告を具体化するために設置された地方行政調査委
員会議が 1950 年に示した「行政事務の再配分に関する勧告（神戸勧告）」を受け、
機関委任事務の別表化を図る等の改正も大きな柱となっていた。そこで、地方
自治法の目的条項として以下の第 1 条が挿入され、「国と地方公共団体との間の
基本的関係を確立」することが明記された。

（この法律の目的）

第 1 條　この法律は、地方自治の本旨に基づいて、地方公共団体の区分並びに
　　地方公共団体の組織及び運営に関する事項の大綱を定め、併せて国と地方公
　　共団体との間の基本的関係を確立することにより、地方公共団体における民
　　主的にして能率的な行政の確保を図るとともに、地方公共団体の健全な発達
　　を保障することを目的とする。

　もう一つ注目すべきは、「地方公共団体の区分並びに地方公共団体の組織及び
運営に関する事項の大綱を定め」ることを法律の目的に明記したことである。
これにより、この法律を所管する自治庁が「地方公共団体」という公法人（団

___

25　「後退する？地方自治」『朝日新聞』1952 年 3 月 24 日。

体）を所管する行政庁として位置づけられるとともに、公法人制度に関わる企画立案を担当する「主務官庁」としての立場にあることが明らかとなった。裏を返せば、自治体はその組織法を所管する自治庁が管理する団体と位置づけられ、副次的には、自治体の活動も主務官庁たる自治庁の管理の下に置かれることになる。戦前の人的統制スタイルから組織統制スタイルへの変更であり、いわばこの法改正は、自治庁が自治体の行政活動全般に関与する根拠を与えたともいえる。

　さらには、ここで法が「健全な発達を保障」する対象は「地方公共団体」という組織のことであり、戦後改革の民主化でうたわれた「地方自治」や「住民自治」の発達についての言及はない。地方自治の強化と民主化という理念を忘却したかのような制度改正がすすめられたのである。

　総じていえば、この法改正は政令諮問委員会答申や神戸勧告が提言したような「国地方の協力関係を前提」とした行政体制の確立という考え方に立脚し、戦後改革で採り入れられた「地方自治」の側面よりも、国の行政体制の一翼を担う地方団体としての役割を優先して求めることとなったのである。しかも、国地方を通じた「簡素化・合理化・能率化」という「チープ・ガバメント」の基本理念が貫かれ[26]、同時に「最小の経費で最大の効果を挙げる」という考え方も事務処理の理念として明文化されている（地方自治法第 2 条第 9 項）。

　なお、ここから憲法第 92 条にある「地方自治の本旨の実現」という表現も地方自治法に採用された。憲法制定時にその中味は「自明のこと」（佐藤 1955：40）として明確な定義が回避された「地方自治の本旨」は、極めて曖昧でかつ、「時と場合によって」、「『あるべき地方自治』の方向と内容をどのようにでも意味づけうる万能薬」（赤木 1978：9）として多様に解釈される至便な用語でもある。自治官僚（当時）の宮沢弘と岸昌による法改正の解説でもその概念についての具

26　自治庁行政課で当時の自治法改正作業に従事した宮元義雄の発言「27 年に主権を回復した国の国情に沿わないということを一つの大きな理由にして、地方制度のみならず国政・地方を通じて簡素合理化ということを一つの大きなねらいとしていた。地方制度としても簡素化、合理化、能率化ということを一番大きなそのねらいということにして、改正の骨子をつくりあげているというところが一番大きな特色として出てきている」（地方自治総合研究所 1979：5）。

体的な記述はないが（宮沢／岸 1952）、これが「地方自治の責任部局」のスタンス
を変化させる主要素となっていることは、後に詳述する。

地方制度調査会の設置

　自治庁の企画立案体制に欠かせない組織となる、地方制度調査会が新設され
たのも 1952（昭和 27）年のことである。なお、地方制度調査会設置法は 8 月
18 日施行されたが、吉田内閣の解散のあおりを受け、発足は 12 月となった（今
村 2016:35）。

　地方制度調査会は、地方制度について「全般的な検討を加えること」を行う
ため、内閣総理大臣の諮問に応じて「地方制度に関する重要事項を調査審議」
する諮問機関[27]であり、現在の内閣府設置の地方制度調査会がその系譜を継ぐ。
当時は自治庁が総理府の外局であったため、総理府の附属機関として設置された
が、1960 年に主任の大臣をおく自治省となった後も引き続き、総理府（のちに
総務庁）の附属機関のまま継続している。

　ここで新設された地方制度調査会の構想は、自治庁発足の約 1 年前から始まっ
た。1951（昭和 26）年 8 月 14 日の政令諮問委員会答申は、中央地方の行政機
構の整備簡素化とそれに伴う余剰人員の整理を基本方針に掲げた[28]。これを受
けて政府は、8 月 28 日に「行政機構改革、人員整理に関する方針」を決定し、
その具体案の作成に向けて内閣に地方行政簡素化本部を設置した。地方行政簡
素化本部では、「戦後著しく拡大した行政事務、地方公共団体に委任された国の
事務のうち、不急不要とみられる事務を大幅に圧縮して地方庁の機構が膨張し
た根源を断ち切り、これによってはみ出してくる人員を整理する」「各地方公共
団体に対しては政府の責任において強い勧告を行う」ものとして、「人員整理」

27　大杉覚（1991）は、地方制度調査会の論議の検証により、講和独立後の地方制度改革について、
　　確固たる決断をもって実行されることがなく、一方で改革の必要性が否定されるものでもない、どち
　　らともつかない不決定状態でありつづけてきたと総括し、地方制度調査会における制度改革論議の過
　　程を支配したダイナミクスを究明している。
28　政令諮問委員会答申は、行政事務の縮小整理、行政機構の改革、及び行政事務処理方式の合理化に
　　よって、大幅な人員整理が可能であるとして具体的な基準を明記し、このうち地方公共団体について
　　は、約 19 万 6 千人の整理が可能であるとの推計を提示していた。「政令諮問委員会　行政制度の改
　　革に関する答申（抄）　1951（昭和 26）年 8 月 14 日」（小早川ほか編 1999:396）。

第2章 「監督・統制」機能の体系化と組織基盤の確立

を最優先課題と位置づけていた[29]。

　ところが政府はその一方で、9月18日に「地方行政の改革に関する件」を閣議決定し、「講和後の新国内情勢に即応する地方行政の根本的改革は、別途慎重に検討を加えた上措置すること」（松村1953：15）として、地方自治制度の再検討を提起して地方行政簡素化本部の協議事項から除外することを決めている。その改革検討の「受け皿」とされたのが「地方制度調査会」であった[30]。

　地方行政簡素化本部第1回会合の9月26日、「地方制度調査会」を内閣に設置して地方自治制度の根本的改革案を検討する、という政府方針が岡野清豪地方自治庁長官から正式に提示された[31]。こうして地方行政簡素化本部が協議する改革案については、中央機構改革に即応する課題に限定され、地方制度の根本的な改革案の検討については、新設される地方制度調査会に委ねられることとなったのである[32]。

　地方制度調査会の構成は、「国会議員、関係各行政機関の職員、地方公共団体の議会の議員、長及びその他の職員並びに地方制度に関し学識経験のある者のうちから、内閣総理大臣が任命」することとされた。委員50人以内という大所帯である。先のシャウプ勧告を受け設置された諮問機関の地方行政調査委員会議（神戸委員会）が委員5人であった構成と比較すると、桁違いの規模となっている。そうした大所帯の委員を補佐するために「幹事」が置かれた。幹事は、関係行政機関の職員及び地方制度に関し学識経験のある者のなかから内閣総理

29　「膨張した地方行政機構」『朝日新聞』1951年9月22日。
30　当時、地方制度の検討を行う諮問機関としては地方行政調査委員会議（神戸委員会）が存在していたが、占領期にシャウプ勧告を具体化することを目的として設置された地方行政調査委員会議は、総理府の「臨時の」機関であった。その主たる任務は、行政事務再配分に関する計画の調査立案とされ、1950（昭和25）年12月22日の第一次勧告、いわゆる「神戸勧告」を提示し、第二次勧告（1951〔昭和26〕年9月22日）をもってその役割をほぼ終えることが予定されていた。
31　「『地方制度調査会』新設」『朝日新聞』1951年9月27日。
32　吉田内閣における戦前の旧体制への復元志向に対する懸念から、地方制度調査会法案の国会審議では複数の委員から、同調査会の調査審議は戦後の日本国憲法の精神に基づいたものとすべきことが要求され、参議院地方行政委員会で吉川末次郎議員からの修正提案に基づき「第1条　この法律は、日本国憲法の基本理念を十分に具現するように現行地方制度に全般的な検討を加えることを目的とする。」の目的条項が挿入された。なお、当初の提出文案は「この法律は、日本国憲法の基本理念を充分に具現し、且つ、総合的一体性を有するように現行地方制度を改革するため、これに全般的な再検討を加えることを目的とする。」であった。『第13国会参議院地方行政委員会会議録』1952年7月16日及び22日。

94

大臣が任命することと規定され、自治庁の職員もそのメンバーに加えられた（長野2004：87）。しかも、調査会の庶務は自治庁が処理することとなり、地方自治制度の再検討は事実上の主導権を自治庁が掌握する制度設計となった。

地方自治法制定の際に設置されていた「地方制度調査会」は、GHQの要求に対する「抵抗器」の役割を果たした（赤木1978：95）とされる。これに対し、ここで発足した地方制度調査会は、自治官僚にとって法制化までの過程にある「重要な関門」と位置づけられていた（長野2004：93-94）。それを逆説的に捉えれば、関門を突破した事項は法制化に向けて極めて強固な「後ろ盾」を獲得したということになる。この時期の地方制度調査会に対し自治官僚は、国家財政と地方財政が対立した場合の「地方税財政のよりどころ」にしようという点と、戦後知事公選制の導入に伴い完全自治体となった「府県のあり方」を広く議論し、地方制度の基本的かつ最大の問題を片づけるという点に主な期待を込めていたのである[33]。

(2) 「監督・統制」権限の体系化

団体の指揮命令系統の一元化－行政委員会を執行機関に統合－

1952年の地方自治法改正では、政令諮問委員会が示した国－地方を通じた行政体制の簡素化・能率化の方針の下で、地方の組織の合理化をめざし、執行機関の一体化とともに長の指揮命令系統の一元化を明示する以下の規定が整備されている。

第138条の2　普通地方公共団体の執行機関の組織は、普通地方公共団体の長の所轄の下に、それぞれ明確な範囲の所掌事務と権限を有する執行機関によって、系統的にこれを構成しなければならない。

普通地方公共団体の執行機関は、普通地方公共団体の長の所轄の下に、執

33　鈴木俊一は地方制度調査会設置の目的を次のように語っている。「調査会の大きな狙いというと、毎年度の国家財政と地方財政との対立の場合の地方税財政側のよりどころにしようということが一つと、それからいま一つの狙いは、地方制度の基本的な問題として、結局、府県制度をどうするかということですね。」（内政史研究会1976：第10回94-95）。

行機関相互の連絡を図り、すべて一体として、行政機能を発揮するようにしなければならない。

　普通地方公共団体の長は、当該普通地方公共団体の執行機関相互の間にその権限につき疑義が生じたときは、これを調整するように努めなければならない。

　これと同時に、戦後改革で民主化・分権化政策の目玉として採用された行政委員会を執行機関の一部と位置づける規定も整備された。この改正では、行政委員会から予算の調製権、条例等の提案権等の権限を削除し、これらが執行機関の長のみに帰属する権限であることを明文化している。行政委員会には、職員の任免権など一定の独立性は残されたが、組織は首長の統轄下に置かれた執行機関の一部と位置づけられ、執行機関として長が一元的に指揮する体制が整備されたのである。

　占領下ですすめられた分権化により、自治体には、公選による教育委員会を始めとして選挙管理委員会、農業委員会等の行政委員会設置が義務づけられ、これら行政委員会は、執行機関から分立して行政事務を担任することとなった。しかし、そうした事務処理体制では、文部省や農林省等、個別行政を所管する各省縦割りの指揮命令系統が多元的に存在し、自治体の総合的な事務処理を妨げる側面が指摘されていた。これらの規定整備は、そうした中央各省による自治体レベルでの縦割り行政の弊害を是正するとともに、執行機関の指揮命令系統を長へと一本化して事務処理の合理化を図ろうとするものであった。

　加えて、自治体の執行機関を長が一元的に統轄するという体制の整備は、単に自治体の組織の合理化という目的実現のための方策にとどまらず、次節に示すように国と地方との関係をタテに結ぶ、すなわち「地方行政」を内閣の行政権に結節させるための制度改正と一体的に進められていたのである。

「非権力的関与」の法制化－監督に代わる関与手法を規定

　国と地方の行政をタテにつなぐという体制整備は、「内閣総理大臣－都道府県

第3節　自治庁の設置と「監督・統制」のシステム構築

知事－市町村長」というラインで、国による地方への関与権限を法制化する形で進められていった。

まず、1952年の地方自治法改正では、「第十章」の章名が「監督」から「国と普通地方公共団体との関係及び普通地方公共団体相互間の関係」という表記に改められた。これは「地方公共団体の自主性をできるだけ尊重しつつ、国又は都道府県がその有する技術、知識経験等をもってできるだけ協力して参る体制を確立する必要」があるとの提案理由による[34]。ただし他方で、自治法の「監督」の章に規定された内容は限定的であるとの自治官僚の問題認識とともに、地方分権の徹底により国と地方との協力や自治体間の協力関係が失われていくことに対する懸念が示されている[35]。自治庁では、各省の地方出先機関をできるだけ排除し、復古的に「内政」を効果的に担う機関として自治体の役割を重視していたのみならず、自治体の「過度の独立性」を抑えるため戦後型の合理的な国地方関係の樹立も命題としていた（岸1958：44-46）。そうした問題認識が、国と地方との関係規定の整備へと至らしめたのである。

ただし、国の監督権についてはGSから排除を迫られていた経緯[36]もあり、章名を変更することにより「地方の自主性を維持しながら、新たな協力関係を規定する」という姿勢を強調したことがうかがえる。「監督」の章は削除される一方で、以下のように「非権力的な関与」という新たな関与手法が登場し、国による関与については、むしろ充実が図られている。それは、神戸勧告の趣旨に沿って法案化されたとされる関与の規定に、非権力的関与としての「勧告」という手法が盛り込まれたことで象徴される。

34　岡野国務大臣の提案理由説明（1952年5月14日）参議院地方行政委員会（小早川ほか編 1999：405）

35　「従前の第十章は、『監督』と銘打たれていたがその内容は、財務についての事後報告の徴収、事務、視察及び出納検閲に関するもの外二三に過ぎなかった。地方自治の本旨の実現が、戦前行われていたような、国の地方公共団体に対する後見の復活を許さないことはいうまでもないが、しかしながら、『地方分権の徹底』は、国と地方との円満な協調を見失わせ、地方公共団体相互間の協力関係をも忘却させた傾向があるのではないだろうか。新しい地方公共団体の進むべき道は、その自主性を維持しつつ、国及び地方公共団体と協力していくことにあるといつてもよい。」（宮沢／岸1952：82）。

36　宮元義雄（自治官僚）の発言「もう一つの組織の合理化で、やはりこれは一貫して司令部の方からの示唆の中に、一サゼスチョンといいますかそれの中に－国の監督権を排除しろというのがあるんです。これは第一次、第二次、第三次いずれも修正意見の中に出ているんです。国の監督権を排除しろという趣旨のことが。」（地方自治総合研究所1979：19）。

97

第2章　「監督・統制」機能の体系化と組織基盤の確立

　神戸勧告では、国の自治体に対する関与の方法について、まず「許可、認可、承認、命令、取消、変更、代執行等のいわゆる権力的な監督」の廃止を提言したが、他方で、「国が指導又は勧告をする前提として地方公共団体から必要な報告を求めること」は「一般にさしつかえない」ものとし、「情報の公開、援助、助言、模範条例の提示等」の「地方公共団体の意思を拘束することの少ない（原文表記）方法」は、「法律の根拠がなくても」行なうことができると示されていた。

　また、ここで「地方公共団体の事務」とされたもののなかにも「なんらかの意味で国家的な影響をもち、又は国民的関心の対象となっているものが少なくない」ため、国が「主として情報を公開し、援助し若しくは助言又は勧告を与え、著しい不均衡を調整し、最低水準の確保を図ることを必要」として、国の情報公開・援助・助言・勧告による不均衡の調整や最低水準の確保も予定されていた。ただし、そのうち「勧告」や「監査」については、「法律の根拠がなければ行なうことができないもの」として、根拠となる法整備を要請した。

　ところが地方自治法改正法案の条文では、たとえば第245条の3第4項のように「主務大臣並びに都道府県知事及び都道府県の委員会等」が「適切と認める」ときには、「地方公共団体の担任する事務の運営その他の事項」に対する技術的な助言や勧告を行い、また情報提供を求める等の「非権力的な関与」ができるという規定が整備された[37]。神戸勧告において、「地方公共団体の意思を拘束すること」が少ないため法の根拠を要しないと容認された「助言」と同列の扱いで「勧告」という行為を規定し、「監督」に代わる新たな関与の手法を明文化したのである[38]。占領末期のタイミングで GS も黙認したのか、第十章に規定された関与の行為については、各行為の拘束力の強弱に関わらず、一括して「非

37　第245条の3の第4項の条文は以下の通り。
　　4　主務大臣又は都道府県知事若しくは都道府県の委員会若しくは委員は、普通地方公共団体に対し、その担任する事務の運営その他の事項について適切と認める技術的な助言若しくは勧告をし、又は当該事務の運営その他の事務の合理化について情報を提供するため必要な資料の提出を求めることができる。

38　「第十章が監督の章でございますが、先ほどご説明申し上げましたように監督という観念を改めまして、国と地方団体との関係及び地方団体相互間の関係ということにいたしまして両者の協力関係を明らかにすることにいたしたのであります。」（「地方自治法一部を改正する法律（昭和27年法律第306号）の提案理由の説明　昭和27年5月14日参議院地方行政委員会」小早川ほか編（1999：421）。

第3節　自治庁の設置と「監督・統制」のシステム構築

権力的関与」と位置づける法改正が行われている。

地方行政を包含する内閣の行政権－総理大臣の指揮命令権

　ところで、既述のような国による非権力的関与の規定整備にはもう一つ、内閣の行政権と地方行政との関係を規定するという別の意味も含まれていた。それは、地方自治法第245条の3の各項に規定された以下の「内閣総理大臣の位置づけ」の問題[39] である。

第245条の3　内閣総理大臣又は都道府県知事は、普通地方公共団体の組織及び運営の合理化に資するため、普通地方公共団体に対し、適切と認める技術的な助言又は勧告をすることができる。

2　普通地方公共団体の長は、第二条第九項及び第十項の規定の趣旨を達成するため、必要があると認めるときは内閣総理大臣又は都道府県知事に対し、当該地方公共団体の組織及び運営の合理化に関する総合的な監査並びにその結果に基く技術的な助言又は勧告を求めることができる。

3　内閣総理大臣又は都道府県知事は、普通地方公共団体の組織及び運営の合理化に関する情報を提供するため必要があると認めるときは、普通地方公共団体に対し、その作成に要する資料の提出を求めることができる。

（※注）4項・5項は省略。

　自治庁の条文解説（宮沢／岸 1952：85）によれば、ここで第1項から第3項にある「内閣総理大臣又は都道府県知事」の「内閣総理大臣」とは、行政事務を分担管理する総理府の長としての内閣総理大臣ではなく、「内閣の主班として行政権の最高責任者であり行政の一般的責任者でもある内閣総理大臣」であると説明されている。つまり、自治体に対する技術的な助言や勧告行為については、

39　当時、内閣法制局長官の林修三（1955：14）が外局の長たる国務大臣の地位について以下のように説明している。「これらの外局の所掌事務に関する主任の大臣は、内閣総理大臣ということになるのであって、従って、それら外局の所掌事務に係る法律案又は政令案の閣議請議、あるいはこういう法律政令の公布に際しての署名等は、（略）すべて内閣総理大臣の名においてすることになるのである。」

99

第2章 「監督・統制」機能の体系化と組織基盤の確立

地方自治を分担管理する主任の大臣ではなく、「内閣の主班」たる内閣総理大臣が行うということである。そのことは、地方の行政が内閣の行政権の下に位置づけられたことを意味している。

　加えて、のちの1956（昭和31）年の地方自治法改正では、以下のような内閣総理大臣による「適正な事務処理の確保措置」の規定も挿入され、地方公共団体に法律の違反や義務の懈怠等があった場合に、内閣総理大臣が是正又は改善の措置を講じることができることとなった。

〔適正な事務処理の確保措置〕

　第246条の2　内閣総理大臣は、普通地方公共団体の事務の処理又はその長の事務の管理及び執行が法令の規定に違反していると認めるとき、又は確保すべき収入を不当に確保せず、不当に経費を支出し、若しくは不当に財産を処分する等著しく事務の適正な執行を欠き、且つ、明らかに公益を害しているものがあると認めるときは、当該普通地方公共団体又はその長に対し、その事務の処理又は管理及び執行についての違反の是正又は改善のための必要な措置を講ずべきことを求めることができる。普通地方公共団体の条例、議会の議決又は法令の規定に基きその義務に属する事務の管理及び執行を明らかに怠っていると認めるときもまた、同様とする。

　②　内閣総理大臣の前項の規定による措置は、市町村の事務の処理又はその長の事務の管理及び執行に係るものについては、都道府県知事をして行わせるものとする。但し、内閣総理大臣は、必要があると認めるときは、自ら当該措置を行うことができる。

　③　市町村長は、前項の規定による都道府県知事の措置に異議があるときは、その措置があつた日から21日以内に内閣総理大臣に対し、その意見を求めることができる。この場合においては、内閣総理大臣は、その意見を求められた日から90日以内に、理由を附けて、その意見を市町村長及び関係都道府県知事に通知しなければならない。

　④　内閣総理大臣が自ら第1項の規定による措置を行う場合にあっては、当該措置は、当該事務を担任する主務大臣の請求に基いて行うものとする。

第3節　自治庁の設置と「監督・統制」のシステム構築

　こうして、内閣総理大臣の「地方自治の責任部局」を所管する主任の大臣という立場を、国の「行政権の最高責任者」たる立場と重ねる形で整備された法制度を通じ、地方の行政は内閣の行政権へと包含され、自治体は中央における「地方自治の責任部局」の「監督・統制」システムへと自ずから組み込まれていくこととなったのである。

府県と市町村の二層化

　さらに自治庁発足後はそうした中央地方関係に加え、府県と市町村との階層化を企図した動きも始まる。

　戦後、市町村の行政能力の向上が図られていく中で、法令等による明確な事務配分規定を欠いた公共事務の処理に際しての両者の競合が誘発され、これが府県－市町村の対立構造 [40] を招来していた。現行府県制度の存続を前提とする全国知事会に対し、全国市長会では現行府県制度の廃止とこれに代わる特別地方公共団体の新設を主張するなど（鈴木 1953：25-28）、双方の対立解消が地方制度改革の課題として浮上する中で、両者の性格・位置づけを提示し、問題解決への道筋を示したのが 1953 年の第 1 次地方制度調査会答申である。

　答申では、「地方公共団体の種類」として「市町村と府県との二段階制を採る」ことを提言した。そのうえで、既述のように市町村を「現状のとおり」とし、府県を「市町村と国との中間に位する広域自治団体」として、両者の性格が「異なる」ものと明言した [41]。占領下の地方自治制度改革で「普通地方公共団体」と一括された府県と市町村について、その性格が異なる点を明らかに示すこと

40　町村合併の進行を背景として市の行政能力向上を理由に掲げる全国市長会では、二重行政、二重監督の弊害を訴え、「府県の廃止」を要望していた。戦後、都道府県知事が「公選」となったにもかかわらず、戦前のような内務大臣を後見として「官選」知事が市町村長を監督するという体制を引き継ぎ、事実上の「上級団体」として市町村の事務処理に対し頻繁に介入しているとするものである。そこで全国市長会は、都道府県が地方自治たる市町村行政の補完ではなく、国の中央集権作用の補完にあり、不完全自治体の域を脱し得ないことを指摘し、全国町村会もこれに追随していたのである（全国市長会百年史編纂委員会編 1999:186）。
41　この両者の「性格」の定義については、1956 年の地方自治法改正に反映され、市町村は「基礎的な」地方公共団体、都道府県は「市町村を包括する広域の」地方公共団体として事務を処理することが地方自治法上、明記された。

101

第2章 「監督・統制」機能の体系化と組織基盤の確立

により、同答申は「戦後初めて」公式に分類せしめた。

　この改革案は、答申から約2年半の歳月を経て1956（昭和31）年の地方自治法改正で法制化されている[42]。そこでは、市町村を「基礎的な地方公共団体」、都道府県を「市町村を包括し、市町村と国との中間に位置する広域な地方公共団体」と位置づけ、両者の地位、権能は「おのずから異なるもの」で、両者が「それぞれその権能と責任とを分担しながら、相互に相協力すべきものと考えられ」ることから、都道府県と市町村それぞれの「処理すべき事務」の原則を明らかにすることによって、「相互に競合しない」ようにしたいとするものであった。

　自治庁では、都道府県―市町村の団体間の関係については直接規定を置かず、都道府県の処理すべき事務に「市町村に関する連絡調整」を規定することで、府県が市町村に関与する根拠を付与した。二層化された両者の関係は対等ではなく、事務権限規定から当然に「府県が優越」する関係に位置づけたのである。

　さらに、都道府県と市町村、それぞれの具体的事務を例示規定として挿入することで、都道府県が市町村に関与する役割を明確化した。ここで都道府県が処理すべきとされた事務は、①広域にわたるもの、②統一的な処理を必要とするもの、③市町村に関する連絡調整に関するもの、④一般の市町村が処理することが不適当であると認められる程度の規模もの、がある。これらの事務のうち、③の「市町村に関する連絡調整に関するもの」は「中間的行政」たる府県の積極的な存在意義を示すものである。自治庁は、府県に対して市町村間の行政の総合調整的機能と、市町村に対する連絡、報告、調査等の機能を予定していた（鈴木 1953：29-30）。

　加えて「市町村に関する連絡調整の事務」として具体的に例示された内容は、①国と市町村との間の連絡、②市町村の組織及び運営の合理化に関する助言、勧告及び指導、③市町村相互間における事務処理の緊密な関係を保持させるためのあっせん、調停及び裁定、④市町村の事務の処理に関する一般的基準の設定、

42　当初の法案提出に際しては警察法が優先され、この警察法との同時審議を回避して1955年の第22国会へと提出された法案は、議会関連事項改正に対する議員らの抵抗が強く、審議未了となっていた。翌1956年の第24国会へと再提出された「地方自治法の一部を改正する法律案」は、6月12日に可決・成立した。

⑤審査請求その他の不服申し立てに対する裁決、裁定又は審決等である。

連絡調整にとどまらず、「助言、勧告、指導、あっせん、調停、裁定、裁決、審決」といったいわば都道府県による市町村への「関与」の行為が明記された。加えて「市町村の事務の処理に対する一般的基準の設定」も都道府県の事務とした。市町村優先の事務配分をしつつも、都道府県が一般的基準を設定することにより、府県単位の統一的な事務処理が可能となる。それは都道府県単位で市町村の行政水準の均衡化が図られることにもなる。

このように自治庁は、府県を国と市町村の中間的行政単位として位置づけることで、市町村を指導監督する機能を予定した。その基底には、旧地方局官僚に伝統的な府県の統治能力を絶対視する「府県観」が脈々と続いていたのである（長野 2004：132）。

(3) 財政面からの「監督・統制」機能の発揮

自治庁が設置された当時の地方財政は赤字団体の問題が深刻化していた。1952（昭和27）年度決算における実質赤字団体数は前年度比較1,867団体という急激な増加を示し、実質赤字団体は、全国で2,631団体となっていた（自治庁調査課編1954：53）が、1954年度には、府県の7割、市町村の4割にまで及び、地方財政の危機は切迫した状況を迎えていた（藤田1978：99）。

こうした赤字団体の財政再建整備を緊急課題と位置づけていた自治庁は、第1次地方制度調査会答申が、「赤字地方公共団体の再建整備に関する事項」として示した、1952（昭和27）年度決算において歳入不足を生じた自治体を対象とする財政の再建整備策である、「赤字地方公共団体」が「財政再建整備計画を樹立し、自治庁長官の承認を受けた場合は、歳入欠陥補てんのための地方債を起すことができる」という対策を急いだ。しかし、無利子の財政再建債を発行することに対する大蔵省の抵抗は極めて強く、また、赤字団体をいわば「準禁治産者」扱いするという措置に対する自治体からの反発も激しい中で、実現化は難航した（柴田1975：147-150）。

第2章　「監督・統制」機能の体系化と組織基盤の確立

　そこで、自治庁は、1955年度の地方財政計画を当初案から赤字を見込んだものとして示し、それが前代未聞の出来事として地方財政再建問題を緊急の政治課題へと押し上げることとなるのである。これをきっかけとして財界からも地方財政への関心が高まり、法案の国会提出が後押しされていく（藤田1978：110-111）。1955年6月の第22国会に提出された地方財政再建特別措置法案は継続審議となったものの、第23国会（臨時会）では可決に至る。

　1955年12月29日に公布・施行された「地方財政再建促進特別措置法」では、1954（昭和29）年度の赤字団体でこの法律に基づいて財政の再建を行おうとする団体（財政再建団体）は、当該団体の議会の議決を経て、政令で定める日までに自治庁長官に申し出、自治庁長官の指定する日までに財政の再建に関する計画、すなわち財政再建計画を定めなければならないとされた。自治体の長が作成し当該議会の議決を経た自治体の財政再建計画は、自治庁長官が承認することとされ、財政再建債の発行に際しても自治庁長官の承認を必要とする。また、財政再建団体は毎年度の資金計画を自治庁長官に報告し、自治庁長官は「必要に応じ」財政再建計画の実施状況を監査しうる。財政再建団体は、自治庁長官の「後見」の下に置かれるしくみである。

　さらに自治庁長官には、「財政再建団体の財政の運営がその財政再建計画に適合しないと認める場合」には、当該財政再建団体に対し「予算のうちその課題であるため財政再建計画に適合しないと認められる部分」の執行の停止ほか、財政の運営について「必要な措置を講ずること」を求める監督・統制権限が付与されることとなった。

　自治庁長官は国務大臣とはいえ、総理府の「主任の大臣」たる内閣総理大臣の行政事務のうち、外局の自治庁の所掌事務を「補佐」する立場である（佐藤1979：335）。外局の長官に対し、財政再建団体の一部予算の執行停止をも含む強力な措置権限が付与されることは、極めて異例のことであった。それだけに国会審議では自治庁長官に対するこうした強力な権限付与に対して、「中央集権を強め、地方自治を抑圧する」として違憲論にまで発展することとなり、自治権の尊重が強く要望される展開となった（藤田1978：115-116）。

第3節　自治庁の設置と「監督・統制」のシステム構築

　しかし、そうした逆風にもひるむことなく、自治庁主導で進められた財政再建策は地方行財政の合理化・圧縮に重点が置かれ、地方財政の構造に「中央統制の強化」をもたらした（藤田 1978：126-127, 150）。加えて、この時期の地方財政制度の改正過程については「地方財政と中央財政の連関性に対する認識を確立した」との指摘（田辺 1992：137）があるように、中央政府におかれた「地方自治の責任部局」が財政面から自治体を「監督・統制」する体制も構築されることになったのである。

第2章 「監督・統制」機能の体系化と組織基盤の確立

小括 地方財政調整をめぐる裁量権の確保

　ここまでみてきたように自治庁（自治省）は、自治体に対する監督・統制の体制を確立した一方で、シャウプ勧告を契機に1952年から導入されていた地方財政平衡交付金制度を、1954年に国税3税の一定割合を総額とした地方交付税制度に改正し、税収増と連動するしくみとしている。自治庁発足当時の地方財政の窮迫は、年々深刻さを増して「危機的症状」を呈していたうえに、経済発達の地域的不均衡が激化し、自治体間の財政力のアンバランスが著しくなっていた（藤田1978：83）。そうした情勢下で、第1次地方制度調査会の「地方制度の改革に関する答申」（1953年10月16日）が、「地方財政平衡交付金制度」を「地方交付税制度」に改めることを提言した。答申が示したのは「地方交付税の総額は、所得税・法人税・酒税の一定割合を総額とし、特別会計を設置してこれに繰り入れる」という、地方財源を国家財政から独立させるしくみである。

　シャウプ勧告に基づき導入された地方財政平衡交付金制度では、毎年度地方財政の財源不足額を算定し、総額を決定する方式が採られていたため、「毎年度その総額の決定をめぐって国と地方自治体との間に争いがたえず、とかく政治的な解決を求めがち」であったこと、また「地方自治体がその財源の窮乏にともない、その財政運営の結末を交付金に求める中央依存の風潮が生まれ、地方財政の自立性と安定性を損なってきた」ことから、「総額を確保し地方財政の自立性と安定性を強化」すると国会で説明されている（藤田1978：86）。自治庁が提案したのは、国の緊縮財政の影響を極力回避して「総額確保」を図り、地方財政の自立性と安定性を高めようとする制度改正であった。

43　「当時の大蔵省当局に税制調査会の活動を通じて、地方制度調査会の活動を牽制しようという意図がなかったとは言い切れまい。私どもは、それを承知で設置案を飲むこととし、その中において地方税問題を取り扱うことを是認したのである。（中略）とまれ、こうなっては戦争である。喧嘩である。」（柴田1975：124）。

小括　　地方財政調整をめぐる裁量権の確保

　しかし、そうした自治庁の動きを大蔵省が黙認するわけはなく、地方制度調査会設置を牽制するかのように内閣に設置された税制調査会[43]が同年11月に示した答申では、交付税繰入率の変更を認めないとする方針が示されていた。これは、特別会計において剰余金が生じた場合はこれを積立し、不足が生じた場合は年度間の借入を認めたうえで、積立や借り入れの額が著しく多額に上る場合には制度改正、すなわち交付税繰入率の変更を認めるとした地方制度調査会答申の内容と対立する考え方であった。結果として法案には、交付税繰入率の変更を認める自治庁案が採用され（藤田1978：83-84）、1954年5月15日、地方財政平衡交付金法を改正する形で地方交付税法が制定されている。

　地方交付税の財源は税収入である所得税、法人税及び酒税の一定割合で自動的に決定し、地方交付税のうち普通地方交付税の総額を自治体の財政収入額が財政収入額に不足する額の合算額とするしくみとなった。この制度変更により、地方の財源保障機能や地域間の税源格差是正機能に加えて、「中央と地方の間での財政配分を調整するという機能が内在化」（田辺1992：136）され、それにより自治庁は国地方間の垂直的な財政調整の裁量権を獲得することとなったのである。この制度改正を基盤として、自治庁の地方行財政を通じた財政統制システムが形成されていくことになる。

　1950年代の財政調整制度の確立過程における自治庁の戦略が、「大蔵省を中心とする中央省庁と各地方自治体とのふたつの決定環境をどのように結びつけるべきか、という点を軸として展開した」ことを指摘した田辺国昭（1992：135-136）は、財源が自動的に決定されるという総額決定のルール分離が「政策間調整と地域間調整に関する決定に関しては、自治庁が他の組織から比較的自律した決定領域を確保する」という帰結を生じさせたとする。

　また、地方交付税制度が個別補助金を前提としたものであるため、個別行政の側面からも自治庁の役割を大きくした点も指摘される。高木鉦作（1987：93-94）は、1952年の地方財政法改正で、国庫負担金に伴う自治体の負担分が地方交付税を算定するための財政需要額に算入する仕組みとなっており、「個別行政」にかかる事務の経費に対応する自治庁の役割が極めて大きくなったとする。こ

107

第2章 「監督・統制」機能の体系化と組織基盤の確立

れは田辺のいう「政策間調整」の側面で、財政調整を通じた個別行政への関与が定型化されたことを示している。

このように、地方交付税制度への移行は、地方財政における財源を安定化したのみならず、自治庁が各省の個別行政に対し、財政調整の観点から「牽制・干渉」機能を発揮しうる環境を整えることとなった。こうした観点から次章では、霞が関における「地方自治の責任部局」の動向に注目していく。

資料4　自治庁の組織比較

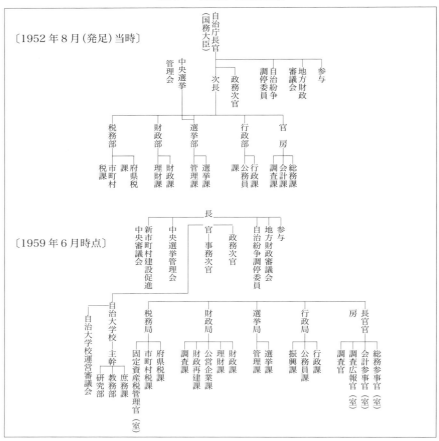

出典）総理府編（1959）145頁の図に一部加筆。

第3章

「牽制・干渉」機能の定型化と地位の安定

第3章 「牽制・干渉」機能の定型化と地位の安定

はじめに

　第3章では、自治省となった「地方自治の責任部局」が高度成長から安定成長の時代に、地方意見を代弁する立場で各省の「個別行政」との調整を図るに当たり、協議や意見具申等といった手段を活用して実質的な「干渉」行為を行いながら、霞が関における組織のポジションを安定化させていった過程を取り上げる。

　1960（昭和35）年7月1日に自治庁は国家消防本部と統合され、自治省へと「昇格」する。第34国会に提出された「自治庁設置法を一部改正する法案」は、6月20日に参議院本会議で可決・成立し、「地方自治の責任部局」は内務省解体以来初めて専任となる主任の大臣を獲得した。法改正の背景については自治庁が総理府の一外局であったために法律、政令案等の閣議請議権をもたないこと、また省令制定権や予算の請求、執行上の独立の権限が認められていない一方で、「予算額が各省庁随一」で「毎国会提出法案の数は各省庁中優位を占める」状況にあり支障が多い、という問題認識が示されている（小池 1960 下：30-31）。

　中央政府におかれた「地方自治の責任部局」が、内閣の行政事務を分担管理する主任の大臣をおく省となった1960年代は、国土開発の進行とともに府県の区域を超えた広域行政需要が指摘されるようになり、開発計画や事業を所管し、開発事業主体と位置づけられてきた府県の行政機構の見直しを求める動きが目立ち始めた時期であった。それは、広域行政の効率化の観点から府県の区域の広域化をめざす「府県合併」論議という形で浮上し、とりわけ中部や関西の財界からの提言は活発化していた。地方制度調査会でも府県合併の問題が検討の俎上にのぼり、府県合併手続きを定めた法案の国会提出にも至っている。

　他方で、各省縦割りの「個別行政」における中央集権化も進行する。特に建設省や農水省がそれまで知事に委ねていた管理・許可権限を大臣に引き上げ、

はじめに

地方支分部局の権限強化を図るなどの集権化を積極的に進めた。さらには、企業誘致や大規模プロジェクトの実施などの開発政策において、自治省－府県ルートの事務処理体制を迂回するかのように、公社・公団などを通じた事業実施体制も整備されていく。開発政策は自治省の所管を超えた領域で進む環境が整備されつつあったのである。

　戦後改革以来「地方自治の責任部局」は、そうした各省縦割りの「個別行政」に対する関与のあり方についての模索を続け、1952年の地方自治法改正では機関委任事務拡大への対抗策として、地方自治法の別表化を図るなどの措置を講じ各省を牽制してきたものの、知事権限の大臣への引き上げや公社・公団の活用といった縦割りの中央集権体制構築への対策は後手に回っていた。そこで自治省が試みたのは、高度成長期に進行した過疎と過密の問題を背景に「地域格差の是正」という理念を前面に打ち出し、府県レベルで個別行政に干渉しうる手段の導入であった。それらを具体的に挙げれば、府県の区域を超えた広域行政機構の構想、総合行政主体としての府県の提唱、府県の総合計画の法制化構想である。構想の中には、地方行政連絡会議のように具現化されたものもあるが、とりわけ「個別行政」の総合化を目指した府県の総合計画の法制化については各省の強い抵抗に阻まれ、自治省の描いた府県レベルで「個別行政」の一元化を図ろうとする総合計画の法制化構想は、幻に終わる。

　こうした開発政策の総合化をめざす動きとして前身の自治庁時代には、中央レベルで内政の総合化を図ろうとする構想も頓挫していた。それは建設省との組織の統合を図り、国土政策と地方自治を一元的に掌握することをめざした「内政省」の設置構想であり、1956年には法案として国会提出までに至ったものの、旧内務省を彷彿させる組織構想には中央と地方のいずれからも抵抗が強く、2年後に法案が撤回されている。次策として登場してきた府県における開発政策の総合化構想はかつての普通地方官庁のイメージに重なり、府県重視の旧内務省的地方観が垣間見える。

　そのような状況下で戦後の地方自治制度で中央において地方を「代弁・擁護」するという正当性を主張しながら、各省「個別行政」に対する干渉策を模索し

111

てきた「地方自治の責任部局」が自治省となり、各省と対等な立場で政策協議を行う地位・権限を獲得したのである。旧内務省地方局由来の「内政」へのこだわりを継承する自治官僚にけん引された自治省で所管領域の拡大志向が活性化し、地域開発の進行とともに顕在化し始めた地域格差の是正という問題を突破口にして、「地域政策」という時代適合的な政策分野の開拓が始まる。その結果として確立していくのが、財政面から各省個別行政に対し「牽制・干渉」をしかける体制である。地方自治が「制度の改革の時期」から「制度の運営の時期」(高木 1986:49) に入りつつある中で、「個別行政」に対する「牽制・干渉」という行為それ自体が組織の主要な任務に位置づけられていくことになる。

　本章では、自治省が地方財政を軸に「個別行政」に対する「牽制・干渉」体制を定型化し、霞が関における組織のポジションを安定させていく過程を観察する中から、その組織の内的変容とともに新たな政策領域の創出が図られていくという、いわば「再制度化」の現象を明らかにすることを目的としている。

第1節　縦割りの開発政策に対する関与の模索

（1）府県区域を超える広域行政機構の構想

府県合併論議への関心

高度成長期には、主に地域経済発展をめざす地方財界から、広域行政を効率化すべきとする観点で、府県の区域の広域化に関わる問題提起が活発に行われた。その先陣を切ったのは、1963（昭和38）年4月に中部経済団体連合会（中経連）が発表した「東海3県統合構想」である。中経連では、現行府県制度の県境が中部広域経済圏の発展の妨げとなるとの認識に立ち、約2年の歳月をかけて調査研究をすすめ、愛知・岐阜・三重の3県を統合することによって広域行政をより合理的・効率的に遂行できるという構想を打ち出した。この中経連の動きを追随するかのように、関西経済団体連合会や関西経済同友会からも大阪・奈良・和歌山の合併をめざす「阪奈和合併構想」が示され、大阪府知事や和歌山県知事がそれに同調の意を示すなど、この頃から府県合併論議が盛んになり始める。

こうした動きに対し自治省は、自主的な府県合併は是認・支持するという姿勢を示しながらも、府県合併を積極的に推進するような方策は講じなかった。その理由としては、和歌山県出身の早川崇自治大臣が阪奈和合併に反対[1]していたこと、また、自治省内部に長野士郎選挙局長（当時：のち行政局長、財政局長、自治事務次官を歴任）のような「府県合併には慎重に対処すべき」という意見（長野 1963:18-19）も存在していたこと、さらには、第4次地方制度調査会のいわゆ

1　自治事務次官として早川自治大臣に仕え、直後に衆議院議員となった奥野誠亮は、以下のように当時を述懐する。「私が都道府県合併推進法を国会に出そうとしたら、和歌山出身の自治大臣の早川崇さんが反対なんです。やはり和歌山は和歌山として独立していきたいということです。」（奥野 2002:156）。

第3章 「牽制・干渉」機能の定型化と地位の安定

る「地方」制答申（1957年）の経験を踏まえ府県の統合が実現困難な問題と捉えられていたこと（佐久間 1965：18）、などがある。府県の再編問題は、当初は自治省が積極的に取り組むべき改革とは必ずしも捉えられていなかった[2]。

　たとえば、1963年9月に自治省は「府県連合構想」を打ち出したが、それは、早川大臣（当時）が欧州の EEC 方式を参考に提唱したもので、第9次地方制度調査会「行政事務再配分に関する答申」（1963年12月）で示された「連合」の具体的な要綱案は、広域的に処理することを必要とする事務のみを扱うとして、地方公共団体の事務の新たな共同処理方式として活用することが強調された。この「連合」を都道府県及び市町村が設立する特別地方公共団体として法制化する地方自治法改正案は、「金丸試案」として提起されたが、三県合併を広域行政の唯一の解決策と位置づけた中経連からの反対声明が出されるなど、連合方式では十分効果が上がらないとする批判が強く（下崎 1968：19-20）、また地元の要望を受けた自民党地方行政部会が「都道府県合併促進特別法案」をまとめ、これを議員立法で提出しようとする動きもあった（現代地方自治全集編集委員会 1979：371-372）ことなどから、法案としての提出は断念されている。

　第9次地制調答申では「府県合併」について、「その規模拡大の必要性が各方面から指摘されてきたが最近一部の地域において府県合併を提唱する動きが出てきている」と言及したものの、都道府県が「自主的に合併すること」に関しては「行政能力を充実強化することになるので望ましいと考え、その実現を期待する」との記述にとどめた。ここでは合併は府県の自主的な取り組みに委ねるというスタンスに立ち、積極的な推進策には言及していない。

　ところがそうしたスタンスは次第に揺らぎ始める。第10次地方制度調査会「府

2　自治省 OB で事務次官経験者の小林與三次は、1965年1月に開催された研究会で以下のように発言している。「府県合併推進の法律をつくって、ある程度機運も熟しておって、一件くらいはすぐに進むというなら、それは大きな意味がある。しかしながら、現在の状態なら、すぐには、右から左と事は動かないでしょう。二年や三年で動くとは思えない。そういうときに、本当に必要な合併を進めていくために法律をたなざらしにしてよいのか悪いのか。ただ、現在、世間では現行の府県が狭過ぎるとか、広域化の必要性が大きいとか、いろいろ批判がやかましいから、そういう風潮に対して、自治省なり府県側としても、積極的な受け入れの構えなり体制なりをする、すくなくともそのようなかっこうをすることも必要ではないか。（略）私自身は一体どうしたらよいのか悩んでいるのです。」（地方自治研究会 1965:137）。

114

県合併に関する答申」（1965 年 9 月）では、「自主的合併」を建前としつつも、府
県合併に関する具体的な手続きが示された。それは、連合方式を提唱し府県合
併に反対していた早川自治大臣が辞職した[3]ことも一因であるが、第 10 次地方
制度調査会の委員も務めていた奥野誠亮衆議院議員（元自治事務次官）が、1964（昭
和 39）年に三木武夫自民党政調会長（当時）の要請を受け[4]、「府県合併促進論」
を発表した（奥野 1964：17-54）ことの影響は多分にある。

　ただし府県合併を推進することについては、政府与党内にも慎重論が存在し
ており、第 10 次地制調の答申を受けて自治省が立案した「都道府県合併特例法
案」については、自民党政調審議会から、特別議決や住民投票による同意を含
めるなどの民主的手続きを強化する方向の修正を求められている[5]。修正法案は、
1966（昭和 41）年 3 月の閣議決定を経て 4 月に第 58 通常国会へと提出された
ものの、翌年 6 月に審議未了、廃案となった。さらに、1968（昭和 43）年 3 月
の閣議決定を経て、再び国会提出された法案も成立に至っていない[6]。

縦割り集権化への対応

　そのような経済界や与党から提起された府県区域の拡大・再編問題への取り
組みを進める一方、自治省としてはむしろ各省縦割りの集権化問題への対策を
より深刻なものと捉えていた。1960 年代前半は、中央各省がそれまで府県知事
に委ねていた事務権限を引き上げ、地方支分部局や各々監督下にある公団・事
業団などの特殊法人を活用して、府県を迂回した事務処理体制を整備・強化す
るなど、いわば「縦割りの集権化」が一気に進行したのである。

3　1964 年 3 月 24 日にライシャワー事件に対する国家公安委員長としての政治責任をとって辞任した。
　（現代地方自治全集編集委員会編 1979:369）。
4　「私が国会議員になってまもなくの昭和 39 年に、政調会長の三木武夫さんから広域行政を頼まれた
　ことがありました。（略）ですから、三木さんから話があったときも、私は、やるなら府県の合併だ
　ろうと思っていました。」（奥野 2002:155-156）。
5　自治省原案においては「合併都道府県の議会の過半数の議決を経て、内閣総理大臣にそのむね申請
　する」とされていたが、このうち①議会による過半数の賛成要件を 3 分の 2 に引き上げること、②
　議会の賛成が過半数を超えて 3 分の 2 に達しないときは住民投票による過半数の賛成を得たうえで
　内閣を経て国会に提出すること、などについて修正が加えられることとなった。
6　1968 年に入ると合併熱は冷えてきて、阪奈和や東海でも足並みが揃わなくなったことが指摘されて
　いる（現代地方自治全集編集委員会編 1979:444）。また、財界からは「道州制構想」も出始め、す
　でに府県合併推進の勢いは衰え始めていた。

115

第3章 「牽制・干渉」機能の定型化と地位の安定

　その代表的な動きとしてはまず、河川や道路に関する府県知事の管理権限の大臣への引き上げが挙げられるが、それに先立つ 1963 年には、建設省や農水省で地方支分部局の体制強化も図られている。建設省では、それまで直轄事業を主に担い、現業的業務が中心だった地方建設局の分掌事務を拡大し、許認可権限を含む行政事務を加えた。農水省も、全国 8 ブロックに分け管轄地域ごとに農業行政全般を担当する地方農政局を新設している。各省の府県区域を超えたブロック単位の出先機関への事務権限集約が先行した。

　次いで 1964 年の河川法改正では、建設省が水系ごとの河川管理を理由に、主要河川を一級河川・二級河川に区別し、一級河川の管理権や水利許可権を都道府県知事から建設大臣へと引き上げた。同じ年には道路法の改正も行われ、一級・二級国道の区別廃止による一般国道への統合とともに、それまで知事が所管していた二級国道の管理権が建設大臣へと引き上げられている。

　さらに、特殊法人の公団を開発事業主体とする動きも続いた。1962 年には水資源確保・高度利用を図ることを目的に水資源開発公団が新設され、水資源開発促進法により水資源開発水系に指定された利根川や淀川水系等の開発はそこに一元化されていった。公団方式の活用は宅地開発にも及ぶ。1963 年 7 月に新住宅市街地開発法が整備され、それまで首都圏を対象に宅地開発を推進してきた住宅公団が、全国的な宅地開発の主体としても位置づけられた。住宅公団によるニュータウン建設が可能となり、公団が直接開発事業を行う体制が整備されている。当然に都道府県の関わりは限定されることとなった。

　自治省は、そうした各省の中央集権化の動きへの対抗から、1962 年に新たな広域行政処理体制として、協議会方式による地方行政連絡会議の構想を提起した。1962 年 6 月 12 日の第 8 次地方制度調査会地方開発小委員会へと提出された「地方行政連絡会議法案要綱（案）」は、開発行政主体と位置づけた都道府県の知事に広域行政の計画や実施の主導権を付与する内容である。具体的には、全国を 9 つの地域に分け、各地域で広域にわたる行政の計画や実施について必要な連絡・協議を行う地方行政連絡会議を設置する、という構想であった。地方行政連絡会議は、都道府県及び指定都市の長と国の地方出先機関の長等で構

116

成され、会議の議長を知事が務める。会議で協議がととのった事項については、構成員が尊重して担任の事務を処理するよう努めることが予定されていた。

「地方庁」構想への対抗

　地方行政連絡会議法案は1963年の第43通常国会へと提案されたが、その年は国会の混乱に伴い廃案となった。翌年に再提出された法案も解散・総選挙の影響を受け審議未了となり、3度目の提案となった1965年の第45通常国会でようやく可決・成立に至る。しかし、広域的な行政計画を知事主導で実施することを企図した各地の地方行政連絡会議は、結果として「地方公共団体を中心として、地方公共団体と国の地方出先機関及び地方公共団体相互間の協議方式による広域行政事務処理体制」（山本1964：16）となり、広域的な行政事務を協議する体制にとどめられていく。

　ところで、地方行政連絡会議が国の機関でも地方の機関でもなく、協議会方式の「事務処理の共同体制」と位置づけられた背景には、同時期に進行していた臨時行政調査会第2専門部会で、広域行政の計画や実施体制のあり方に関する検討が進められていたという裏事情もある。1963年3月27日に臨時行政調査会第2専門部会が公表した「第二次仮設に関する報告」では、国土総合開発法の地域計画区域を管轄区域とする各広域に、各省割拠型の開発行政を統合する目的で「地方庁」を設置する構想が記されていた（小早川1999b:57-58）。

　当時自治省文書課長の職にあった岸昌（元自治庁行政課長）の論説には、この「第二次仮設に関する報告」で提唱された「地方庁設置構想」に対し、主に広域行政需要に関わる観点から、批判的な考察が記される（岸1963（四）：8-19）。岸は、都道府県の区域を超える広域行政需要については、報告が指摘する大阪市などの主に大都市圏の一部の地域の現象であって普遍的な現象ではないこと、また「広域的処理」が必要な行政とされるものでも、それは企画の段階のみで、実施の段階は国民の身近なところで処理されることがふさわしい行政もあるので、それをすべて地方庁のような総合出先機関の設置により処理することは必ずしも適切な処理方法ではないこと、等の見解を示した。その上で、計画を広

域的な視野で策定する必要がある行政については、都道府県の協議会か、それに地方支分部局も加えた地方行政連絡会議のような機構による処理が適当であるとの持論を展開している。元自治庁行政課長により公表された言説が、個人的な見解にとどまらないことは言うまでもない。

　自治省は、国の広域行政機構として開発行政を所管することが予定された「地方庁」構想への対抗策として、地方行政連絡会議の構想を打ち出したのである。地方庁に地方行政連絡会議の任務を重ね合わせることはすなわち、各省が縦割りで進める「開発計画」に対し自治省が所管する地方行財政の政策領域から網をかけることを意味する。

　かつての「地方」制答申の際にも、府県の区域を超える広域行政組織の検討が自治庁(地方自治の責任部局)の所管領域を超え、国の出先機関の再編問題にも及ぶ「地方」の位置づけは「中間団体」と示されたが、ここでも自治省は、国の機関か地方の機関かという組織の所管問題をあえて回避した[7]。府県知事を議長とすることで自らの所管領域に地方行政連絡会議を留め置き、「地方庁」構想への対抗策として準備していたことがうかがえるのである。

（2）総合行政主体としての府県の活用

　臨時行政調査会が提起した「地方庁」構想が消滅していくと、自治省による各省縦割りの開発政策への関与は府県を活用する形で展開されていくようになる。臨時行政調査会の動向を踏まえた自治省が、全国知事会とともに打ち出したのは「地域の総合行政主体としての府県」の姿であった。

　政府の公式文書で府県の総合性に言及したのは、臨時行政調査会の答申が初出となる。「現地性・総合性・経済性」を原則に、行政事務配分のあり方を勧告

7　「この地方行政連絡会議が、国の機関であるか、地方の機関であるか、もし、国の機関であれば国家行政組織法上の地方支分部局であるのか、附属機関であるのか、地方の機関であれば地方公共団体、特に都道府県の共同組織なのか、それであれば国の機関が加わることが可能であるかなどとの論議があるが、果して、このような検討から問題を究明することがどれだけの意味があるのか理解に苦しむものだ。」（長野 1962:11-12）。

した臨時行政調査会「行政事務の配分に関する改革意見」（1964年9月28日）は、その前提事項として、都道府県を「地域行政の総合性を推進するにふさわしい立場」と位置づけた。そこでは「中央省庁のセクショナリズムがそのまま都道府県の各部局に持ち込まれ、知事の総合性発揮のうまみが失われている」ことを指摘し、知事の総合調整機能を発揮できるような体制とすべきことにも言及している。内閣の総合調整機能の確保と強化を改革の柱に掲げた臨調答申は、各省の割拠主義傾向が地方にまで浸透していることについても問題視していたのである（小早川 1999b:74）。

全国知事会では、臨時行政調査会の調査審議に呼応するかのように、これに先立つ 1963 年 7 月に全国知事会地方行政調査特別委員会（会長：児玉政介）を設置し、17 名の委員を委嘱して府県のあり方検討を開始していた[8]。この委員会が約 3 年間の審議・検討を経て、1966 年 10 月にとりまとめたのが「府県政白書」である。翌年刊行された『府県政白書』（全国知事会 1967）は、府県の機能、府県の区域や知事公選制度など全 14 章で構成され、そのうち「地域総合行政と府県」については 1 章分を割いている。

その中で、府県の機能は「国と地方との中間にあって地域内の行政を、経済面、社会生活面、治安面等各分野にわたって所掌し、これを調整しつつ総合的に実施している。しかも、ただ自ら所掌する事務・事業に限らず、地域内において行われる国の行政であれ、市町村の行政であれ、あるいは他の諸々の行政主体のそれであれ、すべてを連絡し、調整して当該地域に即応するように総合的にいかすまとめ役になっている。」と記される。地域において各行政主体の連絡調整を図りながら、総合的なまとめ役を担う府県の機能を、積極的に評価する記述である。

全国知事会は、従前からの市町村の監督者たる府県の役割のみならず、地域を総合的に調整するという総合調整機能を積極的に位置づけた。府県の区域に

8　1963 年 7 月に全国知事会が発表した「地域総合行政と府県」には、「府県が積極的に総合行政を実施の例」として、地域総合開発計画の策定・推進、総合都市計画や土地・水資源の総合的な開発利用などの具体的事例が挙げられ、府県における地方総合行政の根拠が示されている。

第 3 章 「牽制・干渉」機能の定型化と地位の安定

おける行政を総合的に調整する機能を持つ主体として、その役割を積極的に打ち出し、地域開発における府県の主導権確保を目指したのである。

このように、知事による総合調整機能の発揮を示した臨調の改革意見は、各省縦割りの集権化の進行を懸念する自治省の指向性と同一のベクトル上にあった。そうした各省の割拠主義の対抗軸として登場したのが、「地域の総合行政主体」という府県の位置づけである。

ただし、ここで地域の総合行政主体と強調された府県の知事には、包括的に各省政策を指揮する権限を持つものでもなく、「個別行政」における事務処理については機関委任事務体制が現存し、各省縦割りの補助事業を枠組みに沿って実施する体制はその後も続く[9]。「制度官庁」の自治省には府県制度の枠組みの維持・改良は可能だが、地域開発政策をめぐる府県レベルでの各省との覇権争いは、現地で指揮を執る公選知事のリーダーシップに左右される。また「内務省－府県」体制とは異なり、知事の人事権をもたない自治省にとって、府県の統制には絶えず不安定性・不確実性がつきまとうことになる。それだけに自治省が府県を開発政策の一元的な管理体系に組み込む手段として、府県の総合計画が注目されることになるのである。

（3）府県の総合計画を通じた「個別行政」への干渉構想

府県の総合計画義務付けの失敗

1964 年の佐藤内閣成立に伴い、政府の開発政策の基軸はそれまでの拠点型の大規模開発や各省主導型の産業基盤整備から社会開発へと移行するが、住宅や下水道等の生活環境基盤整備にも縦割りは拡大し、各省（局）割拠型の整備計画が次々と打ち出されていく。建設省では、住宅建設計画法成立（1966 年 6 月 20 日）に伴い住宅建設 5 カ年計画を策定し、下水道についても下水道整備 5 カ年計画を策定（1967 年 6 月 21 日）するなど、公団・事業団を介した補助金交付

9　なお、高木（1979:26-27）は府県が地域の総合行政機能をある程度果たしえた要因の一つに、税収増を背景とした単独事業による補助事業の調整があったことを指摘している。

第 1 節　縦割りの開発政策に対する関与の模索

による事業実施体制が、さらに強化されていく。

　高度成長期において、各省縦割りの整備計画による施設整備の推進や自治体
の公共事業へと投入される補助金が急増する事態を、自治省は「危機に直面し
た地方自治」（久世 1967）と捉えていた。それは、それら各省の動向に迎合して
いく自治体の側にも向けられた警鐘である。過疎と過密に伴う社会問題の深刻
化を背景に、自治省は各省縦割りの補助金交付がもたらす行政投資の地域的偏
在を懸念し、「国土の均衡ある発展」という理念にもとづいて地域間格差の是正
を図るための具体策を模索し始めていた。開発にかかる行政投資の配分調整が
不可欠と認識される中でその政策ツールとして自治省が注目したのが府県の総
合計画であり、そこで構想されたのが、府県の総合計画で各省政策を統合し、
自治省－府県－市町村の計画を体系的に位置づけようとする計画による関与の
体系化であった。

　府県の総合計画に対する「地方自治の責任部局」の関与は、終戦直後に行わ
れた内務省による策定指導はあった（全国知事会 1990：10）ものの、その後は積
極的な指導が行なわれることはなく、策定は府県の任意とされていた。それで
も、戦後復興期における国土総合開発法の制定や 1963 年の全国総合開発計画の
策定などを睨んで府県の計画策定が活発化した [10] こと、また工場誘致にあたっ
て県の経済計画（県勢計画）を必要とした府県も少なくなかったことなどから、
1966 年時点で、徳島県以外のすべての府県が開発経営のための長期総合計画を
策定していた（全国知事会 1967：245-246）。

　ただしその中身については、中央の各省が個別政策分野ごとに策定した整備
計画や、近畿圏、中部圏などの圏域を単位とする開発計画を上位計画に位置づけ、
縦割りの事業計画を総花的にまとめる形のものが大半を占めていた。当時の府
県計画については「欠乏を訴える計画」（西尾 1990：238-239）との指摘もあるよ
うに、その大半が国に対する財政措置の要求根拠として活用されているという
実態にあった。そこで自治省は、この総合計画を活用して府県レベルで各省政

10　全国知事会（1990）には、全総の策定前後に府県の総合計画策定件数が増加しているとして全総
　　による触発効果があったことについての言及がある。

121

策の総合化を図り、市町村レベルの総合計画も体系的な関連計画に位置づけることによって、府県の総合計画の策定段階から各省縦割の補助事業に介入しうる手段の確得をめざしていく。各省補助金の配分に関与することで地域間格差の是正を図り、「国土の均衡ある発展」をめざす体制づくりである。

　自治省はその手始めに、市町村計画をめぐる諸問題を検討するとして、1965年7月に財団法人国土計画協会に調査研究を委託し、1966年3月にその調査報告書として「市町村計画策定方法研究報告」を公表した。本来の調査研究目的は、府県の総合計画の法制化にあったはずだが、自治省ではその問題を直接の調査研究対象とせず、府県による市町村総合計画策定への関与を問題認識として掲げていた。そこでは、府県が県勢振興計画で取り上げた事業を市町村単位で具体化を図るために、市町村計画の策定に対する行政指導を行っている、という府県の市町村に対する監督・統制に着目した調査が実施されている。

　それにより1969年の地方自治法改正は、自治体行政の総合化とマネジメント機能を強化するとして、市町村の基本構想策定を義務づけるにとどまった。それは「タテ割りの浸透度が弱い基礎自治体に関してのみ法制化が可能だった」（西尾2001：17）ためで、各省縦割りの補助金を府県知事が一元的に管理・統合を図るという構想は、各省の頑強な壁に阻まれていた。各省縦割りで進行する開発政策を自治省－府県－市町村のラインに結束するため、府県の総合計画策定の法制化をめざした自治省の構想は、各省の強力な抵抗を受け頓挫し、市町村レベルの基本構想策定のみを義務付ける地方自治法改正に帰結していたのである。

　過疎地域限定の総合調整システム

　府県の総合計画を介した開発計画の体系化は挫折した一方、過疎地域における振興施策を定めた過疎地域緊急措置法では、自治省－府県－市町村のラインで計画の体系化が図られている。過疎地域緊急措置法は、高度成長期に過疎と過密問題が深刻化する中、過疎地域からの強い要請を受け、議員立法により1970年に制定された。当初は、自治省の所管法としてスタートした同法には財政上の特別措置も組み込まれており、地方行財政が一体的に運用されるしくみでもあった。

この法律では、知事が策定する振興方針に基づき市町村が振興計画を策定する。知事が自治大臣と協議のうえ、過疎地域振興方針を定めることとされており、市町村は知事が定めた振興方針に基づき、市町村過疎地域振興計画を議会の議決を経て策定する。知事が定める振興方針には、過疎地域の振興に関する基本事項のほか、過疎地域の交通通信体系の整備、教育・文化施設の整備、生活環境施設や厚生施設の整備、医療の確保、産業の振興、集落の整備の事項が含まれており、各省が所管する社会基盤整備をほぼ網羅する内容となっていた。

また、過疎地域に対する振興施策の大綱と位置づけられた振興指針では、市町村過疎地域振興計画の策定基準として、目標等を可能な限り具体的に表すことを求め、市町村計画・府県計画と国の施策ないし国庫補助金交付との整合性を保つことも予定されていた（片山 1970：121）。指針には、知事から事前協議を受けた自治大臣と各行政機関の長との協議手続きも含まれており、自治省は市町村計画の策定前から各省との調整・協議に関わるしくみとなっていたのである。

つまり過疎地域緊急措置法には、府県の総合計画の法制化で自治省が目指していた「計画による行政投資の総合調整」が組み込まれている。過疎地域の振興施策に限っては、自治大臣への協議により計画への関与手段が確保され、自治大臣－知事－市町村の系列化が図られている。過疎地域緊急措置法は対象を過疎地域に限定されるが、対象地域の条件設定は自治省が行う。各省縦割りの府県に対する補助金配分過程に自治省が関与するという、いわば伝統的な内務省モデルともいうべき国からの財源配分調整に「地方自治の責任部局」が関与するシステムが、過疎地域の限定つきとはいえ形成されたことになる。特定地域については、自治省が開発計画全体をカバーし、干渉可能なしくみが整備されたのである。

なお後述するように、過疎地域緊急措置法の所管は 1974 年 6 月の国土庁設置に伴い、国土庁へと移行するが、その際に、自治省はこの法律の所管局となる地方振興局のポストを局長以下の出向先として確保し、関与の体制を実質的に維持していくことになる。

第2節　地方自治と国土政策の一元化構想

（1）組織統合による内政省構想の頓挫

　自治省が高度成長期に進行した各省縦割りの開発政策に対し、積極的に関与を求めていった背景には、戦後の内務省解体で分離された旧土木局（内務省解体時は国土局、この時点では建設省）との統合を志向する旧地方局官僚の「内政」観が、無視しえない事実として浮かび上がってくる。内務省解体後の内政の姿が、彼らの求める「あるべき姿」と遠ざかっている、という旧地方局官僚の問題認識である。

　それを象徴する見解が、自治庁行政課長時代の岸昌（1958：44-46）が1958年に発表した論説「内政の確立と地方行政」に記されている。岸によれば内政とは「国内行政から国家の存立維持のための直接必要な行政及び専売、郵便、鉄道等の事業を除いたもの」との定義で、内政の効果は「究極においては、国民の大多数の最大幸福を実現すること」にある。「内政が効果をあげる」ためには、「地方の特殊性、多様性の中に埋没することなく、特殊性を通じて普遍性を、多様性を通じて普遍の水準を一貫して実現するものでなければならない」とする。内政における国民の幸福実現の効果を示すものとして普遍性、ないし普遍の水準という考え方が提示されていることが特徴的である。

　また、内政の「重要任務」として「過大都市を抑制し、さらには人口を地方へ分散させて、国内の均衡ある文化的、社会的、経済的発展を確保すること」が掲げられ（岸1958：55）、「国土の均衡ある発展」こそが、内政のあるべき姿として表現される。さらには、そのような内政のあるべき姿を実現するために組織や運営を改めることが「内政の確立」と説明される。内務官僚経験のある岸のこうした問題認識は、自治庁が「省への昇格」をめざす中で登場した「内

政省構想」に通じる考え方であった。

旧内務官僚の「宿願」とも称される内政省構想は、第三次鳩山内閣が設置した行政審議会に 1955 年 12 月 27 日付で諮問された「現行行政制度の改革」に対する答申の中で提起されたものである。1956 年 2 月 23 日の行政審議会答申には「内政省案」と「自治省案」という 2 つの省の組織案が示されている。

答申は、「地方行政は、国家の行政の中で重要な地位を占めているにもかかわらず、その機構がこれまで一外局として弱い形で残されてきたのは、占領政策の行き過ぎと断ぜざるを得ない」として、地方行政を担当する行政機構の脆弱性を指摘した。その上で、「地方行政機構の強化」の観点から、第一の案として「建設省（首都建設委員会を含む）と統合して『内政省』を新設する」という内政省案を、第二の案として「自治庁の権限を強化してこれを省に昇格する。この際建設省の都市計画部局、首都建設委員会及び南方連絡事務局をこれに統合する」という自治省案を示したのである（小早川 1999a:508-510）。

前者の、建設省と自治庁との統合により新たに内政省を設置しようとする「内政省案」は、旧警保局に相当する組織は含まれていないが、内務省解体当時の旧国土局（土木局）と旧地方局を併せた組織体制と重なる部分がある。後者は、「地方自治の責任部局」に建設省の計画部門を統合させる形の「自治省」案である。いずれも、都市の計画部門と地方自治部門を一体的に担当する省を設置する内容は共通した。第三次行政審議会の答申を受け、同年 3 月 30 日に閣議決定された第一次行政機構改革要綱（行政管理庁管理部 1957:37）では、前者の内政省案が採用され、内政省設置法案の作成がすすめられている。

法案では、内政省の設置目的を「国土の総合的な保全及び開発並びに地方自治の健全な発達をはかる」こととしていた。その理由は、「国土の保全及び開発に関する事業の大半」が「地方公共団体によって行われて」いるため、その実効性の確保には「地方公共団体の行財政の運営とこれらの事業に関する計画及び実施を可及的に、一元的に処理する機構を設ける必要がある」というものである。自治庁は、「国土の総合的な保全及び開発」と「地方自治の健全な発達を図る」という目的を結び付けることによって、「国政と地方自治の調整、内政の

第 3 章　「牽制・干渉」機能の定型化と地位の安定

総合的かつ能率的な運営の確保に寄与するものとなること」を期待し、国土総合計画のみならず建設省の所管する都市計画も含めた開発計画と地方自治との一体的な運用を予定していた（佐久間 1956 b：84-85）。

　なおここでは、北海道開発庁と首都圏整備委員会が内政省の「外局」に位置づけられていたが、4 月 26 日に国会へと提出された内政省設置法案では、外局の北海道開発庁は削除され、これに代わり「経済企画庁の国土総合開発に関する事務の一部及び国土調査に関するもの」が「任務」に挿入されている。国土の開発及び保全に関する機関の統合をめざしていた建設省が「国土総合開発に関する事務」を移管することを切望し、内務省国土局で国土計画を所管していた経緯からか、自治庁もこれを支持した。しかし、経済企画庁の強硬な反対があり、国土総合開発に関する事務は分割される形で法案化に至った（佐久間 1956a:30-31）。こうして経済企画庁開発部が国土総合政策の根幹に関わる企画立案権をもち、内政省は道府県総合開発計画や地方総合開発計画等の地域単位の開発計画に関する事務を所掌する[11]、という両者の役割分担で法案が作成されている。

　このように内政省構想については、国土開発に関する事務を一括して所管することをめざした建設省と自治庁との利益が共通する面もある一方、建設省内で特に技術官僚サイドに「行政が技術を指導した時代」への逆戻りに対する危惧もあった[12]。また、全国知事会会長からも、旧内務省の復活や中央集権の強化への懸念から、統合対象となる部局について検討の余地があるとの意見が示されるなど、その実現に向けた道のりは必ずしも平たんではなかった。

　そうした状況下で国会提出された内政省設置法案は、小選挙区法案をめぐる国会の混乱と自民党内での反対も受け、国会審議をほとんど経ることなく 6 月 3 日付で継続扱いとされると、国会審議がほとんど行われないままに約 2 年が経過し、1958（昭和 33）年 3 月 6 日をもって撤回が決定されるに至っている[13]。

11　「資料 3 国土総合開発関係の事務移管に関する経済企画庁長官と自治庁長官との申合」（1956.4.9）行政管理庁管理部（1957:38）。
12　「"内政省登場"まだ発育不良」『日本経済新聞』1956 年 4 月 1 日。長野（2004:129）。
13　内政省設置法案をめぐる経過については、稲垣（2015）「第 2 章戦後内政の再『統合』と局部組織制度」で詳しく論じられている。

第2節　地方自治と国土政策の一元化構想

　旧内務省に系譜を有する自治官僚がめざした、組織統合による地方自治と国土政策の一元化構想、すなわち「内政の確立」という彼らの最善の道はここで行く手を阻まれたのである。しかし、法案の撤回と引きかえに自治庁は官房長の職を獲得することになる。また、翌年の行政審議会に「地方自治」を単独で所管する自治省への昇格への道筋は示されるが、その実現への道のりは、そこからさらに約1年の歳月を要することになるのである（小林 1960:12-15）。

（2）「地方振興」からの干渉体制の形成

　ところが内政省構想の頓挫は、地方自治と国土開発計画との一体的運用を図るべきとする自治官僚の関心を希薄化させるものではなかった。自治省発足後の1962年に全国総合開発計画がスタートとすると、国土政策という観点から土地利用政策への関心を寄せていた宮沢弘（自治省官房長：当時）を中心とするグループが、土地利用研究会を発足させ[14]、旧内務省人脈を通じ建設官僚とも意見交換を行いながら[15]、所管を超えた政策課題に対する取り組みを進めていく。

　宮沢らは1965年11月に「土地利用計画の提唱」を発表し、1966年には、各省の土地利用政策を統合する計画が必要という観点から、農地や都市計画の一元化や、土地利用規制も含めた「土地利用基本計画法案要綱」を提案しているが、同時に、土地利用に関する事務を総合的に所管する国土利用計画庁を総理府の外局に設置する案も示している。彼らの関心は土地利用政策の所管組織のあり方にも及んでいた。

　土地利用研究会による提案内容をより深化させた形で出版された『新国土計画論』（宮沢 1968）では、国土計画に関わる組織の提案がより鮮明となる。そこには、「国土計画を中心として、国の各省相互間および国と地方との間の政策調整を担当させるべき新たな中央行政機構」が必要であるとし、自治省が果たして

14　この研究会のメンバーに久世公堯、武村正義、小寺弘之らがいる（御厨／飯尾 2007: 125-126）。
15　当時、経済企画庁課長補佐だった下河辺淳は、宮沢弘や久世公堯らと土地利用規制に関する勉強を進めていたことを述懐している（下河辺 1994:132-133）。

第3章　「牽制・干渉」機能の定型化と地位の安定

いる地方行財政の企画・立案と地方に対する指導・調整機能と一体化して「国土・地方行政省」を設置すべきとの提言が示されているのである（宮沢 1968：275-278）。この構想自体を自治省が法案として登場させることはなかったものの[16]、のちの国土庁発足時に自治省は、地方振興局を出向ポストとして、支局的な位置づけで獲得している。この宮沢らによる行政機構構想の存在が、新組織に関わる自治省の正当性をアピールしたことは明らかであろう。

　1972 年に田中内閣が誕生し、経済企画庁を中心に国土総合開発法の改正と国土総合開発庁の設置準備がスタートしたが、政府提案の「国土総合開発法」は廃案となった。それに代わり議員提案の「国土利用計画法」が 1974（昭和 49）年 5 月 27 日に可決成立している。同時に、国土に関する行政を総合的に推進するための組織として総理府の外局に設置されたのが、国土庁である。国土利用計画を策定し、地価暴騰を抑制することが国土庁には期待されていた（小林 1974：13-14）。

　6 月 26 日に発足した国土庁は、長官官房のほか 5 局、23 課、3 室が置かれ、436 人の定員（1974 年度予算）のうち 336 人が経済企画庁や建設省などの関係各省庁からの事務移管に伴う移し替えで、いわば「寄せ集め」の官庁（清水 1974：41-46）であった。国土庁創設当初から地方振興局の局長ポストは自治官僚が占めており、以来、2001 年 1 月の中央省庁再編までこの出向ポストを占有し続けることになる[17]。ちなみに、総務省発足時に国土庁が所管していたこれらの事務は吸収され、国土交通省や農林水産省との共管扱いになっている。

　地方振興局は、「地方における都市及び農山漁村の整備に関する総合的、基本

16　宮沢氏は当時の様子を次のように語る。「我々が土地利用計画について研究会をつくって案を出そうとしたのは、別に私どもはそれをもって自治省がこういう立法とすべきということではなかったのです。（中略）我々はプライベートな案としてそれを出したわけです。それをどこかの役所が単独で或いは共同して取り上げて法案にしてくれればそれでいいということだったのです。（中略）農水省や、建設省にも友達もたくさんいましたから、そういう友達との間では、私的ではあっても比較的自由に議論ができた。だけれども、自治省の当時の首脳部の考え方から言えば、そういうことで一石を投じると、また自治省が自分の権限や守備範囲を拡大しているようにとられはしないかということで、多少ハラハラしていた向きがあったと思います」（本間 1994: 312-314）。

17　初代局長の近藤隆之（S23 年採用）、2 代目土屋佳照（S24 年採用）は、のちに自治省事務次官となった。その後の佐藤順一（S25 年採用）、四柳修（S26 年採用）、柴田啓次（S28 年採用）、川俣芳郎（S29 年採用）、田中曉（S30 年採用）などは、いずれも地方振興局長で退官している（秦 2001：492）。

128

第2節　地方自治と国土政策の一元化構想

的な政策を企画立案、推進」することとされ、また従来は各省で所管していた
地域振興に関する事務を統合して一元的に処理することとなった。代表的な所
管法としては、各ブロックの開発促進法や低開発地域工業開発促進法、新産業
都市建設促進法、工業整備特別地域整備促進法などが挙げられる。既述の過疎
地域緊急措置法も地方振興局の所管法と位置づけられた。

　他方で、国土政策と地方自治は「密接不可離」な関係にあると主張してきた
自治省（久世1977）には、国土庁設置前年の1973年に大臣官房地域政策課が発
足している。国土政策は、地方自治を尊重して進めるべきとのスタンスに立つ
自治省は、「地域政策」という新領域を立ち上げ国土庁の地方振興策に干渉しう
る足場を着実に築いていたことになる。

　ただし、そうした自治省の地域政策が活発となるのは、1977年11月に大平
内閣で閣議決定された第三次全国総合開発計画（三全総）への対応からである。
国土庁主導で策定された三全総は、人間居住環境整備を目標に掲げ、「定住構想」
を実現するため、新しい生活圏を確立するとして、雇用の場の確保や住宅及び
生活関連施設の整備等をすすめるという方針を示した。自治省では、この新し
い生活圏（定住圏）に呼応する形で、広域市町村圏の新たな展開を予定し、大
都市圏にも対象地域を拡大した「大都市周辺地域広域行政圏」（新広域市町村圏）
構想を打ち出していく。

　これにより地域開発への対応から生じた地域格差の是正という枠を超え、地
域政策という名目により大都市周辺地域もカバーすることが可能となった。自
治省は国策としての全総を積極的に活用し、各省「個別行政」に対する関与の
領域を拡大させていくことになる。それを両輪となって支えるのが、地方交付
税特別会計の借入と地方債の発行枠拡大といった地方財政のマクロな運営体制
の転換である。この地方財政の動きは、小括で言及する。次節ではまず、地域
格差の是正に関わる地方財政の展開から検討していく。

第3節　地方財政を通じた「牽制・干渉」体制の確立

（1）後進地域に対する財政措置

　ところで、自治省が地域格差の是正という観点からすすめようとした各省個別行政への干渉には、自治体の事業推進を裏付ける財源対策が不可欠となる。その財政措置、すなわち地方財政の側面から各省補助金等との調整が積極的に図られるようになったことも、自治省がこの時期に各省個別行政に対する「牽制・干渉」機能を活性化していった要因の一つである。

　自治省が発足した1960年は、11月に首相諮問機関の経済審議会から池田首相あて「所得倍増計画」が答申され、第2次池田内閣発足後の12月27日には、後進地域の開発促進や産業の適正配置推進、さらに地域間格差の是正に資する公共投資等を基調とした「国民所得倍増計画」が閣議決定されている。これに呼応して各省が積極的に地域開発政策を競い、1961年には低開発地域工業開発促進法の制定、1962年には新産業都市建設促進法の制定や全国総合開発計画の策定が続く。その前後には、議員提案による地方圏ブロックの開発推進法や大都市圏の整備法など、地域開発関連の法整備も相次ぎ、それら拠点開発方式による地域開発政策は、各地の地域指定競争を激化させていく。

　そうした開発補助金の獲得競争に対し、「国土の均衡ある発展」をモットーとする自治省では、新産業都市のような指定を受けた地域を「恵まれた後進地域」と区別し、指定を受けられなかった開発拠点や辺地、離島等の後進地域における開発の遅れと財政負担等に関する問題認識を高めていた（砂子田 1963：50）。その解決策の一つとして登場したのが、財政力のない後進地域の公共事業に対し国の補助率を高めるという、「地域格差の是正」を目的とした補助率嵩上げ等の措置である。1961年成立の「後進地域の開発に関する公共事業にかかる国の

負担割合の特例に関する法律」で導入された、自治体の負担力に応じ国庫補助負担率を嵩上げするというしくみは、当時の財政局長奥野誠亮が税務部長時代に提唱していた方式であった。奥野（1956：5）は法制化の約5年前の論議で、後進地域では地元の負担力がなく多数の事業経費を一度に分担できないために公共事業の重点施行が妨げられていること、そしてそれが結果として総花的な補助金配分につながっているという問題点を指摘していたのである。

さらに1965年5月に制定された「新産業都市建設及び工業整備特別地域整備のための国の財政上の特例措置に関する法律」では、事業費の増大に伴う国庫負担率の嵩上げも実現させる（柴田1975：294）など、自治省は開発に伴う自治体の財政負担を緩和する手立てを次々に講じていく。

その手立ては、補助金の運用にとどまらず、地方債にも拡大した。1961年にスタートした後進地域の国庫補助負担率の嵩上げは、公共事業の国の負担率を嵩上げする形で、負担率に限定した財源対策であったが、翌1962年に法制化された「辺地に係る公共的施設の総合整備のための財政上の特別措置に関する法律」では、地方債の元利償還金を基準財政需要額に含め地方交付税で手当てをするという、地方債と地方交付税制度を接続させた新しい財政措置が講じられるようになった（奥野1956：137、柴田1975：301）。具体的には市町村が自治大臣に提出した総合整備計画に基づいて実施する公共施設の整備については「辺地事業債」を財源とすることを認め、その元利償還金を基準財政需要額に算入するという方策が導入されている（藤田1978：474）。

（2）地方債の資金対策と金融業務への参入

新たな財政手法は、地方債の資金対策にも影響をもたらした。1962年には地方債計画の基本方針に大規模な建設事業債の確保が位置づけられ、地域開発に伴う地方債が増発されていくようになる。それは、地方債の元利償還金を地方交付税で手当てするという後進地域への財源措置が始まった翌年のことであった。地方債の積極活用に伴い自治省は、地方債の原資をいかに確保するのかと

第3章 「牽制・干渉」機能の定型化と地位の安定

いう次なる問題を抱えていったのである。

　高度成長期は、かつて政府資金にほとんど依存していた地方債の資金源において民間資金の比重が高まるとともに、起債条件が悪化する事態を招来していた。1964年には地方債課の再編に伴い地方債資金の事務を担当する人員が配置され、「大蔵省の理財局兼銀行局の地方版的な状況把握をし」ながら、こうした問題への対処をすすめる体制がスタートしている[18]。

　さらにオイルショック後の自治省は、独自の地方債資金源獲得にも乗り出していく。1975年度補正予算の段階で、政府資金の原資の状況が厳しくなることを予想して、中長期的な視点から方策の検討を始めている（松本1978：54-57）。制度的に地方債資金対策を講じる必要に迫られる中で登場したのが「地方団体金融公庫（仮称）」の設立構想である。自治省は、1976年に公営企業金融公庫の地方団体金融公庫への改組を地方財政対策の最重点施策と位置づけたが、大蔵省の抵抗が強く、その実現には至らなかった。

　しかし1978年になると、1957年の設立以来地方公営企業向けの長期貸付を基本業務としてきた公営企業金融公庫は普通会計事業への融資を行うことが認められ、業務は拡大していく。この業務拡大は、政治の後押しで実現した。1977年の第17次地方制度調査会「地方行財政に関する当面の措置についての答申」（1977年12月16日）には、「地方公共団体に代わって資金の一部を調達し、長期かつ低利の金利を融通できるように、現在の公営企業金融公庫を地方団体金融公庫（仮称）に改組すべきである」との内容が示されていたものの、地方財政対策の大蔵・自治大臣の折衝では決着がつかず、自民党三役による調整の「落としどころ」として帰結したのである（石原1996 b：133）。

　こうして自治省は、普通会計事業における地方債の資金計画についても一定の裁量権を確保することとなり、地方交付税と地方債の接続に加え、国庫補助金の裏負担も併せトータルで地方財政運営を図る体制を確立していくのである。

18　この体制整備は、地方公営企業の再建のため公営企業関係の地方債事務を公営企業課に移管する組織改正と同時に行われた（柴田1975: 342-343）。

(3) 地方財政の自律的・長期的運用と内需拡大への貢献

　以上のような自治省の財政面からの「牽制・干渉」機能の発揮を下支えしていたのは、高度成長と共に肥大化した地方財源である。1954 年に導入された国税３税の一定割合を総額とした地方交付税制度は、地域開発の時代に高度成長に伴う右肩上がりの税収増と連動し、地方財政規模を急速に拡大していた。1966年には交付税率が国税３税の 29.5% から 32% へと引き上げられ、1969 年には蔵相が国会答弁で「地方交付税は地方固有の財源であり、地方の自主財源である」と認めた発言もあり（現代地方自治全集編集委員会 1979：454）、地方交付税は自治省が抱える財源として容認されるに至っていた。

　国の財政から地方財政の実質的な自立を獲得した自治省は、地方財政の長期的運用にも着手していく。1973 年のオイルショックを契機とする税収の落ち込みは国家財政を直撃すると同時に、地方財政にも交付税総額の大幅減という影響をもたらした。そこで、1975 年度予算においては、国税３税の減収に伴う地方交付税の減額分を地方交付税特別会計の長期借り入れ（資金運用部）で補填し、地方税の減収分については地方債（財源不足対策債）の発行によって補填するという地方財政対策を講じた。

　さらに国家財政の悪化に伴い、「地方財源保障機能の巨大化」を背景に「内需拡大という国家的要請に地方財政が協力を求められ」（矢野 2005：22）ていくようになる。交付税総額が大きくなり「国の財政を動かすほどの地位」を獲得していたこと、また「状況に応じて機動的に対応できる財源保障機能」、つまり「交付税のシステムとして、国庫補助金と地方債で地方財政を調整するという、弾力的な運営が可能」とされたことがその理由に挙がる（矢野 2005：21）。国債依存率が高まった国家財政の立て直しには、もはや地方財政による景気対策や内需拡大への協力が不可欠な状態となっていたのである。

　それが顕著となるのは、第三次全国総合開発計画が策定された 1977 年度の予

第3章 「牽制・干渉」機能の定型化と地位の安定

算[19]である。1977年4月19日に「公共事業等の事業施行の促進について」の閣議決定に続き、大蔵大臣を本部長とし、自治事務次官を副部長とする公共事業等施行推進本部が設置され、自治事務次官名で各都道府県知事宛、公共事業施行促進の協力依頼が発せられた。

　ついで1978年度に自治省では「地域総合整備事業」を開始し、広域市町村圏における総合的整備のための根幹的事業として知事が認めた事業に対し起債措置を講ずることとした（丸山1977：48-49）。同時に1974年に整備された複合的一部事務組合制度の活用を促進することで、広域市町村圏に公共投資の受け皿としての機能を追加していったのである[20]。地方に対する政府の財政支援事業に呼応し起債措置を講じるという自治省の地域振興策は、三全総を契機に大都市部にも対象を拡大し、全国的な運用が図られていく。このような地方財政の国家財政への協力体制が定式化される中で、地方交付税制度は「借入自体が構造化」し[21]、さらには地方債の元利償還金を地方交付税で賄うというしくみも恒常化していくことになる。

　こうした地方財政のマクロ的な運用は、自治官僚の非公式な組織による研究活動に裏打ちされたものである。自治省は1973年7月、所管法人の財団法人地方自治協会に「長期地方財政研究委員会」を設置し、地方財政の歳入歳出に関するマクロモデルの開発と、長期的な観点に立った今後の地方財政における投資可能額の予測等への取り組みをスタートさせていた（石原1976：133）。この研

19　これに先立つ1977年度の地方財政対策で自治省は、地方財源不足を補てんするため地方交付税の5％引き上げと特別会計による国債発行等を要求していたが、国の財政が苦境に立つ中、大蔵省は、恒久的な制度である交付税率の引き上げを受け入れなかった。そこで、実際の財源不足対策は、2兆700億円の財源不足のうち公共事業の裏負担分として1兆350億円を地方債の増発で補填し、残りの1兆350億円を地方交付税の増額措置で対応する形で調整が図られた。ただし、実質的には一般会計からの繰り入れ分の臨時地方特例交付金は950億円にとどめられ、9,400億円は交付税特別会計が資金運用部から借り入れるという措置が講じられている。ここでも一般会計の歳出抑制を交付税特別会計の債務負担でカバーするという手法が採られていた。

20　1979年4月17日自治振第22号自治事務次官通達「広域市町村圏等の振興整備について」別紙「新広域市町村圏計画策定要綱」

21　「地方交付税の財源保障システムの機能的増大も踏まえて、昭和50年代の安定成長への方策として顕著となったのが、交付税原始の借入、交付税特別会計借入金の増大です。（中略）50年度から58年度にわたる借入を見ますと、ほとんどが1兆円を超える巨額の借入となり、期間も長期的になって、いわば借入自体が構造化してしまったといえます。」（矢野2005: 22）。

134

第3節 地方財政を通じた「牽制・干渉」体制の確立

究会が1975年8月に発表した中間報告では、国民総生産と国民所得の推移を「安定成長型」と「低成長型」の2つに想定し、それぞれ10年間の地方財政規模の推移を見込んで各種施設整備のための投資可能額を示した。加えて、政府が策定した各種長期計画における整備目標水準を達成するためには財源不足が生じるとして、租税負担率アップの必要性にも言及している（石原1976：133-138）。

　経済情勢の悪化を契機に、財政運営を長期的にコントロールしようとする自治省の動きは、次第に顕著になっていく。1976年2月には地方財政収支試算を国会に提出し、他方で経済企画庁への出向経験をもつ自治官僚の鈴木慶明[22]が同じ年に発表した論考（鈴木1976）で「地方財政の長期見通しと国家財政との有機的関連」を論じるなど、この頃から自治省財政局が、国家財政との関係で長期的展望に立って地方財政を計画・運営するという姿勢を強くアピールし始めるのである。

22　鈴木は1972～74年に経済企画庁財政金融課課長補佐を務めている。

小括　戦後官僚による地方行財政の一体化

　地方財政が自律的・長期的な運用の時期へと入った頃には、戦後採用の自治官僚が自治省の舵取り役を務める立場となっていた。1972年から73年は、内務省最後の文官高等試験で採用された[23]松浦功、首藤堯（いずれも1947年4月採用）と林忠雄（1947年12月採用）が局長級に登用され始めた時期である（秦2001：364-371，555）。いわば戦後官僚が省内の中枢を担い始めたことと連動するかのように、地方財政を積極的に運用する動きが顕著となっているのは、タイミングの重なりとして極めて興味深い。占領期から「地方財源の安定的な確保」をめざし繰り返された大蔵省との攻防を目の当たりにしつつ、採用直後からその政策理念が染みついた自治官僚が意思決定を担い始めたこの時期に、国家財政に貢献するほどの「地方財政の自律的・長期的な運用」という新たな政策スタイルが定着していったことは、まさに「内務省地方局」からの「地方自治の責任部局」の「再制度化」が図られたことを物語る事象である。

　また、その組織変容に目を転じれば、1974年7月には自治省財政局に、各省から法令や長期計画に関する協議を受ける独立の課として調整室が設置されている（石原1996a：93）。調整室は、自治体の負担を伴う法令や経費見積もりに対して、意見申し出をすることを主たる業務として発足後、各省の翌年度の概算要求の前後で申し入れを行う、いわゆる「地方財政措置」の役割を担いながら地位を確立していく（秋田1994：26-27,34）。地方財政の観点から、各省個別行政に対し事前に申し入れを行うという「攻め」の体制が整備され、財政調整を通じた「個別行政」への関与がシステム化された。これは田辺（1992）が指摘した「政策間調整」の側面である。

　高度成長の時代に自治省が前面に打ち出していった、「国土の均衡ある発展」のために地方自治と国土政策を一体的に運用すべきという政策理念は、霞が関

23　内務省が解体された1947年は、本来年明けの1948年に採用される組を12月中に採用している。この時の人事課長は鈴木俊一である（鈴木1999:122-123）。

において各省個別行政に対し自治省が「牽制・干渉」を行うことに大義名分を
与えた。「地域格差の是正」という観点から、初めは「後進地域」に限定した「地
方振興」政策の対象空間は徐々に拡大し、三全総で「定住圏構想」理念が打ち
出されると、これに呼応して大都市圏域もその対象に含まれていった。

　さらにその勢いは、地方経済対策への広がりも見せ始める。1978年は長期化
する不況の下で景気が停滞した。地域経済が特定の企業に大きく依存していた
地域では、企業倒産や事務所の閉鎖等により、中小企業や雇用の安定が喫緊の
課題とされ、特定不況地域対策の関連法や補正予算が9月の臨時国会で成立し
た。この年の夏に自治省官房企画室が「特定不況地域対策」の独自の法案と補
助金制度を発表したことは、通産省（当時）との「覇権争い」や、自治省の「経
済官庁志向」とも揶揄され、エピソード的に語られている（田原1980：52-63）。

　ここで中小企業庁倒産対策室が担当していた「特定不況地域中小企業対策臨
時措置法案」（「企業城下町法」とも称される。）が、国の指定した特定不況地域
の認定中小企業者に対する緊急融資や税の減免等を中心とするもの（山口1978：
120-122）であるのに対し、自治省の案は地域産業の振興という観点から、都道
府県が不況地域の市町村と協力し、かつ国と協議のうえ、総合的な地域経済振
興計画を策定するという特徴を持つものである。自治体が行う「特定不況地域
対策」に対しては、補助金による財政措置を行うことも予定されていた。

　当然のことながら、この提案は通産省の強い抵抗を受け、結果として法案化
に至ることはなかったが、この年の11月24日に自治省は「特定不況地域振興
総合対策実施方針」を定め、構造的な不況に陥った地域の経済振興対策を推進
するとして、地方債と特別交付税を活用した財政措置をスタートさせている。
翌1979年にはそれを「新しい地方行政の分野として開発していく」ことも表明
され（木村1979：68）、財政面からも裏打ちされた「地域経済振興」は、通産
省や労働省の所管行政を牽制する政策領域となり、新たに自治体の役割として
整えられていくのである。

　このように自治省は「地域政策」や「地域経済振興」という自治体の新たな
政策領域を創出し、それにより自治体の行財政を管理するという側面から各省

第3章 「牽制・干渉」機能の定型化と地位の安定

個別行政に対する網をかけていった。加えて、個別行政に対する財政面からの調整を交付税制度を通じて定型化することにより、地方行財政を一体的に運用し各省の個別行政への「牽制・干渉」する立場を安定化させたのである。

　こうして、中央レベルで「地方自治の責任部局」の戦後体制を確立した自治省は、変動期へと突入し始めた地方自治の現場にも積極的に出動を果たしていくようになる。

第4章

３機能の転回局面と組織目的の変容

第 4 章　 3 機能の転回局面と組織目的の変容

はじめに

　第 4 章では、自治省の霞が関における地位が安定化した 1970 年代から、自
治体による独自政策が活発化した、いわゆる「地方の時代」までの展開を取り
上げる。この時期は、オイルショック後の低成長期へと突入しており、国政課
題としては行政改革が登場してくる。その中で、ここまでみてきたような自治
省の特徴的な「代弁・擁護」「監督・統制」「牽制・干渉」の 3 つの機能特性が、
まるで組織内で代謝が図られるかのように順次発揮されていく局面が特徴的に
看取できる。そこで、局面の転回以前に生じた事象の観察を通じて、それぞれ
の機能が活性化し始める環境条件の考察を試みてみたい。

　前章で見てきたように、高度成長・安定成長の時代において自治省は、「国土
の均衡ある発展」というスローガンを掲げ、伝統的な後見的地方自治観に立脚
して後進地域の「代弁・擁護」の必要性を主張し、各省個別行政に対する「牽制・
干渉」機能を積極的に発揮した。自治省にはそれが自治庁時代に形成されたと
されるパターナリズム (steiner1965:308) や自治体の保護者的立場（和田 1980:99）
といった指摘もあるように、自治体が擁護されるべき状態にあることが霞が関
における「牽制・干渉」機能の発揮を正当化する根拠となる。ところが 1970 年
代に入ると大都市部を中心に、そのような自治省の役割を不要とするかのよう
な自治体の動向が目立つようになる。1960 年代半ば頃から、横浜市の飛鳥田一
郎市長や東京都の美濃部亮吉知事に代表されるような革新政党を支持推薦母体
とする「革新首長」が登場すると、各省との直接的な折衝をも厭わずに、独自
に先進的な政策展開を図り、地方自治の変動ともいうべき現象を巻き起こして
いった。しかもそれら首長の集合体（土山 2007:168-169）としての行動は、次第
に政府自民与党の政治活動・政策展開の支障にもなっていくのである。

　大都市地域で革新政党出身の首長を擁した「革新自治体」と称される勢力は、

はじめに

1960 年代半ば頃に台頭し、福祉や環境の観点から行政サービスの拡充を要請する住民ニーズに呼応した独自の政策を打ち出して、開発規制への取り組みや社会福祉施策の充実に積極的に取り組んでいった。1970 年代には、老人医療費無料化や環境影響評価といった、国に先駆けた政策を展開するなど、地方先行型の政策革新が注目を集め始める。1979 年の統一地方選挙の際には「地方の時代」というスローガンも打ち出され（佐藤 1980:43）、その後は、各地で叢生した革新自治体勢力がけん引して、地方分権をめざす動きへとつながっていく。

それら革新自治体の勢力は、自治省が予定した自治体の「代弁・擁護」の枠を超え、自ら中央省庁に対し直接的な働きかけや抵抗を試みながら先進政策を展開していった。それは自治省のレゾンデートルともいうべき「代弁・擁護」機能の必要性を打ち消す可能性をも内包した行動であり、いわば自治省の存在基盤を揺るがしかねない不安要素である。それだけ自治省には、予定枠から突出した革新自治体勢力を抑制ないし弱体化させ、「代弁・擁護」の対象となる枠内へと囲い込む必要が生じていたといえる。そうした必要から、組織で活性化したのは自治体に対する「監督・統制」機能であった。そのことは同時に内務省解体以来の悲願であった専任の大臣をおく「省」としての地位を獲得した自治省が、地方の「監督・統制」者たる「霞が関」での存在意義をアピールする絶好の機会ともなった。

こうした状況下で自治省は、革新自治体勢力を標的に定めて積極的に「監督・統制」機能を発動させ、さまざまな対策を講じていく。具体的には、まず地方制度調査会答申に「地方財政の硬直化」というフレーズを初出させる（大杉 1991：101-103）と [1]、国の基準を上回る施策展開をすすめる大都市自治体をターゲットに、自治体財政批判と「福祉見直し論」のキャンペーンを繰り広げていった。こうした動きは政府自民党との連携のもとで進行し、ついには 1979 年の統一地方選挙で、それまで革新首長を擁していた東京都と大阪府に自治官僚 OB を知事に当選させるに至った。

1　大杉覚（1991:101-103）。大杉は、「地方財政の硬直化」の用語が、大蔵省が 1966 年度の国債発行の際に用いた「財政硬直化」キャンペーン・コピーのパクリだとの指摘をしている。

第4章　3機能の転回局面と組織目的の変容

　1980年代に入ると国政課題となった「臨調・行革」の要請を後ろ盾に地方行革に着手し、対象となる自治体を拡大して「監督・統制」の機能をさらに強めていく。しかし、第二次臨時行政調査会(第二次臨調)を契機に自治体の個別指導強化が進むと、マスコミや地方自治関係者からは「行き過ぎた介入」との非難を受けることとなり、研究者からも「新々中央集権」という問題でのアピール（「政府間関係」研究集団1983）も行われるなど、自治省の「中央集権」的な行為が批判の的となっていく。援軍となるべき地方からの信頼を失いかねない状況に追い込まれた自治省が、「中央集権」批判の矛先をかわし、転じた的は中央省庁の個別行政に向けられた。中央による統制強化問題を各省縦割りの「機関委任事務」の問題に置き換えることで、各省個別行政における集権化の問題へと転嫁していったのである。そうした中でまず発揮されたのは、個別行政に対する「牽制・干渉」機能であった。手始めに対象となったのは福祉行政である。そこから第二次臨調を後継した臨時行政改革推進審議会(行革審)を活用しながら、地方の要請に即した「国地方を通じた行財政の合理化」に着手し始めることとなる。

　そこで見直しの対象となったのは、自治官僚が戦後改革以来の懸案としてきた機関委任事務や高度成長期に拡大していた補助金行政等の問題であった。自治省は自治体の行政水準が飛躍的に向上したとの認識を示しながら、革新自治体勢力がリードした「地方の時代」の趨勢を改革の推進力に転用し、国地方関係の本格的な見直しに着手していく。第二次臨調第三次答申が示した「国と地方との機能分担の合理化」の観点から、各省個別行政における国地方関係を見直すことを「錦の御旗」に掲げ、同時に自治省が干渉しうる範囲を拡大する改革を積極的に進めていくことになるのである。

　以上のような地方自治の変動期において、自治省組織に内在する3つの機能の代謝が図られるように活性化していく過程を観察しながら、各機能が活性化していくメカニズムとその環境条件を考察することが本章のねらいである。

142

第1節　革新自治体勢力に対する「監督・統制」機能の遂行

(1)　マスコミ・キャンペーンの活用と指導の正当化

ラスパイレス指数の公表と自治体財政批判

1974年度は前年のオイルショックの影響から戦後初めてのマイナス成長となった。このタイミングから自治省は、地方財政の硬直化を指摘し、自治体の合理化や減量対策に積極的に介入し始めていく。そこで槍玉に挙げたのは、大都市部における人件費の高水準問題であった。

1960年代半ばから大都市部を中心に台頭した革新自治体は、積極的に福祉政策の充実を図り、それらの担い手となる保育士やヘルパーなどの人材確保のための給与水準引き上げをすすめていた。福祉行政分野を中心とする地方公務員数の増加や、自治体独自の給与水準引き上げによる地方財政への影響を問題視していた自治省（石原1976:105）にとって、マイナス成長は人件費抑制を求める格好の機会となった。

1975年1月下旬から、大都市地域の地方公務員の給与高水準問題をターゲットにしたマスコミ各社の自治体財政批判キャンペーンが展開され、1975年4月の統一地方選挙においては給与問題が最大の争点へと位置づけられていく。この年の3月に行われたラスパイレス指数の公表が、地方公務員の給与水準が国と比べて高すぎるという実態を数字で立証したのである。地方公務員給与をラスパイレス指数で国家公務員給与と比較するという手法は、自治省に公務員部が設置された1967年当時からすでに取り入れられていた[2]。この1975年になって初めて都道府県と主要都市のラスパイレス指数公表に至ったことは、偶然の

2　初代の公務員部長は鎌田要人。鎌田は、ラスパイレス指数公表時の自治事務次官でもある。

第4章　3機能の転回局面と組織目的の変容

出来事ではなく、そこに自治省の明確な意図があったことは明らかである[3]。

　こうした動きを先導したのは財政局であった。当時東京都職員で、美濃部都知事が設置した「新財源構想研究会」の事務局を担当していた日比野登（1987：83）は、このマスコミ・キャンペーンについては自治省がデータ提供等で大きな役割を果たしていたことを指摘している。しかも、その立役者として松浦功財政局長の名前を挙げていること（日比野1987:87）は、前章で言及したように「地方自治の責任部局」の主導権が財政局へと移行していた状況を物語る。

　さらには、1975年7月23日の第16次地方制度調査会「地方財政の硬直化を是正するためにとるべき方策を中心とした地方行財政のあり方に関する答申」で「地方財政の硬直化」の用語が登場する。その重大要因として人件費の歳出決算額が地方財政計画における人件費を著しく超過していることが第1に挙げられ、節減合理化の徹底が提言されている[4]。地方制度調査会による後盾も得た自治省は、地方財政の膨張要因としての人件費問題をターゲットに、ここから革新自治体勢力への攻勢を強めていくのである。

福祉見直しの提起と革新自治体の包囲網

　他方、自治省が問題視していたもう一つのテーマとして、いわゆる「福祉の先取り」問題がある。革新自治体が積極的にすすめた保育サービスの充実や東京都の老人医療費の無料化などの福祉先進施策に対しては、低成長期に入る中で「バラマキ福祉」との批判が噴出するようになっていた。既述の第16次地方制度調査会答申で、上記の人件費の節減合理化の徹底とともに、行政サービス

3　このほか、地方自治法施行規則を改正し（1975年2月）、予算とともに議会に提出される給与費明細書についても職員一人当たりの給与費や初任給の状況などを記載する様式に改めている。
4　《第2　地方財政硬直化をめぐる問題点、1　義務的経費増大の抑制》
　「（1）人件費　ア　人件費の現状とこれに対する考え方」「近年における地方財政圧迫の重大な要因となっているのは、地方公共団体における実際の職員数及び給与水準が地方財政計画上のそれを上回っているために、人件費の歳出決算額が、地方財政計画額を著しく超過していることである。」
「特に人件費は、一旦支出されると次年度以降支出が義務付けられるばかりでなく、後年度における支出が自動的に増大していく性格を有する経費であり、従ってその増加は、
地方財政の弾力性の低下、硬直化の進行の重大な要因となるので、今後職員数、給与水準等に検討を加え、人件費の節減合理化を徹底させることが肝要である。」

について住民との役割分担の見直しが「行政守備範囲論」として提起[5]されると、自治省は、その指導の根拠となる理論構築に乗り出している。

まず、地方制度調査会答申の翌年、元自治官僚で日本下水道事業団監事の遠藤文夫（1976：33-34）が「行政限界論」を発表し、論考の冒頭で「ムード的に先取り行政がもてはやされてきた」と革新自治体による「福祉の先取り」を批判する。その中でそれらの事務に対し「行政の守備範囲を明らかにすることなしに、無定量に住民の欲求に応えようとするような風潮は、結局政府の本来果たすべき責任を閑却し、住民の徒らなる欲求不満を助長する結果となるだけ」ではないかとの懸念を示した。

その提言を引き取るかのような形で、自治官僚を中心とした調査研究活動が本格的に始動する。1977年5月に自治省の所管公益法人である財団法人日本都市センターに都市行財政研究委員会が設置され、翌1978年に出した中間報告（日本都市センター 1978）で、合理的な自治体経営のあり方として「都市経営論」を提起した。この研究会が1979年にまとめた最終報告（日本都市センター 1979）では、国による統一した指導や、制度改革の必要性にも言及されている。加えて、職員定数や給与管理の乱れをトップの政治的責任として明確化すること、全国的な基準の設定や市民への公表の義務付けなどを具体的な改善策として提起した。それは、長の財政責任問題を明確化するとともに、自治省による自治体に対する指導の正当性の裏付けとなるような内容であった。

さらにこの研究会とほぼ同時並行的に、自治省付属の自治大学校内におかれた研究機関の地方自治研究資料センターが、総理府（当時）の外郭団体である総合研究開発機構（NIRA）からの委託を受けて行った調査研究「公共サービスにおける地方自治体の役割分担と負担のあり方」の成果をまとめている。1978年3月に公表されたその内容は、2年後に改めて両者の共同編集により『都市化時代の行政哲学－公共サービスの内容と負担－』として出版されることになる

5　第3　国，都道府県及び市町村間の事務配分の見直しと行政の簡素合理化
　　3　行政サービスのあり方
　　「行政が責任を持つべき分野についての基準及びその場合における租税による負担と受益者による
　　負担とを区別するための基準を明らかにする必要がある。」

第4章　3機能の転回局面と組織目的の変容

が、当時の研究委員会メンバーには学識経験者のほか元自治官僚で、翌年の統一地方選挙で大阪府知事となる岸昌も名を連ねていた（総合研究開発機構・地方自治研究資料センター 1980）。

　自治省は、こうした外部研究機関による研究成果の発表を積み重ねながら自治体指導の論拠を固め、革新自治体を主な標的とする「監督・統制」の包囲網をじりじりと縮めていたのである。

(2)「都市経営論」の実際

政治と連携した「人事」の展開

　このように自治省が入念な下準備を踏まえて、実際に講じた「監督・統制」の手立ては、それまでとは異なる光景の政治との連携により進められていく。

　既述の「都市経営論」を提起した日本都市センターの都市行財政研究委員会は、委員長を元自治官僚で公営企業金融公庫総裁の職にあった鈴木俊一が務め、委員構成には、学識経験者や市長のほか自治省の審議官4名が含まれていた。また、専門委員の多数を自治省の各課長が占め、幹事には課長補佐が名を連ねるなど、事実上「自治官僚の研究会」として運用されていた。そのように自治省官僚機構の問題認識・改善案としてまとめられた自治体経営に関わる政策提案は、元自治官僚を首長候補として出馬させ、「落下傘人事」ともいうべき形で実現が目指されていくのである。革新自治体を主なターゲットに行われた大掛かりなマスコミ・キャンペーンは、その布石となっていた。

　ここで標的の一つとなったのは、自治省に対し「財政戦争」を挑んだ東京都である。当時の美濃部亮吉東京都知事は、都財政の危機に際し学識経験者による「新財源構想研究会」を設置して、1974年に法人事業税の超過課税を実現した。それに加えて、事務所・事業所税の創設や特別公募債の発行などの新たな財源の獲得をめざすとして、1974年12月の都議会で、これらを国に対し「要求と主張」によって戦いとることを宣言したのである（日比野 1987：64-64）。これをマスコミが「財政戦争の宣言」と大きく取り上げ、自治省を刺激した。

146

第1節　革新自治体勢力に対する「監督・統制」機能の遂行

　東京都に対する自治省の問題認識は、革新首長の拡大に脅威を感じていた政府
自民党とも利害の一致をみていた。1979 年 4 月の東京都知事選挙に、既述の都
市行財政研究委員会で委員長を務めていた鈴木俊一が出馬し、当選する。鈴木を
立候補へと直接担ぎ出したのは自民党東京都連の浜野清吾であるが、元内務省地
方局官僚の奥野誠亮や荻田保からの要請もあったことを本人が回顧している（鈴木
1999：326-329）。

　もう一つの標的は大阪府であった。同日に行われた大阪府知事選挙でも、3 期
目を目指した革新系の黒田了一知事と一騎打ちの構図で元自治官僚の岸昌が出
馬し、当選する。黒田府知事 1 期目に副知事を務めたのち、知事との衝突によ
る解任経験をもつ岸の知事当選は、「下剋上」とも揶揄される状況にあった[6]。
こうして、自らの存立基盤を揺るがしかねない勢力の抑圧に躍起となっていた
自治省は、政治との連携を図りながら、東京と大阪で目的を達成する。

OB に対する容赦なき財政圧力

　元自治官僚が知事に就任するという、いわば「自治省の落下傘人事」は、か
つて内務大臣が任命した官選知事のように、自治省が知事に対して実質的な指
揮監督権を掌握したようにも見える。知事公選制の時代にあっても、1979 年の
統一地方選挙を終えた段階では、内務官僚の系譜につながる鈴木俊一東京都知事、
岸昌大阪府知事を始め、都道府県知事の 4 割となる 19 人を自治省 OB が占める
ほどになり、「地方制覇元年」ともてはやされている（神 1986：19-21）。

　美濃部革新都政の後を受け、都知事に就任した鈴木による都の財政再建につ
いても「自治省が永年自治体に指導してきた諸手段の集大成」（前田 1991：132）
との指摘があるように、自治省が示した合理的な自治体運営のモデルとも称さ
れた。しかし、実際の給与費抑制についての著しい効果は得られず、給与水準
の適正化の観点から、地方交付税算定や地方債の許可権限を駆使する形で自治
省の指導は続いていくことになった。1983 年に人事院勧告を上回るベアを実施

6　黒田府政誕生の年に岸昌が副知事に就任、その後知事と対立して黒田府政 2 期目には解任された岸
　が府知事選挙の出馬へと至った経緯は、神（1986:30-341）で詳説されている。

第4章　3機能の転回局面と組織目的の変容

した東京都に対し、自治省は地方債許可方針に給与条項を加え、1984年3月に
そのペナルティとして起債制限を実施している（西村1999：189-191）。

　このように、かつてのような「官制」の指揮命令権は及ばない中で元自治官
僚の知事に対し自治省が発揮した「監督・統制」機能は、財政面からの締め付
けという手法であった。自治体運営の根幹をなす財源と税財政制度の企画・立
案権の掌握は、すでに自治省の「監督・統制」機能の支柱となっていた。同時
にそれは、副知事や総務部長等の要職に就いた自治省の出向官僚により形成さ
れる「地方自治護送船団」（喜多見富太郎：2010）とともに現場で運用されながら、
次第に戦後の地方行政（＝内政）のフレームとして確立していったのである。

第2節　臨調行革を契機とする「監督・統制」機能の強化

(1)　助走期の定員管理指導

ところで、自治体財政批判でクローズアップされた大都市自治体の人件費問題に対し、自治省が講じた改善策は、既述の給与費抑制策だけではなかった。自治官僚が中核を担った都市行財政研究委員会中間報告（日本都市センター1978）でも指摘された職員定数の削減という方策も登場してくる。ただしそれは、この時期に新規導入した行政手法ではなく、経験主義的に運用してきた既存のシステムを科学的根拠に基づく運用方法へと転換を図るものであった。

自治省による地方に対する定員管理指導は、国の定員管理が法制化された1967年から始められており、給与費の抑制指導よりも早くから「監督・統制」のシステムに組み込まれていた。しかし、その指導については長きにわたり「弱」の設定で、給与費抑制指導が「監督・統制」機能の出力を急激に全開にして動き出したのとは対照的な取り組みがすすめられてきたといえる。

1967年12月15日の佐藤内閣における閣議決定「今後における定員管理について」を受け自治省が、国の定員削減計画に呼応して定員管理を推進するとして行った指導は、主に事務処理の合理化を目指す内容であった。具体的には、民間委託の推進や広域的事務の共同処理等による事務の効率化や機構の改善・定員削減を要請するもので、当時の自治省の関心は、国地方を通じた行政改革として、予算、法令、補助金等による各省縦割りの関与について事務処理の合理化により運用改善を図ることに重点が置かれていた（久世1968）。

国が規制・関与する職員配置が約6割と当時のデータが示すように（坂本1983）、自治省にとっての定員管理適正化の推進とは、各省縦割りの職員配置基準に対する牽制の意味を持つもので、自治体に対する指導を厳格にする必要性

はあまり高くなかった。運用の実際は自治体の工夫に委ねていたために、その手法も事務量を測定して算出するような自治体の経験的なやり方が主流で、膨大な手間と労力が必要、事務量の測定困難な部門が多いなどの難点も指摘されている（五十川 1975：16-18）。

それらの課題を克服しようとする動きが現れるのは、オイルショック後の1970年代半ばのことである。第16次地方制度調査会「地方財政の硬直化を是正するために取るべき方策を中心とした地方行財政のあり方に関する答申」（1975年7月23日）の義務的経費増大の抑制に努めるべきとした提言が一つの契機となる。また、1970年代の情報処理技術の進展が、自治省が定員管理に科学的な根拠を求める動機づけ[7]となったのか、当時の公務員第2課課長補佐の五十川統通（1975）の論説によれば、たとえば類似団体の職員数を比較した算出方法など、自治省が次第に従来型の定員管理とは異なる理論的な方法を模索し始めていた兆しは看取できる。ただし、この時点では開発まで至っていない。

そうした合理的根拠を欠く定員管理指導を進めながら、一方で、交付税率の引き上げ問題を抱える自治省は大蔵省との交渉材料とすべく地方行革の推進は不可欠であった。1979年12月28日及び29日の行政改革の推進に関する閣議決定（定数・給与の適正化）を受け、自治省が1980年1月5日に発した事務次官通達「地方公共団体における行政改革の推進について」（自治行第1号）では、1事務事業の見直し、2行政機構の簡素合理化、3定員管理の適正化等が主な柱に掲げられている。

その中で、自治省が示した定員管理適正化に関する事項は、職員配置の適正化と定員の縮減及び増員の抑制を図ることという内容で、極めて抽象的な要請にとどまった。ついで、翌1981年1月5日に出された事務次官通達「地方公

7　定員適正化に対する指導の根拠が、それまでの自治体の経験則に基づく定員算出方法に代わり、科学的な定員算定方法が主流となったように、この時期に「政策ツール」が刷新されている。この時期は「行政管理の方法が法的＜強権的＞管理手法から科学的＜システム的＞管理手法へと移行し始めた」（山崎 1981:181）と指摘されるように、コンピューター技術の進展と共に情報処理技術が目覚ましい発展を遂げていたことが背景にある。自治省も1970年に地方自治情報センターを設立し、情報処理システムの開発に着手していた。

共団体における行政改革の推進について」（自治行第1号）も前年度の通達と同じ3つの柱による構成である。臨時行政調査会の審議事項に対する横睨み状態が影響したのか、ここでも、自治体に要請する定員管理適正化については、前年の通達と大きな変化が見られない内容となっていた[8]。

(2) 地方行革の定員適正化指導

「標準モデル」による指導の導入

　そのように10年以上も消極的な姿勢で取り組まれてきた自治省による定員管理適正化の指導は、1981（昭和56）年3月16日に発足した第二次臨時行政調査会(第二次臨調)の動向で、大きな転機を迎える。第二次臨調の行政改革論議によって「行政システム改革志向」が刺激された自治省（村松1994:143）は、給与管理や定員管理の問題で自治体の指導を強めていくことになる。

　まず、第二次臨調が1981年に示した第一次答申（1981年7月10日）に「政府として緊急に取り組むべき行財政の改革方策」として、自治体の定数の合理化・効率化と給料・退職手当等の適正化が盛り込まれた。そこで自治省で地方公共団体定員管理研究会を発足させ、本格的に標準定数モデルの開発に取り組み始める（坂本1983：31）。それを追い立てるように翌月の8月25日に「行財政改革に関する当面の基本方針」が閣議決定され、そこに定員管理指標の作成が盛り込まれる。さらに12月28日には「行政改革の推進に関する当面の措置について」の閣議了解において、「給与、定数等の適正化に関する指導を行う」方針が打ち出されるなど、「臨調からの風向きがきつく」なっていき、それとともに、自治体への指導も厳しさを増していく[9]ことになる。

　1983年4月に地方公共団体定員管理研究会の報告書が公表されると、自治省は6月に行政局長通知を出し自治体に定員管理適正化の要請を行っている。中

8　1981年の通達では「業務と定員配置の状況について継続的に的確な把握分析を行い、人口規模、産業構造等が類似する他の地方公共団体との比較検討も行うことなどにより、定員配置の適正化を図ること。」という一文があり、類似団体との比較の視点は新たに示されている。

島忠能行政課長（当時）も雑誌『地方自治』の座談会において「ここらで乗り出さざるを得ない」と発言している[10]ように、第二次臨調の第五次答申(最終答申)を受けた頃から、自治省の指導はより積極性を増していくのである。そうした取り組みの効果を示すように翌1984年度の定員管理調査では、1975年の調査開始以来の対前年度比で初めてマイナス成長に転じ、これについて1985年1月時点で自治省の担当課長補佐が「一定の成果」があったとの肯定的な評価を示している（藤井1984：17）。しかし、自治体に対する指導の手綱はここで緩められることはなかった。

「上からの」地方行革

　加えて、自治体に対する指導強化は「地方行革」という観点から事務事業や組織の見直しまで枠組みを広げ、展開されていくことになる。1984年7月25日にポスト臨調の臨時行政改革推進審議会（行革審）が、政府に対し地方における定員削減計画の策定と実施を求める意見書を提出したことで、自治省は定員管理に対する指導にとどまらず、新たに「地方行革」として事務事業や組織にまで枠を拡げた対応を迫られていくこととなったのである。それは、中曽根首相自身が前職の行政管理庁長官時代に確認していた「地方自治問題には深入りしない」という臨調発足時の仕切り（今村1988：243）を自ら取り外したことによる。地方行革は、国政課題としての推進へと舵が切られたのである。

　同年12月4日には第20次地方制度調査会が「地方行財政に関する当面の措

9　当時、定員管理問題研究会に所属していた西尾勝氏による以下の発言を参照。「そこでの実感で言いますと、関係者の考え方が発足当初から今日までの間に少しずつ変わり、動いているのではないか。そういう気がするのです。（中略）ですから、当初の雰囲気は、ああいうモデルとか試算式をつくり、計算の結果として、それぞれの自治体で何人ぐらいモデルから見れば多いという数字が出てきたわけです。しかし、当初の考え方には、この作業全体が臨調との妥協の結果であるという意識が残っており、モデルなり試算式の不完全さに対する自覚も強かったと思う。（中略）それだけ臨調からの風向きがきつくなっていることかもしれませんが、きつい圧力が加わると、自治省は自治体に対してきつくなっていくわけですね。」（川島ほか1983:51-53）。
10　こうした自治省の対応変化については、臨時行政調査会第五次答申を受けた座談会で中島忠能行政課長の以下の発言がある。「自治省としては長い間地方の自主的な努力に期待してきたけれども、地方の自主的な努力だけに期待したのではよくならない。ここで乗り出さざるを得ないと考えるのですがね。」（川島ほか1983:49-50）。

置についての答申」を示し、ついで 12 月 29 日に「行政改革の推進に関する当面の実施方針について」の閣議決定が行われる。これを受けて自治省は、年明けの 1985 年 1 月 22 日に「地方公共団体における行政改革推進の方針（地方行革大綱）」を策定した。地方行革大綱には、事務事業の見直し、組織・機構の簡素合理化、給与の適正化、定員の適正化等の取り組みが盛り込まれ、各自治体に対して行政改革推進本部を設置するとともに、自主的に行政改革大綱を策定して計画的にこれを推進することを要請している。同日の閣議報告後に開催され、事務次官通達が発せられた全国都道府県総務部長、企画担当部長会議には中曽根総理大臣も出席し、「地方行革の年」として地方行革への努力を求めた（伊藤 1985：14）。こうして「上からの」地方行革が推進されていくこととなった。

すでに指導が強化されていた「定員の適正化」についても、都道府県および政令指定都市に対しては 8 月末までの定員適正化計画の策定と自治省への報告を求め、都道府県に対し市町村への助言指導を行うことを要請した。併せて、定員適正化計画の策定には、自治省が開発した標準定数のモデルを活用することを促し、画一的な手法による定数管理の浸透を図っている。

(3)　「新々中央集権」批判の刺激

そのような「上からの」地方行革の推進は、自治省が中央政府の行政機関として忠実に遂行すべき任務である。しかし一方で、それが自治省自身の存立基盤を脅かす事態を招来することにもなりかねない。新藤宗幸（1986：81-84）は、このときの自治省の対応を「画一主義の進行」「『硬い集権体制』が姿を現している」と批判しつつ、それが自治体の反発を招くことを想定して、自治省が「本音の部分においてこれを歓迎していないかもしれない。」と、他省庁との対抗関係において自治体からの支持が損なわれる問題を提起していた。また、今村都南雄（1988：244）が「押しつけ地方行革」「おしきせ地方行革」と称し、自治省が「地方行革に精力的であるかのようなジェスチャーを示すことにより、他省庁に対する牽制力を強めようとする戦略に出たのかもしれない」と言及したよ

153

うに、省庁間の政治力学に関わる問題として指摘される側面もある。

　こうした観点から、臨調行革への対応で自治省が取り組んだ「地方行革の推進」を照射すれば、各省との関係において自治体を援護する「中央にあって他省に対し地方を代弁・擁護する」という側面が欠けていることは明らかである。中央政府におかれた「地方自治の責任部局」として、第二次臨調という国政課題への対応を優先する中でのディレンマを抱えていたことがうかがえる。とすれば、新藤が言及した自治省の「本音の部分」に位置する政策としてはどのような構想が抱かれていたのか。後述するように第二次臨調発足直前の第17次地方制度調査会答申では、「地方分権の推進」という用語が初出しており、組織の内発的な政策転換が潜行していた様相が看取できる。それが、今村や新藤らの学者集団による「新々中央集権」の問題提起に呼応するかのように自治省の政策課題として急浮上してくるのである。

　既述の今村・新藤を含む、行政学者・財政学者6名が「『政府間関係』研究集団」（代表：西尾勝東京大学法学部教授〈当時〉）を構成し、「地方の時代の発展のために－危機にあたって新たな「地方の活力」をもとめる－」とのアピール文を発表したのは、第二次臨調の解散直後の1983年であった。そこでは、第二次臨調の行革論議により「さらに新しい中央集権が顕在化した」として、これを「新々中央集権」と称し、その「地方政治の否認、地方自治の画一化、自治組織権の介入、負担の転嫁」といった要素を問題視する。その上で、国から市区町村へと下降する「統制型の中央地方関係の構造」とは逆に、市区町村から国へと上昇する「調整型の中央地方関係の構造」となる「政府間関係」の確立を訴えた。そのために「総合的な地方政府の確立」「自律的な地方政府の確立」「政府間の対等関係の確立」という原則に立った改革を推進すべきとする内容が記されている（「政府間関係」研究集団1983）。

　これらすべてが自治省の企図した「地方分権の推進」という方向性に合致するわけではないが、ここで「総合的な地方政府の確立」の具体的な方策として示されたものの中には、「機関委任事務制度の廃止」や「補助金の一般財源化」といった項目がある。こうしたテーマは、各省縦割りの中央地方関係における

第2節　臨調行革を契機とする「監督・統制」機能の強化

中央統制の廃止を目指すもので、戦後地方自治制度において「内政の総合化」をめざしてきた自治省の政策志向とも重なり合う。そのためか自治省は、このアピール文が発表された 1983 年頃から、機関委任事務問題の見直しや国庫補助金の一般財源化問題を前面に掲げ、臨調・行革審の審議へと積極的な問題提起をし始める。自治省は、こうした学者集団による「新々中央集権」批判の矛先を各省縦割りの中央地方関係に向け、提言を自らの援護射撃としながら、各省個別行政への「牽制・干渉」機能を盛んに発揮していくのである。

第4章　3機能の転回局面と組織目的の変容

第3節　「地方の時代」の転用と「牽制・干渉」機能の発揮

(1)　機関委任事務見直し問題の再燃

第 17 次地方制度調査会答申による第一歩

1979 年 9 月に示された第 17 次地方制度調査会答申は、1965 年の第 10 次地方制度調査会の答申以来とされる国と地方との事務配分問題に言及し、機関委任事務の見直しに関わる内容を盛り込んでいた。1970 年代に急増した機関委任事務[11] にかかる諸課題に対処するため、地方の代弁者たる自治省の役割が発揮されることは地方からの要請でもあった。ただし、行政局が長年の懸案としてきた機関委任事務体制への切り込みをここで再起動させた推進力は、「財政局の地位が高まったため相対的に地盤沈下した行政局の巻き返し」（地方自治職員研修特約取材班 1987：86）との指摘もあるように、単純に「地方からの要請」によるものだけではなかったこともうかがえる。それは、この答申に対する次のような自治省の対応が一つの証左となる。

第 17 次地方制度調査会答申を受けた自治省は、機関委任事務への関与に関わるものとして、①監査委員の監査対象を機関委任事務も含めた一般行政事務にまで拡大すること、②機関委任事務について議会に検査権、監査の請求権を認めること、等を盛り込んだ地方自治法改正法案を準備した[12]。この改正案は答申から 1 年半近くが経過した 1981 年 2 月に原案として各省庁に示されたものの、各省庁からの激しい抵抗を受け、5 月には法案提出を断念するに至っている[13]。

11　昭和 40 年代の機関委任事務の増加程度を示すものとして、府県で 2.4 倍、市町村で 2.0 倍という数字が挙げられている（村松 1981：259）。
12　改正の骨子案にはその他、地方自治に影響が及ぶ法令の制定改廃に対し地方 6 団体が国会又は内閣に意見提出できるようにすること、都道府県においても基本構想を定めるようにすることも予定されていた。

第3節 「地方の時代」の転用と「牽制・干渉」機能の発揮

　自治省が機関委任事務に対する監査委員と議会の権限強化を図る地方自治法改正法案の各省協議に取り掛かったこのタイミングまでには、次のような第二次臨時行政調査会の設置に向けた動きがあった。

　行政管理庁の附属機関である行政監理委員会からの提言を受け、臨時行政調査会の設置構想が公式の場で明らかとなったのは 1980 年 9 月 12 日の閣議（神原 1986：2-4）であるが、行政管理庁がその審議項目をまとめたのは 1981 年 3 月の発足を目前にした 1 月 28 日のことであった[14]。ただし、地方制度調査会の審議対象事項との棲み分けについては、前年 11 月に、自治大臣と行政管理庁長官との間で確認があり、臨時行政調査会の審議事項は「国と地方に関連のあるもの程度にとどめる」こととされていた（丸山 1984：138）。

　他方、それより以前の 1979 年 12 月に発足した第 18 次地方制度調査会は、第 17 次地方制度調査会から引き続き、旧内務省地方局長の林敬三が会長を務めていた。林は、大平首相に対する第 17 次の答申手交の際に行政改革推進本部の内閣への設置を直接要請し（岩崎 1979：49）、のちに臨時行政調査会委員にも就任している。第 17 次答申では、国と地方との関係に関わる改善事項について、その実現に向けた強力な推進体制を内閣に整備することを答申の前文に盛り込むのみならず、会長から総理大臣に対し「異例」ともいうべき形の要請を行っていたのである（林／久世 1979：15）。第二次臨調を政策転換の潮時と捉えたのか、それだけ自治省の臨時行政調査会に対する関心の高さが推察される。第二次臨時行政調査会の発足直前にすすめられた自治省の各省との法案協議は、臨時行政調査会の発足を横睨みしながら、機関委任事務の見直しにその推進力を積極的に活用すべく踏み出した第一歩であったといえる。

臨時行政調査会第三次答申（基本答申）からの巻き返し

　しかしながら、そうした自治省の目論見はもろくも崩れる。第二次臨調の初

13　法案提出断念までの詳細は地方自治職員研修特約取材班（1987 年）を参照。砂子田隆自治省行政局長が地方制度調査会の席上で、地方自治法改正法案の提出を断念したことを報告したとされている。
14　神原（1986:325）「付　臨調・行革日誌－臨調設置から解散まで」を参照。

第4章　3機能の転回局面と組織目的の変容

期の審議は事務局主導で進行（神原 1986：207）し、第一次答申は大蔵省主導の支出削減方針を後追いする形にとどまった（和田 1982：24-25）。それどころか、地方財政については補助率を嵩上げしてきた地方特例の減額にも切り込まれ（和田 1982：173）、いわゆる「鈴木行革」のタームでの自治省は、形勢不利な状況に置かれた。大蔵省主導と称された第二次臨調第一次答申は、自治省にとっては「期待外れ」の中身となり、自治省に有利な方向性が示されるには第三次答申（基本答申）を待たねばならなかった。

　自治省に追い風が吹くのは、「鈴木行革」から「中曽根行革」へと第二次臨調の局面が転換してからである（神原 1986:207）。「行政改革に関する第三次答申（基本答申）」（1982 年 7 月 30 日）においては、「国と地方との機能分担の見直し」が示され、機関委任事務の整理合理化策として、新設に対するチェックの厳格化はもとより、既存の機関委任事務についても 2 年間に約 1 割程度の整理合理化を図る方向性が打ち出される。

　基本答申で「国と地方との機能分担の合理化」が示されると自治省は、即座に機関委任事務の見直しと国庫補助金負担金改革へと着手し、地方の負担増と引き換えに、個別行政に干渉可能な余地を拡大することとなる団体事務化とともに一般財源化を図る改革を積極的に進めていく。1983 年 11 月 28 日に、国家行政組織法の改正法等とともに「行政事務の簡素合理化に関する法律」が成立し、ここから機関委任事務の見直しが加速する。機関委任事務の一部廃止や民間への移譲が図られるのみならず、地方公共団体の事務としてすでに同化・定着している事務を地方公共団体の事務とする「団体事務化」[15] の改正が行われたのである。

　次いで、1986 年 12 月の「地方公共団体の執行機関が国の機関として行う事務の整理合理化に関する法律」の施行の際に、福祉行政に関わる措置権限について団体事務化（市町村長→市町村、都道府県知事→都道府県）が図られ改革は、補助金の整理合理化と表裏一体のものとしてすすめられていく。第二臨調の基本答申では、第 17 次地方制度調査会が提言していた国庫補助金の整理合理

15　政府の審議会における「団体事務化」という用語の初出は、1985 年 7 月の第一次行革審の第 3 次答申で、ここから用語として定着したとの指摘がある（辻山 1993:28 − 32）。

第3節 「地方の時代」の転用と「牽制・干渉」機能の発揮

化の問題についても、「補助金等の一般財源措置への移行を含む整理合理化の推進」として取り上げていたが、それは次のように地方の負担を拡大させる方向で、団体事務化の措置とのセットでの改革が進められていくことになるのである。

(2) 国庫補助金の一般財源化と地方財政負担の拡大

国政において福祉水準の向上を目指す方針が打ち出され、「福祉元年」と位置づけられた1973年度以来、厚生省は先行する自治体の福祉施策を吸収し、老人医療費の無料化を進めるなど、福祉行政の充実を図っていた。ただし、福祉部門について直接の地方出先機関を持たない厚生省が、保育所行政や老人福祉行政の措置権限など、実施部門のほとんどを機関委任事務として自治体に委ねたことから、福祉行政の拡大とともに地方の事務量が拡大し、地方行政経費のなかで福祉部門が占める割合は、着実に増加していた。

そうした福祉行政にかかる経費の増加は国家予算では地方に対する国庫補助負担金の激増という形で表出し、1970年度から10年間の社会福祉関係の国庫補助負担金は、児童福祉費補助金で6倍、老人保護医療費補助金で約27倍という伸びを示していた（藤田1984：406）。福祉行政にかかる国地方の費用負担の問題は、双方にとって看過し得ない課題となっていたのである。そこに、国の負担抑制の方策として「標準行政」という考え方が登場する。

第二次臨調第三次答申（基本答申）が示した国と地方の機能分担の見直しは、「標準的な行政サービス」と「標準レベルを超えた地域の独自性に基づく行政サービス」という区分を示し、前者を「地方交付税算定上の基準財政需要額の対象とされている『標準的な施設を維持し、標準的な規模において行う行政』（標準行政）と位置づけた。標準行政は制度的に財源を保障する一方で、「標準行政」以外の行政を行う場合の財源は、留保財源や超過課税、法定外普通税等の独自の財源により処理することとし、独自の行政は住民の選択と負担において行うべきとの基本理念に基づくものである。

加えて、基本答申には、以下のような補助金の一般財源措置への移行という

159

第 4 章　3 機能の転回局面と組織目的の変容

方向性も合わせて打ち出されていた。

「(6) 補助金等の地方の一般財源措置への移行」

「ア「3 地方に対する補助金制度の改善」の項に述べるところにより、補助金
等の対象事業のうち地方公共団体の自主性、自律性にゆだねてよいものは、
原則として地方公共団体の一般財源措置への移行を図る必要がある。」

「イその場合の地方財源の問題については、地方財源全体の過不足を図る土俵
となる地方財政計画の上で、相対的に検討するものとする。」

　つまり、標準行政以外の補助金対象事業を一般財源措置に移行し、その場合
の財源を地方財政計画において検討するという方針である。ここで打ち出され
た補助金の一般財源化という手法は、のちの補助金改革でも多用されていく。
なお、補助金の一般財源化は、自治事務次官・財政局長を経験した首藤堯（当
時の第二次臨時行政調査会特別部会参与）が提唱していた考え方であった（首藤
1977：779）が、この答申から間もなく首藤が発表した論説には、地方財政計画
において算定される一般財源への振替の際に地方への負担へと転嫁される可能
性に懸念が示されている（首藤 1983：42）。その懸念は時を待たずして、自治体
に対する補助率削減という形で現実化することになる。

　その後「行政改革に関する第五次答申（最終答申）」（1983 年 3 月 14 日）が示
した補助金の整理合理化方針では、補助率の総合的な見直しが提起されたこと
もあり、1985 年度予算では地方公共団体向けの補助率が 1 / 2 を超える補助金
について、暫定的な措置として 1 割程度の引き下げが行われた。引き下げに伴
う地方負担増加分については、地方交付税の特例加算のほか、建設地方債の増
発で補てんが図られたが、政府はさらに翌年度以降の補助率のあり方について
協議するため、補助金問題関係閣僚会議[16] を設置し、その下におかれた学識経
験者や自治体の長で構成される補助金問題検討会で具体的な検討を開始した。
この補助金問題検討会報告（1985 年 12 月 20 日）をもとに、1986 年度に補助率

16　官房長官、大蔵大臣、自治大臣、厚生大臣等により構成。

第 3 節 「地方の時代」の転用と「牽制・干渉」機能の発揮

の引き下げが行われ、併せて、機関委任事務の団体事務化という措置がとられることとなった。

　なお、ここで団体事務となった福祉行政にかかる経費の財源不足分は、地方債の発行でまかなうしくみ（今井 1993：139-140）とされ、地方財政計画において社会保障関係費の投資的経費は「公共事業費」に含まれる[17]こととなった。福祉行政における地方の負担分は、同時に国家財政の内需拡大に寄与するしくみに組み込まれたのである。1989 年 12 月に厚生大臣、大蔵大臣、自治大臣合意により策定された「高齢者保健福祉推進 10 ヵ年戦略（ゴールドプラン）」で福祉施設の整備目標が設定されると、福祉行政を通じた内需拡大策が次第に拡大されていく。こうして地方財政は国の財政運営上の主要な財源枠と化し、戦後の自治官僚により確立された地方独自財源としての自律性は、徐々にその裁量の範囲を狭められていくことになるのである。

17　国の予算上の公共事業費と地方財政計画上の公共事業費の対象範囲の違いについて、元自治官僚の矢野浩一郎は次のように説明している。「公共事業費という概念については、国の予算上は、『公共事業費』という名称の元に、社会保障関係費、文教、および科学振興費に計上される投資的経費を除いた治山・道路・港湾・住宅・下水道・農業基盤整備・災害復旧等の諸事業にかかる経費を計上しているが、地方財政計画では、これらをすべて含めて公共事業費としていることに注意する必要がある。」（矢野 2005：247）。

第4章　3 機能の転回局面と組織目的の変容

小括　組織目的の変容と「代弁・擁護」機能の再始動

　本章でみてきたように、自治省が「地方の時代」を転用し「地方分権」という新たな政策理念を旗揚げしたのは、「地方の時代」が趨勢となり始めた 1979 年 9 月の第 17 次地方制度調査会「新しい社会経済情勢に即応した今後の地方行財政制度のあり方に関する答申」である。1952 年の「発足以来初めてといっていいほどの大胆な制度改革の答申を出した」と評されたこの答申（和田 1982：162）には、既述の第二次臨調の審議事項へとつながった「国、地方の通ずる行財政の簡素効率化」とともに、地方制度調査会史上で初めて「地方分権の推進」という用語が登場する（西尾 1980：38-39）。

　この答申で、国地方の行政体制の見直しとともに掲げられた項目は、「地域の特性を生かした主体性ある地域づくりを進める」ことと「地域の相違と自主性を尊重し、地域的多様性を認めていくこととすべき」ことであり、「地域の特性」や「多様性」を容認する考え方が盛り込まれた。1977 年閣議決定の三全総（第三次全国総合開発計画）が、基礎自治体の主体性に任せる方針を打ち出し、大平内閣の田園都市構想が「地域の個性を生かし」「基礎自治体の自主性が尊重される」との考え方を示した影響からか、伝統的に画一的な地方自治制度の運用を原則とした自治省で、劇的な政策理念の転換が図られたことになる。

　この地方制度調査会で会長職を務めた林敬三は、内務省最後の地方局長として戦後の地方自治制度改革に取り組んだ元内務官僚である。林はこの答申の背景について「地方自治体が相当に育ってきており、国土の整備発展の第一次責任主体は名実ともに地方自治体という色彩を一層強めていく。いままで国で握ってきた業務を思い切って、その財源とともに地方へ移すということをまともに考えるべき時代になってきた。またこのことをやらなければ、現下の大変な財政悪化の状態と行政の行き詰まりを打開することはできないという段階に至っ

162

ている。」と説明している（林／久世 1979：24）。戦後改革でめざした「地方自治の発達」に対し、当時の地方局長が一定の評価を示した形である。

政策上の転換が、それに深く関与する組織の内発的な契機によってその時期と方向を強く規定されている（西尾 1988:137-138）との指摘があるように、第17次地方制度調査会の審議事項が決定されたのは、地方自治法の施行から30周年を迎え「自治官僚たちが新たな思考枠組みを暗中模索していた」時期のことであった（大杉 1991：117）。答申が出た後には、自治省企画室におかれた「地方自治政策研究会」が、その理念の普及を図るべく資料も含めて350頁にも及ぶ『地方の時代の創造－地方分権実現のための行財政改革』と題した解説本を発行（地方自治政策研究会 1980）しており、新たな政策理念の普及啓発に尋常でない精力を注いでいた様子がうかがえる。

ただし、地方分権という新たなテーマに内包された事務の再配分と国庫補助金制度の改革という伝統的な課題は、各省からの強固な抵抗が想定され、自治省にはそれに対抗する応援団が不可欠となる。それだけに中央で「地方分権」を推進する後ろ盾を得て地方の「代弁・擁護」機能を積極的に発揮するための体制づくりが必須条件となった。自治省は、各省縦割りの集権体制に切り込むステージを、「牽制・干渉」機能として発揮する霞が関の場面から、地方六団体とともに「地方分権の推進」をスローガンとして国民運動的に取り組む場面へと転換させるため「代弁・擁護」機能を積極的に再始動していったのである。

この第17次地制調答申で初めて登場した「地方分権の推進」の文脈には、「国と地方公共団体の関係の改善及び機能分担の適正化」、許認可や指揮監督等による上下関係の見直しを提起した国と自治体との「併立的な協力、共同関係の推進」、地方の国政への参加の可能性への言及がある。後に地方分権推進委員会委員を務めることとなる西尾勝東京大学教授（当時）は、第17次地方制度調査会答申には「画期的な新しいスタートが含まれている」ことを当時の発言に記しており（西尾 1980）、2000年の地方分権改革に向けた源泉はここから湧き出していたことが看取できる。

なお西尾は、その後の第二次臨調以来の行政改革の流れが、国会の地方分権

第4章　3機能の転回局面と組織目的の変容

推進決議に至る政治改革の流れが合流して1995年の地方分権推進委員会発足に
至ったとの見解を示している（西尾1998：2-12）。元自治官僚の遠藤文夫が第二
次臨調後に制度改革推進の方策として、「国民一般の支持は改革の推進の不可欠
の条件である」とし、「審議機関等の場を利用して、現行制度の具体的問題点を
明らかにし、関係者及び住民の認識を深めるとともに、改革の気運を醸成する
こと」を挙げていた（遠藤1983）が、それを体現するかのように地方分権推進委
員会の調査審議は、地方六団体との密な連携を図り、財界からも支援を受けな
がら進められていった。

　自治省は、総務庁、大蔵省等の出向者と共に地方分権推進委員会の事務局を
担うこととなり、各省に対する「牽制・干渉」機能の発揮を予定したはずである。
しかしながら、首相の諮問機関と位置づけられた地方分権推進委員会メンバー
が、グループヒアリングという形で個別省庁との直接の「交渉役」を担い、極
めて異例の形で調査審議がすすめられていくこととなった。それゆえ自治省は、
自らの各省個別行政に対する「牽制・干渉」機能を一時停止し、再始動した「代
弁・擁護」機能を前面に出しながら地方側の裏方に徹していくことになる。

　ここで自治省が21世紀に向けて「地方分権の推進」という組織目的を新しく
追加したことは、結果としてのちの「橋本行革」における省庁再編論議を通過
する際に分権改革後の「地方自治の責任部局」のあり様を示す「通行手形」と
して重要な意味を持つことになっていく。この点は次章で詳しく取り上げてい
くこととする。

終章

「地方自治の責任部局」存続の意味

終章　「地方自治の責任部局」存続の意味

はじめに　地方分権改革が維持した融合型制度

　前章でみてきたように臨調行革期以降の自治省は、第二次臨調に対応し強化した「地方行革」に対する批判をかわすかのように、1979 年の第 17 次地方制度調査会答申で提起された「地方分権の推進」を新たな政策課題とし、各省縦割りの集権的構造に対する干渉を重ねるようになっていった。地方分権が政治改革の一連の潮流に乗り始めた 1990 年代に入り、自治省は、中央政府において地方を「代弁・擁護」する立場でそのプレゼンスを高めていく。

　宮沢政権期の 1993 年 6 月に衆参両院で地方分権の推進に関する決議が全会一致で議決され、次の細川連立政権期に入った同年 10 月には、第三次臨時行政改革審議会 (行革審) の最終答申で、規制緩和と地方分権の推進を行政改革の 2 つの柱に掲げた提言が示された。1994 年 12 月 25 日、村山内閣による「地方分権推進に関する大綱」の閣議決定から地方分権の推進は本格化し、1995 年 5 月に地方分権推進法が成立、7 月 3 日にその推進組織として地方分権推進委員会が発足し、政府レベルで地方分権推進の体制の整備が急速に図られていく。

　周知のように、地方分権推進委員会（以下、適宜「委員会」と表記。）は発足した 1995 年の 12 月に機関委任事務の廃止方針を打ち出し、翌 (1996) 年 3 月に「地方分権推進」の基本的な考え方となる『中間報告』を橋本首相に提出するに至っている。その後は、委員会が個別省庁との膝詰め折衝を重ねながら、橋本首相の意向に沿った「現実的で実現可能な」内容を盛り込んだ勧告を提示していく[1]。1998 年 5 月には、委員会が示した第四次勧告（1997 年 10 月）までの内容をもとに「第 1 次地方分権推進計画」が閣議決定され、1999 年 7 月に「地方分権一

1　橋本首相が公式の場で発言したこの言葉の含意を西尾勝は、「首相として尊重できる勧告」「閣議決定可能な勧告」と理解し、各省間折衝の手続きにのっとって「霞が関ルール」を遵守してすすめることとしたという（西尾 2007:33-34）。

166

括法案」が成立して、2000年4月の施行に至るというのが経過の概略である。

　地方分権推進の潮流に乗った自治省では、地方分権推進委員会の事務局に総務庁・大蔵省と共に職員を出向させ、事務局次長を自治省審議官級の出向者が務める形で、混成部隊の中で「当然に」中核的な存在となっていく。ただし、個別省庁との折衝については委員会主導が貫かれたこともあり、自治官僚が直接的に交渉の窓口となって地方の「代弁・擁護」や各省に対する「牽制・干渉」といった機能を発揮する必然性は高くなかった。委員として尽力した西尾勝（2007：54-55）は委員会が「地方六団体の総意に基づいて活動」していたことにも言及しているが、当事者としての地方六団体の意向を汲みながら学者集団が原案を作成し、交渉を進めていくというスタイルを委員会が採ったこと（島田2007：18-19）は1990年代の地方分権改革の特徴として見出されている事象である。

　地方六団体と自治省との緊密な関係性からすれば、それでもなお、自治省が黒子的な役割を果たしていたことは容易に推察される。しかし、そうしたインフォーマルな行動に関しては理論的証拠の収集が困難であること、また、こうした点については本書が主題としている「地方自治の責任部局」の存続メカニズムを検証する作業では「代弁・擁護」機能の副次的な意味合いが強いこと、さらに既述の島田恵司（2007）のように事務局調査員として委員会に従事した当事者による先行研究も発表されていることから、ここでは本書の論証との関係で必要最小限の言及に留め、地方分権推進過程の委員会活動の詳細には立ち入らないこととする。

　むしろ、本書の主題との関係で留意しておきたいのは、2000年地方分権改革が、改革のフレームとして「融合型行政体制」の継続を条件設定した上で進められた点にある。西尾勝（2007：8-13）の表現を援用すれば、地方分権改革は「国と自治体の融合の度合いを大幅に緩和する」、「集権的分散システム」（神野2001:146）のもつ「集権制の度合いを大幅に緩和する」ことに寄与したとされる。地方分権推進委員会『中間報告』には、「明治維新と戦後改革に継ぐ『第三の改革』というべきものの一環である」との認識が示されていたものの、改革をすすめるにあたっては橋本首相の「現実的で実現可能な」という意向に配慮して、機

終章　「地方自治の責任部局」存続の意味

関委任事務制度の廃止と国の関与の改革が焦点化されていた。言い換えれば「融合型行政体制」を前提に地方の自由度を高める改革が目指されていたのである。

　地方分権の構想としては、広義では1950年代のシャウプ勧告が提唱したような分離型による権限移譲型モデルもありうる（岡田／池田編著2009：68-70）が、2000年の地方分権改革においては当初から分離型の構想が排除されていた。そのことは、本書冒頭で天川論文を引用し融合型行政体制における「地方自治の責任部局」の必然性に言及したように、自治省が「地方自治の責任部局」の行く末を案じることなく、地方分権の推進に取り組むことが可能な環境におかれていたことを意味する。すなわち、2000年の地方分権改革に至る審議の過程において「地方自治の責任部局」存続問題は直接的な改革課題となっていたわけではないということである。本書が、地方分権推進委員会の検討過程に深く立ち入らないのはこうした理由に基づく。

　しかしながら他方で、地方分権改革と同時期に進行していた中央省庁改革があり、そこでは「地方自治の責任部局」（自治省）の組織存続問題が検討組上にのぼり、地方自治を専管する単独の省のあり方を問われていくことになる。こうしたことから、終章では、中央省庁改革における「地方自治の責任部局」の検討過程で浮上した組織機能の必要性に着目し、そこで示された役割を整理・検討していく。その上で最後に、再編後の総務省における「地方自治の責任部局」の機能も視野に入れつつ、「地方自治の責任部局」の存続メカニズムを考察し、本書全体の総括とする。

第1節　省庁再編と「地方自治の責任部局」の存続

(1) 行革会議が提起した自治省の再編構想

内閣を支える機関への再編構想

　1995年の地方分権推進委員会発足から約1年、1996年11月に、当時の橋本首相自らが会長に就任し行政改革会議(行革会議)はスタートした。いわゆる「橋本行革」は、国家の四大機能[2]に則した省庁体制を前提として、それまでの22省庁体制の見直しをすすめ（岡田2006:23-24）、省庁を半減することを目標の一つとしていた。そこでの自治省再編問題は、「自治省」という省名がなくなる可能性も内包しつつそれを「どこに持っていくか」という問題として捉えられていたことを、当時行政改革会議事務局長を努めていた水野清（2005b：115）が回顧している。省庁再編後に「自治省」が単独の省として存続する可能性は当初から極めて低かったことがうかがえる。

　それだけに、行革会議における検討の初期段階で内閣官房副長官経験者の元自治官僚石原信雄から提起された自治省再編に対する考え方の整理が、その後の「地方自治の責任部局」の方向付けに大きな意味を持つことになった。石原は自治省再編問題を「国と地方公共団体との間の権限調整や税財源の配分に関する事務」を帰属させる組織の問題として整理し、内閣の総合調整機能を強化する観点から論点を提起したのである。

　1997年1月29日の第4回行政改革会議は総務庁の行政組織の現状や沿革を議題とし、有識者の1人として石原前内閣官房副長官を意見聴取の対象とした。そこで配付された石原の説明資料「行政改革について」には、内閣の総合調整

2　橋本総理が示した国家の4機能分類（いわゆる橋本4分類）は、I国家の存続、II国富の確保、拡大、III国民生活の保障、IV教育や国民文化の伝承、形成、醸成である（岡田2006:24）。

終章 「地方自治の責任部局」存続の意味

機能の強化策として「総理府に内閣の総合調整機能を集中すること」が挙げられ、総理のリーダーシップを発揮しやすくする仕組みの確立や総務庁の人事局・行政管理局を総理府に帰属させることなどの人事局の強化策を含む、5つの具体策[3]が示されている。その5番目の項目が「国と地方公共団体との間の権限調整や税財源の配分に関する事務を所掌する機関を総理府に帰属させること」であった。

　議事概要によれば、「自治省は廃止することになるのか」と委員から出された質問に対し、石原は「全省庁を白紙に戻した議論をするという立場から申し上げており、新しい組織に吸収されるということではないか」と答えている（行政改革会議事務局OB会編1998：149）。石原の構想は、総務庁と自治省を一緒にする形で組織を再編し、内閣をバックアップする官庁として位置づけるもので、その主なねらいは、総務庁を官邸の総合調整機能を補強・補完する機関として再編することで、それまで「主要なポストを押さえて実質的にリード」してきた大蔵省からの独立性を高めることにあった。石原（1998：196-200）は、大蔵省との対抗姿勢をもつ自治省を含めることで、内閣の意思決定に対する大蔵省の影響力を低下させることを企図していたのである。

　水野（2005a:151）は、この石原の発言が「将来、自治省が総務省に入るアイディア」になったこと、また「進むべき以後の行政改革の方向について、大きな示唆」を与えられたと回顧しており、ここでの石原の提言が「地方自治の責任部局」存続への道筋を示すことになったといえる。なお、ここでの総務庁と自治省との統合による「内閣及び内閣総理大臣の補佐・支援体制」構想については、法制化過程で屈折し「内閣府・総務省体制」となった（今村2000：7-8）。

3　石原信雄氏説明資料「行政改革について（要旨）平成9年1月29日」に記載された具体策は以下の通り。「2　内閣の総合調整機能の強化策　（1）省略　（2）具体策　1）予算編成、外交防衛、その他重要政策について総理のリーダーシップを発揮し易くする仕組みを確立すること。2）総務庁の人事局、行政管理局を総理府に帰属させること。3）各省庁の幹部職員の発令について、事前に人事局で審査し、閣議の承認を要件とすること。4）国家公務員の地方公共団体への出向や民間への出向について、一定の基準を定め人事局で審査すること。5）省略」（行政改革会議事務局OB会編1998:159）。

閉ざされた「単独の省」への道

ところで石原が描いた構想は、自治省が公式に示した見解と合致する内容ではない。石原の問題提起から約5か月後に開催された「第18回行政改革会議」（同年6月18日）のヒアリングにおいて自治省は、石原が示した「内閣の総合調整機能強化のため総理府に帰属させる」という考え方に対して、「必ずしも適当ではない」との回答を示している。自治省は、「地方行財政制度の企画立案・運営に関する事務については、これを総合的・一体的に所管する組織を国の行政組織の中に『省』として位置づけ、その組織を統括する専任の閣僚を置くこととすべきである。」という見解[4]を示し、単独の省としての組織の維持と内閣の行政事務を分担管理する専任の閣僚を置くことにこだわっていた面がある。

この時の自治省の姿勢については、「自治省側からは積極的な、打って出ようというような答えは出なかった」「考えが頑なで固定的であった」と行革会議事務局長の水野（2005 b：116）は後日評しているが、内務省解体から10年以上の歳月を要し自治省となり「専任」の主任の大臣獲得と省の地位再興に至った自治官僚は、官僚の本能とも言うべき地位の防衛に固執していた。

しかし、その後の行革会議で焦点となった「単独の省を設けるかどうか」という自治省見直しの問題は、自治省の指向性と異なる方向に集約されていく。夏の集中審議初日の8月18日に「たたき台」として示された藤田宙靖主査の試案[5]では、「省数最多のケース（13府省2大臣庁）」（甲案）で「地方自治省」が挙げられていたものの、「独立の地方自治省の存在」については、「地方自治制度についての企画立案が、主任の大臣を必要とするだけの特に重要な意味を持つ機能である、との判断がなされる場合」であって、「組織上のバランスについて特別の例外を認めることによってのみ認め得る」との考え方が示された。

また、これと同時に「このような選択がなされるのでない限り」として、総

4　平成9年6月自治省『行政改革会議ヒアリング資料』5頁。
5　藤田宙靖委員「省庁再編案（座長試案 ・・・ 叩き台）」（平成9年8月18日）（行政改革会議事務局 OB 会編1998：496）。

終章 「地方自治の責任部局」存続の意味

理府の外局としての「地方自治庁」（大臣庁）として位置づけをする「省数最小のケース（10府省3大臣庁）」（乙案）以外には考えられないとする、もう一つの意見に言及があり、委員間の意見がこの両案に分かれていることが付記されている。いずれのケースでも単独の省として自治省が存続することについてはきわめて例外的なことと捉えられていたのである。

「地方自治」に関する国の役割の問題

他方で、省庁ヒアリングで自治省が主張した、日本国憲法が規定する「地方公共団体の組織及び運営（＝地方行財政制度の企画立案・運営にかかる事務）」は「国家の重要な事務であり、その基本的な機能の一つ」という考え方については、行革会議機構問題小委員会主査で行政法学者の藤田宙靖（東北大学法学部教授〈当時〉）には当然のこととして受け止められていた。「藤田試案」では、「地方分権が推進されれば自治省の存在意義はなくなる、との考え方があるが必ずしもそのように単純には考えられない。」として、その理由を次のように挙げている。

第一に「憲法上1章を設けて地方自治を制度的に保障」しているため、「『地方自治』の制度を国家全体としてどのように設計し運営するかについて恒常的に企画・立案する機能は決してなくならない」こと。第二に「国と地方公共団体間、また地方公共団体相互間での利害調整は従来にもまして重大な問題となる」から、このような問題を「専担する独立の行政組織」は必要であること。つまり、地方自治制度の企画・立案機能が国家の基本機能として不可欠であることと、国地方あるいは地方間での利害調整が地方分権の進展に伴いさらに重要度を増すこととなり、その利害調整を担う独立した行政組織が必要となるという考え方を示したのである。

また、自治体の独立性を強化するために「国側に窓口組織が存在することの必要性」は今後とも必ずしもなくならないものと思われる、との見解も示されている。この点については、人権の問題を引き合いに「国民に基本的人権が保障されたからといって、人権擁護のための国家機能が不要にならない」といった例を挙げて説明されており、これが地方自治の擁護のための国家機能も不要

にならないとの解釈と理解すれば、「地方自治の責任部局」の存続は当然ということになる。

この「藤田試案」が反映された行革会議最終報告（1997年12月3日）の「国の地方自治に関する行政機能の在り方」では、地方自治について「憲法上位置づけられた国の根幹を形作る基本的な制度であり、これを確立し、維持することは重要な国の役割である」として、国の役割を明確に示している。自治省は、石原信雄が提唱した「内閣及び内閣総理大臣の補佐・支援体制」に組み込まれ、総務庁・郵政省とともに総務省へと統合される再編案に帰結した。こうして自治省にあった「地方自治の責任部局」は、それぞれ自治行政局・自治財政局・自治税務局と名称を変え、再編後の総務省へと移植されていくこととなる。

（2）地方分権の推進と「牽制・干渉」機能の必要性

以上のように行革会議最終報告は、地方自治制度の確立・維持に関する国の役割の必要性を規定した。しかしその一方、但し書きには「地方自治に関する国の地方に対する機能は縮小するという基本的な考え方の確認が必要である」との一文を盛り込み、「国の地方自治に関する行政機能の在り方を見直す」ことにも言及している。国は地方自治制度の根幹には関わるが、地方への関与は縮小させるという方向性が基本的な考え方として示されたのである。ただしその後段では「これに当たっては、地方分権は未だその本格的推進の途上にあることから、その推進の状況を踏まえつつ、中期的な観点にも立ってこれを進める必要がある」との文章を組み込み、国の地方自治に関する行政機能の縮減は、地方分権の推進状況を鑑みて進めるべき点を付け加えている。地方自治に関わる国の行政機能の見直しは、地方分権の推進という同時進行形の改革課題に対する配慮が欠かせない問題でもあった。

10月8日の「第31回行政改革会議」議事概要には、「地方分権の推進には今後相当のエネルギーが必要であり、検討資料が示している思い切った機能縮減策が地方分権推進の観点から適切なものかどうか、今後検討することとされた」

終章 「地方自治の責任部局」存続の意味

と記されている（行政改革会議事務局OB会編1998：663）。行革会議は「地方分権
が進めば自治省は小さくなる」との原則を示しつつも、現在進行形の地方分権
改革を鑑みて「推進には大変なエネルギーが必要」という問題認識を共有して
いたことがうかがえる。

　そこで、最終報告には、ポスト地方分権改革を視野に入れつつも、現状を踏
まえる形で国の地方自治に関する行政機能のあり方の見直しについて、以下の
ような考え方が示されている。

　　ア）地方分権の推進には相当のエネルギーを必要とするが、そのために地
　方自治に関する国の地方に対する機能が固定化・肥大化することがないよう、
　十分なチェックが必要である。この観点から、各省の行政の内容の見直しと
　併せ、地方自治に関する国の行政機能の見直しが必要である。

　　イ）地方分権により自立性の高まった地方公共団体と国との調整機能の充
　実については、地方分権推進委員会の勧告にある係争処理機構を整備し、対等・
　透明な関係の中で調整の充実を図ることが基本となる。

　　ウ）地方公共団体の「駆け込み寺」としての国の機能については、地方分
　権はこのような機能をなくすためにこそ進められているのであり、地方公共
　団体が各省と調整することが原則となるべきである。仮にそのような機能が
　残るとしても限定的・例外的なものである。

　　エ）地方自治制度の企画・立案機能については、国の基本的な制度を形作
　るものとして当然必要なものであるが、地方分権が地域住民の自己決定権の
　拡充を図るものであることを踏まえると、このことをもって地方公共団体への
　関与が正当化されるものでなく、制度の管理を行う立場から、国と地方公共団
　体の間の調整、チェックアンドバランスの確保等に限定されるべきものである。

　たとえば、地方分権改革後の国と自治体との調整のあり方について最終報告
では、イ）にあるように自治体が各省と調整する姿を原則としつつ、「係争処理
機構」（※のちの国地方係争処理委員会）を整備することで調整の充実を図ると
いう姿を描いている。一方ウ）では、「限定的・例外的」としながらも自治体の

第1節　省庁再編と「地方自治の責任部局」の存続

「駆け込み寺」としての国の機能を、エ）では制度の管理を行う立場からの国と自治体間の調整という役割を明示しており、現状を追認している面もある。

　自治省は行革会議のヒアリングの回答で「国と地方公共団体との関係は、基本的には有機的に関連しつつ相互に補完・協調すべきものであるが、制度のあり方の見直し・改善を図る過程においては、国と地方公共団体の利害が異なる場合も当然にあり得るので、その都度、地方公共団体側の主張を把握・検討し、地方公共団体側の立場を踏まえて各省庁と調整を図るようなチェック・アンド・バランス機能に配慮したものである必要がある」との見解を示し、各省個別行政に対する自らの調整役としての存在意義を訴え続けた。

　また、地方行財政制度の企画立案・運営にかかる事務には「調整事務」も含まれていることを強調し、「国と地方公共団体及び地方公共団体相互間の権限や税財源についての調整なども含まれる」との認識に立つ自治省は「国と地方公共団体との関係が『対等・協力』を基本とする新たな関係に移行した場合においても、国家としては、憲法の定めるところに従い、引き続き、上記の役割を担っていく必要がある」と主張した。自治省は、地方分権が進んでもなお国の事務として地方行財政制度の企画立案・運営を行い、かつ国・地方間及び自治体間の権限や税財源についての調整を担うことを当然の役割と捉えていた。

　それは、地方自治庁が発足した際にも旧内務官僚の鈴木俊一（1949b：9）が「関係省庁との連絡・折衝」との表現で、強くその必要性にこだわった役割であり、いわば内務省地方局の系譜を継いだ「地方自治の責任部局」に根付く「アイデンティティ」といえる。ただし、彼らが果たそうとする地方の「代弁・擁護」には、制度の企画立案・運営を通じ自治体側の主張を把握・検討すること、そしてそれに基づいて各省庁との調整を行うこと、という2つの側面があることを、本書が歴史的展開を通じ明らかにしてきた。つまり「代弁・擁護」の機能は、後段の各省庁との「調整」に相当する「牽制・干渉」機能とセットで展開されることが前提となっている。

　そうした自治省のアイデンティティは、行革会議の最終報告で示されたような、自治体が直接各省と調整を図ることを原則として「国の行政機能を限定」

175

終章 「地方自治の責任部局」存続の意味

する考え方とは跛行した論理であり、「地方自治」に関する国の行政機能を縮減させようとする改革のベクトルに逆行する。目前にある地方分権の推進を見据えた行革会議がそのことを強く否定しえなかったのは、タイミングの妙である。

(3)「代弁・擁護」の放擲？

自治省が中央省庁再編により総務庁・郵政省とともに総務省に統合され、15年が経過した。この間の「地方自治の責任部局」の政策動向を概観すると、地方自治に関わる国の行政機能には次のような傾向が表れ始めている。

地方分権一括法の施行から9か月後の2001年1月6日に発足した総務省は、4月に発足した小泉内閣が打ち出した「骨太の方針」のもと、行政改革と並行しながら地方分権改革に取り組む形となった。2000年地方分権改革が積み残した税財政改革は、経済財政諮問会議の場で片山虎之助総務大臣が提唱した「三元連立方程式」という考え方で、税源移譲・地方交付税改革・国庫補助金改革を一定的に行うといういわゆる「三位一体の改革」に変容していった。国から地方へ3兆円の税源移譲という効果をもたらした一方で、交付税の総額縮減約5.1兆円に至り、約4.7兆円という規模の補助金改革については「交付金」という新たなカテゴリーを創設し、自治体に策定させた計画を通じて行う新たな統制スタイルを生み出す改革（谷本2008：133）に帰着した。

2005年には総務省から地方に対し「集中改革プラン」の策定要請が行われ、地方公務員数の削減も含めた地方行革を推進するなど、国政方針に沿った「監督・統制」機能が発揮されている。加えて、2000年地方分権改革とともにその受け皿整備の国策として市町村合併を誘導的に進めた姿は、地方の「代弁・擁護」という役割を放擲したかのようにも見える。

こうした総務省の「監督・統制」機能の発揮は、省庁再編を検討した行革会議の議論を踏まえれば、すでに予定されていたと理解すべきである。行革会議のヒアリングに対し当時の自治省は「地方公共団体自らも、最小の経費で最大の効果をあげるよう、行政体制を整備し、行政改革や財政構造改革に取り組む

第1節　省庁再編と「地方自治の責任部局」の存続

必要があるが、そのような観点からの指導・助言等を総合的・統一的に行えるようなものである必要がある。」として、「総合的・統一的な指導・助言」という立場を所与のこととしていた。また、行革会議の最終報告でも「Ⅵその他」の項に「(1) 地方行革の推進」が盛り込まれており、国と地方はともに行革を積極的に推進する立場にあることが明記されていた。

省庁再編の関連法案が国会上程された当時、「地方自治の責任部局」が「地方自治」を専管した自治省から総務省に統合されることに対し、地方自治の観点から「諸手を挙げて歓迎すべきことなのかどうか」との問題を提起していた今村都南雄（1999：27）の懸念は、すでに現実のものとなっている。

加えて、近年の政府には、2000年地方分権改革以降の国と地方との対等関係を逆手に取った動きも出始めている。中央省庁再編の際に総務庁と自治省の統合を提唱した石原信雄（1998：196：200）は、両者がいずれも省庁横断的な仕事を担うことから、それらを統合することで「地方に分担してもらったほうがいいものについては地方を説得するといったことも、一つの組織でできるようになる」という点を利点に挙げていた。「地方消滅の危機」が警鐘された2015年に政府が打ち出した「地方創生」戦略は、まさにこの「地方に分担してもらった方がいいもの」として地方に「人口ビジョン」と「地方版総合戦略」の策定を要請し、人口減少対策や出生率向上への協力・貢献を当然のように求める展開となっている。そうした中で、「地方自治の責任部局」による「監督・統制」は自治体に対する「助言者」の立場でコンサルタント的な事業を予算化するなど、分権改革後の地方の「自主性に配慮」しながら後見的立場ですすめている。いわば自治省に伝統的な「パターナリズム」を踏襲する動きが散見される。

他方、旧自治省が中央省庁再編で固執した各省に対する「牽制・干渉」機能についての動きはあまり目立っていない。2007年4月に発足した地方分権改革推進委員会から、法令により自治体が担う事務に対する国による「義務づけ・枠づけ」の見直しが行われた際には、各省個別行政に対する「牽制・干渉」の実働部隊は内閣府の地方分権改革推進室におかれ、その役割は各省よりも一段高い立場から省庁間の総合調整権をもつ「内閣府」（田中／岡田2000：105）の立

177

終章　「地方自治の責任部局」存続の意味

場で担われている。21世紀の「地方自治の責任部局」は、内閣府に確保された出向ポストを積極的に活用し[6]、いわば「省間調整」の形で「牽制・干渉」機能を発揮しているようである。

　環境変化に適応しながら自らの役割を創出・拡大し、組織権能の自己増殖をめざすのは官僚機構の特性であるが、こうしてみると、総務省の発足から15年以上が経過する中で、「代弁・擁護」機能はすっかり退化してしまったようにも見える。2000年の地方分権改革で国地方係争処理委員会が法制化され、また、民主党政権下において国と地方の協議の場も法制化された。自治体の駆け込み寺として「地方自治の責任部局」に求められてきた役割は実質的に縮小されつつあるのかもしれない。「地方自治の責任部局」の「代弁・擁護」機能は、はたしてこのまま放擲されていくのか。「総務省」における「地方自治の責任部局」の機能検証には、新設の内閣府との役割分担も含めて、今しばらくの観察を要したい。

6　内閣府地方分権改革推進室次長及び課長級も主に総務省の併任ポストである。

第２節 「地方自治の責任部局」の機能合理性

(1)「代弁・擁護」「監督・統制」「牽制・干渉」機能の活性傾向

以上、本書では中央政府における「地方自治の責任部局」の歴史的展開を検討する中から、「地方自治の責任部局」に「代弁・擁護」「監督・統制」「牽制・干渉」という３つの機能が内在しているという機能面の特性を抽出してきた。最後にこれら３機能と存続メカニズムを考察し、全体を総括していく。

戦後改革期、1947年の内務省解体プロセスから21世紀の中央省庁再編までの約50年の間で、それら３機能が活性化あるいは後退していく環境を改めて整理すると、以下のような傾向を指摘することができる。

まず「代弁・擁護」機能については、戦後改革でGHQが進めた民主化政策の一環で、いわば外圧的な改革に抵抗するための盾として活用されている。内務省改組の指示で「地方自治の責任部局」廃止への圧力が強まる中、業界団体たる自治体と「地方財源の確保」という問題認識を共有し、大蔵省・ESSとの対立軸を明確化したことで、GSからもその必要性が容認されることとなった機能である。それは戦後の地方自治制度において「地方自治の責任部局」が必要であるという存在理由を示すものとなり、「地方自治の責任部局」の存続という面で極めて重要な意味を持った。しかし、占領終結期に入ると「代弁・擁護」の機能は急激に後退を始める。代わりに活性化していったのが中央集権化のベクトルに呼応した「監督・統制」の機能である。

その後「代弁・擁護」機能の活性傾向は、地方自治が変動期に入る1980年代半ば以降に見出される。公害や福祉の分野を中心に「革新自治体」勢力がリードして地方から先進的な政策が展開され、それは中央レベルの政策にも移転されるようになっていく。地方から国との関係見直しを打ち出した「地方の時代」

終章　「地方自治の責任部局」存続の意味

と称される潮流は、自治省内部の組織変容、すなわち財政局の相対的地位が浮上する時期、行政局が模索していた時代適合的な政策の新機軸と相まって自治省の政策転換を触発した。その新機軸として第17次地方制度調査会答申（1979年）で表出した「地方分権の推進」が1990年代初頭の政治改革に合流する中で、自治省がその「旗振り役」を積極的に担っていく姿は特徴的である。

　戦後改革期と地方分権推進期に共通するのは、いずれも地方自治を取り巻く社会経済環境が大きく変化し、「地方自治の責任部局」は振れ幅の大きい制度変更を「外から」求められる状況に置かれていたことである。つまり、外在的な推進力によって大幅な政策転換を求められた際に、地方の「代弁・擁護」という機能が活性化する傾向にある。

　２つめの「監督・統制」機能が活性化したのは、占領後期から講和期で、それは自治庁の設立前後の時期でもある。占領体制の撤退と共に講和後の日本の自立体制構築という国家的な目標のもとで中央集権化を図るため、自治庁設置法に地方自治の運営の指導を行う任務が明文化され、地方に対する「監督・統制」機能を積極的に発揮することが期待された。赤字団体の財政再建問題に象徴されるように、財政面から自治体を監督・統制する体制が確立したのもこの時期のことである。

　同様に国家的要請から「監督・統制」機能が積極的に発揮されたのは、1980年代前半の第二次臨調・行革期である。臨調行革への対応で給与・定数面からの自治体への介入がすすめられたことは、自治省の「監督・統制」の代表的な事象として従来から指摘されてきた。自治体を指導するような「監督・統制」機能が積極的に発揮されるのは、国政課題として中央地方を通じた行政体制の効率化が打ち出された時期に重なる。

　ただし、そうした財政面での「監督・統制」機能は、必ずしも地方財政の規模縮小の場面ばかりで発揮されているわけでもないことに留意しておきたい。高度成長期を過ぎ、地方財政の自律的な運用が図られるようになった1970年代には、起債による借り入れを活用し、景気対策や内需拡大で国の財政に協力するとして、地方財政規模を積極的に拡大させる場面も目立つようになる。マク

180

ロな財政運営と連動した地方統制のスタイルが形成され、国家財政への地方財政の動員が当然の形となっていく。

　この点では、地方の側も活動量の拡大を優先してこれに追従する傾向が顕著となる。地方交付税や地方債制度を通じた地方財政の国家財政への貢献は、村松岐夫 (1988) が指摘した「中央地方の相互依存関係」の形成を促す側面にある。自治体財政に国庫補助金裏負担の確保は必須とされるだけに、地方交付税措置による下支えが補助金獲得の動機づけ・誘導策となる。

　いずれにせよ、「地方自治の責任部局」が「内閣の行政権」のもとにおかれた組織である以上、それが縮減であれ、拡大であれ、国政課題への対応は当然であるが、他方で、業界団体ともいうべき自治体との関係において、たとえば定員管理指導をみても 1960 年代後半から 70 年代までは自己抑制的に「監督・統制」機能を発揮するような状況が看取できる。「地方自治の責任部局」が予定した「標準」の枠内における自治体の活動は、地方財政を所管する立場から大蔵省への牽制の意味を持って地方への要請が出されることはあっても、日常的には「監督・統制」機能の対象として個別焦点化されることは稀である。それだけに国政課題に対応した「監督・統制」機能の発揮は、内閣の統括下に置かれた構造上のパラドックスに伴う「地方自治の責任部局」のディレンマ（今村 1988：241-242, 伊藤 1983：13）を呼び起こすこととなる。

　なお、ここで特筆すべきは、そうした国家的な要請が政府活動として公式には示されないところで、「監督・統制」機能が異常に発揮された事態である。具体的には、1979 年統一地方選挙の時期における革新自治体勢力への対抗をさす。革新自治体が牽引した行政活動の拡大を極端な逸脱と捉えたためか、自治省は「落下傘部隊」ともいうべき元自治官僚の投入による直接的な介入措置を講じた。このことは極めて興味深い事象と捉えられる。

　しかし、このときの「監督・統制」機能の発揮については、「地方自治の責任部局」にとって内務省地方局以来の伝統的な政策領域である「地方行財政」の制度面からの措置ではなく、選挙という政治的な側面から自治体に介入する手法であった。それは、戦後の地方自治で導入した民主的手続を介して人的統制

を図る試みが、戦前の地方官官制を通じた人的統制に代わる方策として出現した現象と捉えられなくもないが、現実には、自治省が政権与党との連携の下で政治的な働きかけを表層化させており、これは極めて特異な展開である。このことは、「新たな統制」というよりも「特別な統制」として、「地方自治の責任部局」の 20 世紀戦後史において例外的な事象と捉えるべきであろう。戦後の知事公選制導入後の自治体統制に新たなスタイルをもたらした可能性として目を引くものはあるが、この点については、本書があくまでも「地方自治の責任部局」の行政活動上の「監督・統制」機能に着目した分析フレームに依ることから、異なる視点からの研究に譲り深く立ち入らないこととする。

　3 つめの「牽制・干渉」機能についてはまず、高度成長期に過疎と過密が進行し社会問題化する中で、「地域格差の是正」という政策理念[7]を打ち出し積極的に発揮され始めている。なお、この時期は、自治庁（「地方自治の責任部局」）が内政省構想も含めて「省への昇格」の道を模索しており、各省個別行政に対する「牽制・干渉」機能が、専任となる主任の大臣と省たる地位の獲得を目指す過程で最大限に発揮されていった。内務省解体後の「地方自治の責任部局」が組織再興への道程を進みながら、ようやく「各省並みの」存立基盤を確立し、霞が関における「縄張り争い」に参戦可能なステージへと到達した。「地方自治の責任部局」が、攻めの姿勢へと転じたタイミングでもある。

　その後、80 年代の臨調行革期に覆いかぶさるように、機関委任事務の「団体事務化」という政策課題が登場し、同時に国庫補助金の「一般財源化」を図る改革の過程で、各省個別行政、この時は特に厚生省の福祉行政をターゲットに「牽制・干渉」機能が積極的に発揮される。臨調行革に呼応した強力な地方行革の推進で、自治省の「監督・統制」機能の強化・偏重に対する批判が始まり、これを引き受けるかのようなタイミングで個別行政に的を転じて「牽制・干渉」

7　内務省地方局時代の 1942（昭和 17）年に採用された降矢敬義は地域間格差是正の理念を以下のように表現している。「私たちは、わが国のどこに住んでいても同じ程度の行政サービスを享受することができるようにしなければならない。その意味で、都市、農村を問わず、すべての人に光があてられなければならない。これを可能にするものは、地方自治を措いてないと思っている。」（降矢 1977：738-739）。

機能を発揮し始めたことは、自治庁時代に自治体に対する「監督・統制」を強化したのち自治省昇格期の1960年代に「地域格差の是正」を打ち出し始めた状況とも共通し、注目すべき動向である。「監督・統制」機能を強めた後に自らの「業界団体」たる自治体の信頼を回復させるかのような対応で、アメとムチを巧みに使い分けている。

こうしてみてみると「牽制・干渉」機能については、地方の「代弁・擁護」「監督・統制」という2つの機能と異なり、「地方自治の責任部局」から内発的に活性化していることが一つの特徴である。各省に対する地方の「代弁・擁護」の必要性が大義名分として成立し、また地方に対しては信頼を獲得するに欠かせない行為であることはこれまでも指摘されてきているが、本書ではこの内発的な「牽制・干渉」機能こそが、「地方自治の責任部局」の存続メカニズムの核心にあるものと捉えている。次項では本書の結論として、各々の機能を具現化させる政策展開も視野に入れながら、機能代謝の核心にある「地方自治の責任部局」の存続メカニズムに迫っていく。

（2）「代弁・擁護」の補完と代替

「地方自治の責任部局」に内在する「代弁・擁護」「監督・統制」「牽制・干渉」という3つの機能は、それ自体が「地方自治の責任部局」による地方自治の政策と直結し、それぞれのベクトルに沿った法制度や予算という形で具現化されるという政策特性をもっている。

たとえば、1948（昭和23）年制定の地方財政法では、地方財政の困窮化を背景に地方の「代弁・擁護」の観点から、国家的色彩の強い事務に関する国の財政負担が明文化された。講和期の中央集権化の要請の下で行われた1952（昭和27）年地方自治法改正では、自治体に対する自治庁の指導権限が盛り込まれ、「監督・統制」機能が強化されている。さらに、「牽制・干渉」機能についていえば、1986（昭和61）年度予算で機関委任事務の「団体事務化」と同時に国庫補助金を「一般財源化」して国の負担率の引き下げを図り、自治体が処理する事務の

終章　「地方自治の責任部局」存続の意味

国による財源保障問題をいわば個別行政の「交渉カード」として掌中にした。

　そのように従来と矛盾するかのような方向への政策転換が急激に行われる場合においても、地方からの反発を抑えて法制化ないし予算化が進みやすい傾向にあるのが、「地方自治の責任部局」による政策展開の一つの特徴といえる。それはエネルギー政策や産業政策、建設政策等々、事業官庁が政策理念を大きく転換させる際に、既得権を有する業界団体からの強い抵抗を受け、巨大な推進力を必要とするのに比較して、特筆すべき政策特性である。21世紀初頭の小泉政権が、国民に選挙でその是非を問うほど重要な政治課題と位置付けた郵政民営化の問題を鑑みてもその違いは明確となる。

　それは「地方自治の責任部局」が「地方自治の本旨の実現」という曖昧かつ抽象的な政策理念を掲げた「制度官庁」ゆえに帰結するところであり、加えて自治体の行政活動に不可欠な地方財源を抱え、いわば地方に対する「財務官庁」的な立場も併有している面が政策転換の実現性を高めることに強く作用している。国から地方への税源移譲と国庫補助負担金改革をめざして進められたはずの、いわゆる「三位一体の改革」で、結果として地方交付税総額の削減に至った状況を見ても、一般財源化を通じた「地方自治の責任部局」政策誘導に対しては、自治体の抵抗が微力にとどまることは明らかであろう。「地方自治の責任部局」が担う企画・立案には、自治体にとって優位に作用する政策と、それに矛盾した国による「上からの」統制的な政策とを交互に登場させることも可能な条件が整っている。

　本書では、そうした政策展開が自治体の代弁擁護とは別の論理、すなわち「地方自治の責任部局」の官僚機構が、内務省解体からの組織再興をめざす制度構想に沿って展開してきた姿を浮かび上がらせた。「地方自治の責任部局」は、戦後改革以来旧内務省の再興をめざし、自治省の地位を獲得するまでの間、国政方針や地方自治の環境変化に応じて自らの機能を適応的に活性化させ、その必要度を高めていった。それとともに、地方自治、とりわけ地方財政分野の法整備により機能を体系化し、同時に組織権限への組み込みを図ることで、組織としての基盤を確立するに至った。こうした展開は、官僚機構による巧みな行政技術の賜物である。

第 2 節 「地方自治の責任部局」の機能合理性

　しかしながら、旧地方局官僚が切望した組織再興はあらかじめ描かれた設計図に基づき、それを実現していくというように段階的な進展を遂げたわけでもなかった。占領期から講和期に至る経過から見てきたように、社会経済情勢や政権方針のそれぞれの局面に応じて地方の「代弁・擁護」と「監督・統制」という立場を使い分け、時流に乗って成果を着実に積み上げた結果として、霞が関において各省に比肩する自治省の地位を獲得するに至ったのが現実である。時に「監督・統制」の推進力が行き過ぎて自治体からの信頼を損ねかねない事態を招来し、その他の地方自治関係者からも強い批判を受けることとなった際には、組織の礎ともいうべき地方の「代弁・擁護」機能の効用を強調し、「監督・統制」機能を後退させるような調節も行われている。

　しかも、「代弁・擁護」機能の発揮は「地方自治の責任部局」が国の行政機関であるという構造ゆえに、「内閣の行政権」の範囲を逸脱しえない。そうした制度構造から、「代弁・擁護」の行為対象はおのずと霞が関に限定され、各省個別行政に対する「牽制・干渉」機能という形で出現していくことになる。「牽制・干渉」機能が作用するために当然、各省と対等に協議しうる立場は不可欠であり、それゆえ各省並みの「省」たる地位を獲得することが「地方自治の責任部局」の大命題となる。なお、内閣や国会に対して直接に地方の「代弁・擁護」機能を発揮させるため、内閣から一定の独立性を有する組織の構想が検討されていたことは第 1 章で取り上げているので、改めて確認しておきたい。

　以上のような、地方に対する「代弁・擁護」機能と「監督・統制」機能、そして各省に対する「牽制・干渉」機能が、組織の再興をめざす過程で歴史的に発揮されてきた様相を、ここで「地方自治の責任部局」の存続メカニズムとして捉えなおすと、次のように 3 機能の「補完と代替」の関係性が見出される。

　まず、国の行政機関として果たすべき地方に対する「監督・統制」機能に対し、地方から必要とされる「代弁・擁護」機能が、長期的なスパンで見て「補完関係」にあるものとして登場している。通説的な「代弁・擁護」と「監督・統制」とのパラドックスは、「地方自治の責任部局」の組織存続の要素として捉えれば、相互に「補完」し合う関係にあるとも説明できるのである。

185

終章　「地方自治の責任部局」存続の意味

　ついで、この「代弁・擁護」機能については、「地方自治の責任部局」が国の行政機関として置かれた立場から「内閣の行政権」の範囲内で行使されるという限界を抱えているがゆえに、各省個別行政に対する「牽制・干渉」機能という形で発揮せざるをえないという機能領域の問題である。いうなれば「代弁・擁護」機能は「牽制・干渉」機能に置き換わり、代替作用するということになる。

　「地方自治の責任部局」は、「代弁・擁護」機能の効用を主張することで占領期における存続の危機を克服し、2000年の地方分権改革と同時並行的に進行した中央省庁再編も乗り越えてきた。そして、中央省庁の役割として地方の「監督・統制」機能を過剰に発揮したのちの自治体との関係修復に際しては、それを補完する「代弁・擁護」機能を発揮させる。さらには、「地方自治の責任部局」が中央政府におかれた行政機関として存続する限り、各省に対する「牽制・干渉」機能は、地方の「代弁・擁護」機能を代替する関係を維持し続けることになる。3つの機能が環境適応的に活性化し、組織の立ち位置についての均衡を維持する。これこそが戦後の「地方自治の責任部局」存続のメカニズムである。

付録・関連事項年表

付録・関連事項年表

年	月	事項
1947 年	4 月	「内務省の分権化に関する件」
		第 1 回統一地方選挙
		第 1 回地方議会議員選挙
	5 月	日本国憲法・地方自治法施行
		警察法・消防組織法成立
	10 月	国家公務員法制定
	12 月	地方財政委員化法公布・発足
		内務省廃止
1948 年	3 月	警察法・消防組織法施行
	7 月	地方財政法・地方配付税法施行
	12 月	マッカーサーが「経済安定 9 原則」の実行を指令
1949 年	1 月	行政機構刷新審議会設置
	3 月	ドッジ・ラインによる超均衡予算
	6 月	地方自治庁発足
	7 月	国家行政組織法制定
	9 月	「シャウプ使節団日本税制報告書」公表
	12 月	地方行政調査委員会議設置
1950 年	5 月	地方財政委員会（第 2 次）発足
		地方財政平衡交付金法制定
		国土総合開発法制定
	7 月	地方税法公布
	12 月	「行政事務の再配分に関する勧告」（神戸勧告）（第 1 次）
		地方公務員法制定
1951 年	5 月	政令諮問委員会設置
	8 月	政令諮問委員会設答申
	9 月	神戸委員会第二次勧告
1952 年	4 月	サンフランシスコ講和条約発効
	8 月	自治庁発足
		地方財政審議会設置
		地方自治法改正：「地方自治の本旨」挿入、機関委任事務別表化
		地方制度調査会設置法施行
1953 年	9 月	町村合併促進法制定
	10 月	第 1 次地方制度調査会答申
	11 月	税制調査会答申

付録・関連事項年表

1954 年	5 月	地方交付税法成立
	6 月	警察法全部改正
	10 月	自治庁振興課設置
1955 年	12 月	「経済自立 5 か年計画」閣議決定
		地方財政再建特別措置法施行
1956 年	2 月	第 3 次行政審議会答申：「内政省案」と「自治省案」
	4 月	内政省設置法案国会提出
		首都圏整備法公布
	6 月	新市町村建設促進法公布
	9 月	地方自治法改正：特別市廃止・指定都市創設
1957 年	10 月	第 4 次「地方」制答申
1958 年	3 月	内政省設置法案撤回
1959 年	1 月	第 4 次行政審議会答申
1960 年	7 月	自治省発足
	12 月	国民所得倍増計画閣議決定
1961 年	6 月	後進地域の開発に関する公共事業に係る国の負担割合の特例に関する法律制定
	8 月	自治省「基幹都市」構想を発表
	11 月	臨時行政調査会設置
		低開発地域工業開発促進法制定
1962 年	1 月	第 8 次地方制度調査会「地方開発都市建設に関する意見書」提出
	4 月	辺地に係る公共的施設の総合整備のための財政上の特別措置に関する法律制定
	5 月	新産業都市建設促進法制定
		市の合併の特例に関する法律制定
	6 月	地方行政連絡会議法案要綱（案）の発表
	10 月	全国総合開発計画閣議決定
1963 年	3 月	臨調第 2 専門部会「第 2 次仮設に関する報告」：地方庁設置構想
	4 月	中部経済団体連合会「東海 3 県統合構想」発表
	5 月	農林省地方農政局設置
	6 月	地方自治法改正：地方開発事業団の創設
	7 月	新住宅市街地開発法制定
		全国知事会「地域総合行政と府県」発表
	9 月	早川自治大臣「府県連合構想」を公表
	12 月	第 9 次地方制度調査会「行政事務再配分に関する答申」

189

付録・関連事項年表

1964 年	6 月	道路法改正
	7 月	河川法改正
		工業整備特別地域整備促進法制定
	9 月	臨時行政調査会「行政事務の配分に関する改革意見」
1965 年	3 月	地方行政連絡会議法制定
		市町村合併の特例に関する法律制定
	9 月	第 10 次地方制度調査会「府県合併促進に関する答申」
	11 月	土地利用研究会「土地利用計画の提唱」発表
	12 月	国債発行の予算編成方針閣議決定
1966 年	1 月	地方交付税率（国税 3 税）の引き上げ閣議決定
	3 月	「市町村計画策定方法研究報告」の公表
	4 月	都道府県合併特例法案の国会提出
	6 月	住宅建設計画法制定
	10 月	全国知事会「府県政白書」
	12 月	第 11 次地方制度調査会「地方税財政に関する当面の措置について」答申
1967 年	8 月	自治省公務員部発足
	12 月	「今後における定員管理について」閣議決定
1968 年	7 月	自治省が首長、議長を対象に「行政改革についてのアンケート調査」実施
	8 月	自治省選挙局を廃止、行政局に選挙部を設置
1969 年	5 月	自治省「広域市町村圏整備措置要綱」を通達
		新全国総合開発計画閣議決定
1970 年	4 月	過疎地域対策緊急措置法制定
	5 月	地方自治情報センター発足
1972 年	6 月	公有地の拡大の推進に関する法律制定
1973 年	7 月	（財）地方財務協会に「長期地方財政研究委員会」を設置
1974 年	6 月	国土利用計画法制定
		国土庁設置
	7 月	自治省財政局調査室設置
	12 月	東京都新財源構想研究会「大都市緊急財源構想」を知事に提出
1975 年	1 月	交付税特別会計の長期借り入れ、財源不足対策債による地方財政措置決定
	7 月	第 16 次地方制度調査会「地方財政の硬直化を是正するために取るべき方策を中心とした地方行財政のあり方に関する答申」
1976 年	2 月	自治省が「地方財政収支試算」を国会に提出

付録・関連事項年表

	4月	「公共事業等の事業施行の促進について」閣議決定
	5月	(財) 日本都市センターに「都市行財政研究委員会」設置
1977年	11月	第3次全国総合開発計画閣議決定
	12月	第17次地方制度調査会「地方財政に関する当面の措置についての答申」
1978年	3月	地方自治研究資料センター「公共サービスにおける地方自治体の役割分担と負担のあり方」公表
		自治省「地域総合整備事業」を開始
	11月	特定不況地域対策関連法成立
		自治省「特定不況地域振興総合対策実施方針」策定
1979年	4月	東京都知事選挙で鈴木俊一、大阪府知事選挙で岸昌が当選
	9月	第17次地方制度調査会「新しい社会経済情勢に即応した今後の地方行財政制度のあり方に関する答申」
	12月	行政改革の推進に関する閣議決定
1980年	1月	自治事務次官通達「地方公共団体における行政改革の推進について」
		第18次地方制度調査会答申「地方行財政当面の措置について」
1981年	1月	自治事務次官通達「地方公共団体における行政改革の推進について」
	3月	第二次臨時行政調査会発足
	7月	第二次臨調第一次答申
1982年	7月	第二次臨調第三次答申（基本答申）
	8月	「行財政改革に関する当面の基本方針」閣議決定
	12月	「行政改革の推進に関する当面の措置について」閣議了解
1983年	3月	第二次臨調「行政改革に関する第五次答申」（最終答申）
	4月	地方公共団体定員管理研究会報告書公表
	6月	「定員管理の適正化の推進について」行政局長通知
	7月	臨時行政改革推進審議会（第一次行革審）発足
	11月	「行政事務の簡素合理化に関する法律」制定
	12月	福祉行政に関わる措置権限を団体事務化
1984年	7月	臨時行政改革推進審議会（行革審）意見書
	12月	第20次地方制度調査会答申「地方行財政に関する当面の措置について」
		「行政改革の推進に関する当面の実施方針について」閣議決定
1985年	1月	自治省「地方公共団体における行政改革の方針（地方行革大綱）」策定
	10月	国の補助金の整理及び合理化並びに臨時特例等に関する法律
	12月	補助金問題検討会報告

付録・関連事項年表

1986 年	2 月	第 20 次地方制度調査会答申「機関委任事務等に係る当面の措置について」
1989 年	12 月	「高齢者保健福祉推進 10 か年戦略」策定
1990 年	10 月	第三次行革審 (臨時行政改革推進審議会) 発足
1993 年	6 月	衆参両院が「地方分権の推進に関する決議」議決
	10 月	第三次行革審最終答申
1994 年	12 月	地方分権推進大綱閣議決定
1995 年	5 月	地方分権推進法制定
	7 月	地方分権推進委員会発足
1996 年	3 月	地方分権推進委員会『中間報告』
	11 月	行政改革会議設置
	12 月	地方分権推進委員会第一次勧告
1997 年	7 月	地方分権推進委員会第二次勧告
	12 月	行政改革会議最終報告
1998 年	5 月	第 1 次地方分権推進計画閣議決定
	6 月	中央省庁等改革基本法成立・公布
1999 年	7 月	地方分権一括法制定
2000 年	4 月	地方分権一括法施行
	6 月	地方分権推進委員会最終報告
2001 年	1 月	総務省発足

参考文献

赤木須留喜（1978）『行政責任の研究』岩波書店

赤木須留喜（1991）『〈官制〉の形成』日本評論社

秋田隆司（1994）「『自治省調整室』とは－各省庁への申し入れ（地方財政措置）を中心に－」『地方自治』562 号

秋月謙吾（2001）『行政・地方自治』東京大学出版会

足立忠夫／加藤一明／福島徳寿郎／福井秀夫／村松岐夫（1975）『現代政治と地方自治』有信堂

天川晃（1983）「広域行政と地方分権」『ジュリスト増刊総合特集№ 29 行政の転換期』

天川晃（1984）「地方自治制度の再編成－戦時から戦後へ－」日本政治学会編『年報政治学 1984　近代日本政治における中央と地方』

天川晃（1986）「変革の構想」大森彌／佐藤誠三郎編『日本の地方政府』東京大学出版会

天川晃（1994）「地方自治制度」西尾勝／村松岐夫『講座行政学第 2 巻制度と構造』有斐閣

天川晃（1995）「占領と地方制度の改革」坂本義和／ R.E ウォード編『日本占領の研究』東京大学出版会

天川晃（2014）『占領下の議会と官僚』現代史料出版

天川晃編（2001）『GHQ 民政局資料《占領改革》第 6 巻中央省庁の再編』丸善

天川晃／岡田彰編（1998）『GHQ 民政局資料《占領改革》第 9 巻地方自治 II』丸善

天川晃／福永文夫編（2002）『GHQ 民政局資料《占領改革》別巻　民政局資料総索引』丸善

石原信雄（1973）「著増する都市開発関連事業債」『都市開発』第 11 巻第 119 号

石原信雄（1976）「転換期の地方財政」日本行政学会編『年報行政研究 12 社会変動と行政対応』

石原信雄（1980）「シャウプ勧告 30 年の回顧と今後の地方自治」『地方自治』392 号

石原信雄（1996a）「地方税財政の系譜 - 地方税財政制度の基盤を築いた人々 Vol.6」『地方財務』505 号

石原信雄（1996b）「地方税財政の系譜 - 地方税財政制度の基盤を築いた人々 Vol.9」『地方財務』508 号

石原信雄（1998）『官かくあるべし』小学館文庫

石原信雄（2001）『権限の大移動』かんき出版

五十川統通（1975）「地方公共団体における定員管理の推進について」『地方自治』328 号

参考文献

磯村英一（1963）「『地方庁』について」『地方自治』187 号

市川喜崇（2012）『日本の中央－地方関係－現代型集権体制の起源と福祉国家－』法律
　文化社

井出嘉憲（1982）『日本官僚制と行政文化』東京大学出版会

伊藤隆監修（2000）『現代史を語る①萩田保－内政史研究会談話速記録』現代史料出版

伊藤隆監修（2001）『現代史を語る②三好重夫－内政史研究会談話速記録』現代史料出版

伊藤大一（1980）『現代日本官僚制の分析』東京大学出版会

伊藤大一（1983）「行政官庁と官僚制」『法学セミナー増刊／総合特集シリーズ 23 官庁
　と官僚』

伊藤大一（1989）「テクノクラシー理論と中央・地方関係－自治省と地方公共団体」『レ
　ヴァイアサン』4 号

伊藤正次（2003）『日本型行政委員会制度の形成－組織と制度の行政史』東京大学出版
　会

伊藤祐一郎（1985）「『地方行革大綱』について」『地方自治』448 号

稲垣浩（2015）『戦後地方自治と組織編成－「不確実な」制度と地方の「自己制約」』吉
　田書店

稲継裕昭（2000）『人事給与と地方自治』東洋経済新報社

茨木廣（1963）「国と地方公共団体間の財政負担をめぐる諸問題」『自治研究』第 39 巻
　7 号

今井勝人（1993）『現代日本の政府間財政関係』東京大学出版会

今村都南雄（1978）『組織と行政』東京大学出版会

今村都南雄（1985）「省庁間の政治手続－一つの試行的な接近－」日本政治学会編『年
　報政治学 1985 現代日本の政治手続き』

今村都南雄（1988）『行政の理法』三嶺書房

今村都南雄（1997）『行政学の基礎理論』三嶺書房

今村都南雄（1999）「中央省庁再編と地方自治」『地方自治職員研修』第 32 巻 7 号

今村都南雄（2000）「省庁再編構想の屈折－『内閣府・総務省体制』を中心に－」『法学
　新報』107 巻 1・2 号

今村都南雄（2002）「総務省の設置と地方自治」松下圭一／西尾勝／新藤宗幸『岩波講
　座　自治体の構想 2　制度』岩波書店

今村都南雄（2006）『官庁セクショナリズム』東京大学出版会

今村都南雄（2016）「地方制度調査会の発足」公益財団法人地方自治総合研究所監修・
　神原勝／辻道雅宣編『戦後自治の政策・制度事典』公人社

岩崎忠夫（1970）「地方自治との関連における総合農政の展開と農業諸立法の動き」『地
　方自治』271 号

岩崎忠夫（1979）「新しい社会経済情勢に即応した今後の地方行財政制度のあり方につ
　いての答申」『地方自治』384 号

遠藤健夫（1981）「ルポ・自治省－中央のなかの地方、地方のなかの中央」『地方自治職員研修』第 14 巻 169 号

遠藤文夫（1976）「行政限界論」『ジュリスト』622 号

遠藤文夫（1977）「計画の機能－地方公共団体の総合計画はなぜ必要か」『自治研究』第 53 巻 9 号

遠藤文夫（1983）「第二次臨調以後の地方自治の方向」『地方自治』432 号

大蔵省財政史室（1977）『昭和財政史－終戦から講和まで－第 4 巻財政制度・財政機関』東洋経済新報社

大蔵省財政史室（1977）『昭和財政史－終戦から講和まで－第 16 巻地方財政』東洋経済新報社

大杉覚（1991）『戦後地方制度改革の＜不決定＞形成－地方制度調査会における審議過程をめぐって－』東京大学都市行政研究会研究叢書 4

大森彌（2006）『官のシステム』東京大学出版会

岡田彰（1986）「内務省解体と自治省設置の経過から－自治省覚え書・序」自治研中央推進委員会『月刊自治研』第 28 巻 9 号

岡田彰（1997）『現代日本官僚制の成立－戦後占領期における行政制度の再編成』法政大学出版局

岡田彰（2006）「省庁再編とそのインパクト」日本行政学会『年報行政学研究 41 橋本行革の検証』ぎょうせい

岡田彰／池田泰久編著（2009）『資料から読む地方自治』法政大学出版局

荻田保（1970）「地方自治行政の振興－自治と行政の二つの側面」『都市問題研究』第 22 巻 1 号

奥野誠亮（1956）「後進地域総合開発費に対する新国庫負担方式の提唱－税源遍在論に関連して」『自治研究』第 32 巻 11 号

奥野誠亮（1964）「府県合併促進論」『自治研究』第 40 巻 5 号

奥野誠亮（1988）「中央と地方を助言と協力で結ぶ財政制度－シャウプ勧告具体化・一つの思い出」自治省編『地方自治法施行 40 周年・自治制公布百年記念自治論文集』ぎょうせい

奥野誠亮（2002）『派に頼らず、義を忘れず－奥野誠亮回顧録』PHP 研究所

片岡寛光編（1985）『国と地方－政府間関係の国際比較』早稲田大学出版部

片山虎之介（1963）「府県統合論序説（一）～（三）」『自治研究』第 39 巻 10 号 -12 号

片山虎之介（1965a）「新内政省試論（一）」『自治研究』第 41 巻 2 号

片山虎之介（1965b）「新内政省試論（二）」『自治研究』第 41 巻 7 号

片山虎之介（1970）「過疎地域対策緊急措置法および同施行令について」『自治研究』第 46 巻 6 号

片山虎之介（1971）「土地の保有推進のために－土地開発公社及び土地開発金融公庫の創設」『自治研究』第 47 巻 1 号

参考文献

片山虎之助（2005）『共存共栄の思想－日本の未来の描き方』朝日出版社

加藤三郎（2001）『政府資金と地方債』日本経済評論社

金井利之（1999）『財政調整の一般理論』東京大学出版会

金井利之（2007）『自治制度』東京大学出版会

金丸三郎（1964）「地域開発と広域行政」『自治研究』第 40 巻 7 号

蒲谷亮一（1977）「転換期を迎えた都道府県総合計画－その動向と問題点」『自治研究』第 53 巻 2 号

亀地宏（1991）『自治の系譜－ジャーナリストの見た戦後地方史』第一法規出版

川島正英ほか（1983）「座談会　臨時行政調査会答申と地方自治について」『地方自治』426 号

神原勝（1986）『転換期の政治過程－臨調の軌跡とその機能』総合労働研究所

岸昌（1951）「府県の性格及び機能（一）（二）」『自治研究』第 27 巻 10 号，12 号

岸昌(1957)「地方行政を支えるもの－地方行政の倫理と論理序説」自治大学校『自治研修』第 10 号

岸昌（1958）「内政の確立と地方行政」自治大学校『自治研修』第 17 号

岸昌（1963）「行政の総合化と広域化（一）～（五）」『自治研究』第 39 巻 4 号，9 号 -12 号

喜多見富太郎（2010）『地方自治護送船団－自治体経営規律の構造と改革－』慈学社

喜多村治雄（1961）「全国総合開発計画草案について」『自治研究』第 37 巻 9 号

北村亘（2009）『地方財政の行政学的分析』有斐閣

木村仁（1979）「特定不況地域振興総合対策について」『地方財政』第 18 巻第 3 号

行政改革会議事務局 OB 会編（1998）『21 世紀日本の行政』行政管理研究センター

行政管理庁管理部（1957）『行政管理年報第 6 巻』

行政機構研究会（1974）『行政機構シリーズ 13 自治省』教育社

久世公堯（1963）「国の地方出先機関と地方自治〈一〉～〈三〉」『法律時報』第 35 巻 8 号 -10 号

久世公堯（1967）「国と地方自治との関係をめぐる法案の一般的動向」『地方自治』235 号

久世公堯（1968）「行政改革にかかるアンケート調査結果及び行政改革意見について」『自治研究』第 44 巻 10 号

久世公堯(1977)「国土政策と地方自治」自治省編『地方自治 30 周年記念自治論文集』ぎょうせい

久世公堯（1996）「国土政策と国・地方を通ずる行革の課題－ 21 世紀の国土・地方分権・行革・首都機能移転」『自治研究』第 72 巻 7 号

久世公堯／鵜飼信成（1966）「府県の機能に対する再認識－その現状と今後の課題」『地方自治』229 号

久世公堯ほか（1967）「座談会　地方自治 20 年の回顧と展望」『地方自治』241 号

黒澤良（2013a)『内務省の政治史』藤原書店

黒澤良（2013b）「自治省創設への政治過程」坂本一登／五百旗頭薫編著『日本政治史の新地平』吉田書店

現代地方自治全集編集委員会編（1979）『地方自治総合年表』ぎょうせい

小池昌雄（1960）「内務省から自治省まで　上・中・下」『時の法令』364号-366号

幸田雅治（2002）「自治省の政策形成過程」城山英明/細野助博編『続・中央省庁の政策形成過程－その持続と変容－』中央大学出版部

郡祐一ほか（1960）「自治省の発足と課題―内務省解体経緯から自治省設置過程を中心に」『自治研究』第36巻8号

小島昭（1964）「拠点開発と広域行政の課題」『自治研究』第40巻6号

小島昭（1972）「行政計画に関する一考察」日本行政学会編『年報行政研究9行政計画の理論と実際』

小早川光郎ほか編（1999a）『史料日本の地方自治第2巻現代地方自治制度の確立』学陽書房

小早川光郎ほか編（1999b）『史料日本の地方自治第3巻地方自治の発展と変容』学陽書房

小林與三次（1960）「自治省の発足をめぐって」『自治研究』第36巻7号

小林與三次（1966）『私の自治ノート』帝国地方行政学会

小林與三次（1970）『続・私の自治ノート』帝国地方行政学会

小林與三次（1974）「国土庁に望む」『自治研究』第50巻9号

坂田期雄（1977）『地方自治制度の沿革』ぎょうせい

坂本秀幸（1983）「定員管理の適正化と定員モデル－地方公共団体定員管理研究会報告書の概要－」『地方自治』429号

坂本充郎（1979）「地方自治と自治省」『法学セミナー増刊／総合特集シリーズ8現代地方自治』

佐久間彊（1951）「地方出先機関の問題」『自治研究』第27巻4号

佐久間彊（1956a）「内政省問題の経過」自治庁編集『自治時報』9巻7号

佐久間彊（1956b）「内政省案をめぐって」自治大学校『自治研修』第9号

佐久間彊（1961）「広域行政と地方自治」『自治研究』第37巻9号

佐久間彊（1963）「地方自治への抵抗」『自治研究』第39巻7号

佐久間彊（1965）「府県合併論の推移」『地方自治』206号

佐藤竺（1965）『日本の地域開発』未来社

佐藤竺（1980）「地方自治の問題状況」佐藤竺編著『地方自治の変動と対応』学陽書房

佐藤功（1979）『法律学全集7－I行政組織法〔新版〕』有斐閣

佐藤俊一（2010）『日本地方自治の群像〔第1巻〕』成文堂

佐藤達夫（1955）「憲法第8章覚書－その成立の経過を中心として－」自治庁記念論文編集部『地方自治論文集』地方財務協会

佐藤慶幸（1991）『官僚制の社会学〔新版〕』文眞堂

参考文献

澤井勝（1993）『変動期の地方財政』敬文堂

塩野宏／石原信雄／松本英昭（2000）『21世紀の地方自治を語る』ぎょうせい

自治省編（1968）『地方自治20周年記念自治論文集』第一法規出版

自治省編（1977）『地方自治30周年記念自治論文集』ぎょうせい

自治省編（1988）『地方自治法施行40周年・自治制公布百年記念自治論文集』ぎょうせい

自治大学校（1963）『戦後自治史Ⅴ（地方自治法の制定）』文生書院

自治大学校（1966）『戦後自治史Ⅷ（内務省の解体）』文生書院

自治大学校編（1969）『戦後自治史ⅩⅠ（地方税財政制度の改革（上巻））』文生書院

自治大学校編（1975）『戦後自治史ⅩⅢ（地方税財政制度の改革（下巻の1））』文生書院

自治大学校資料編纂室（1959）『地方自治庁設置関係参考資料（3）昭和34年1月24日』

自治大学校史料編集室（1959a）『第二次地方財政委員会関係参考資料　昭和34年1月29日』

自治大学校史料編集室（1959b）『内務省解体についての座談会記録　昭和34年7月7日』

自治大学校史料編集室（1961）『「占領下の地方財政」座談会記録　昭和36年2月28日』

自治庁編（1955）『地方自治論文集』地方財務協会

自治庁調査課編（1954）『地方自治年鑑　昭和29年版』時事通信社

柴田護（1950）「地方財政委員会の発足とその性格」『自治研究』第26巻8号

柴田護（1975）『自治の流れの中で－戦後地方税財政外史』ぎょうせい

柴田護（1987）『へそ曲がり官僚ひとり言』時事通信社

下河辺淳（1994）『戦後国土計画への証言』日本経済評論社

下崎光史（1968）「東海三県合併の進捗過程」自治研中央推進委員会『月刊自治研』第10巻4号

清水良次（1974）「国土庁の設置について」『地域開発』119号

島田恵司（2007）『分権改革の地平』コモンズ

社会保障研究所編（1992）『福祉国家の政府間関係』東京大学出版会

首藤堯（1977）「地方自治30年の回顧と展望」自治省編『地方自治30年記念自治論文集』ぎょうせい

首藤堯（1983）「選択と負担－臨調答申をめぐって－」自治大学校『地方自治の現実と未来－自治大学校設立30周年記念論文集－』ぎょうせい

自治省（1997）『行政改革会議ヒアリング資料』

新藤宗幸（1986）『行政改革と現代政治』岩波書店

新藤宗幸（1987）「国地方関係の変容と分析視点」『思想』No.755

新藤宗幸（1988）「日本における社会福祉行政の論理構造－最近の2つの改革を素材として－」日本政治学会編『年報政治学1988　転換期の福祉国家と政治学』

新藤宗幸（1996）『福祉行政と官僚制』岩波書店

神一行（1986）『自治官僚』講談社

参考文献

神野直彦（2001）『「希望の島」への改革－分権型社会をつくる』日本放送出版協会

菅川健二（1967）「公団・事業団の設立と地方自治（一）（二）」『自治研究』第43巻7号-8号

鈴木俊一（1949a）「昨年における地方自治活動の回顧と新地方自治道の確立」地方財政委員会編集『自治時報』2月号

鈴木俊一（1949b）「地方自治庁の使命」地方自治庁編集『自治時報』7月号

鈴木俊一（1951）「講和後の自治体制」『自治研究』第27巻11号

鈴木俊一（1953）「府県論管見」『自治研究』第29巻1号

鈴木俊一（1957）「地方自治の動向」自治大学校『自治研修』第10号

鈴木俊一（1997）『回想・地方自治五十年』ぎょうせい

鈴木俊一（1999）『官を生きる－鈴木俊一回顧録－』都市出版

鈴木慶明（1976）『転換期の地方財政』ぎょうせい

砂子田隆（1963）「新産業都市と後進地域の開発」『地方自治』188号

「政府間関係」研究集団（1983）「地方の時代の発展のために－危機にあたって新たな『地方の活力』をもとめる－」神奈川県公務研修所研究部『季刊自治体学研究』第17号

全国市長会百年史編纂委員会編（1999）『全国市長会百年史』全国市長会

全国知事会編（1967）『府県政白書－その現状と明日への課題』第一法規出版

全国知事会編（1990）『地域政策と府県』第一法規出版

総合研究開発機構・地方自治研究資料センター編（1980）『自治研修叢書　都市化時代の行政哲学－公共サービスの内容と負担』第一法規出版

総理府編（1959）『総理府IV（官庁便覧第4巻）』大蔵省印刷局

副田義也（2007）『内務省の社会史』東京大学出版会

副田義也編（2010）『内務省の歴史社会学』東京大学出版会

髙木健二（2000）「地方自治と総務省～自治省の総務省への統合と地方自治の行方」『自治総研』26巻10号

髙木鉦作（1961）「地域開発と地方自治体」『思想』No.443

髙木鉦作（1974）「知事公選制と中央統制」渓内謙／阿利莫二／井出嘉憲／西尾勝編『現代行政と官僚制　下』東京大学出版会

髙木鉦作（1976）「日本の地方自治」辻清明編集代表『行政学講座第2巻行政の歴史』東京大学出版会

髙木鉦作（1979）「都道府県の事務」全国知事会編『変動期における都道府県政』全国知事会

髙木鉦作（1986）「戦後体制の形成」大森彌／佐藤誠三郎編『日本の地方政府』東京大学出版会

立田清士（1982）『地方自治新書20　計画と財政』良書普及会

田辺国昭（1992）「1950年代における地方財政制度の構造と変容」日本政治学会編『年報政治学1991年度　戦後国家の形成と経済発展：占領以後』

参考文献

田中一昭／岡田彰編著（2000）『中央省庁改革－橋本行革が目指したこの国のかたち』日本評論社

田中二郎／俵静夫／鵜飼信成編（1957）『府県制度改革批判』有斐閣

田中二郎ほか編（1968）『現代地方自治叢書 5　府県制の展望』評論社

田中二郎ほか編（1970）『現代地方自治叢書 6　地方自治 20 年』評論社

谷本有美子（2008）「国による『上からの』自治体統制の持続と変容」森田朗／田口一博／金井利之編『分権改革の動態』東京大学出版会

田原総一朗（1979）『日本の官僚 1980』文芸春秋

田原総一朗（1984）『新内務官僚の時代』講談社

第八軍司令部民事局司法行政部（1949）『都市の地方自治計画』財団法人地方自治協会

地方自治研究会（1953）『地方自治年鑑　1954 年版』時事通信社

地方自治研究会（1965）『自治論集（23）地方行政体制論』地方自治研究会

地方自治職員研修特約取材班（1987）「ルポ・阻まれた地方自治法改正－国会提出見送りに至るまで」『地方自治職員研修』第 14 巻第 189 号

地方自治政策研究会（自治省企画室内）（1980）『自治選書　地方の時代の創造－地方分権実現のための行財政改革』第一法規出版

地方自治総合研究所（1979）『昭和 27 年地方自治法改正の経過と内容－宮元義雄氏ヒアリング』（地方自治法コメンタール研究会討議資料 I ）

チャルマーズ・ジョンソン／矢野俊比古監訳（1982）『通産省と日本の奇跡』TBS ブリタニカ

土山希美枝（2007）『高度成長期「都市政策」の政治過程』日本評論社

辻清明（1969）『新版　日本官僚制の研究』東京大学出版会

辻清明（1976）『日本の地方自治』岩波新書

辻山幸宣（1993）「80 年代の政府間関係－『統制のとれた分権』体制の構築－」日本行政学会『年報行政研究 28 新保守主義下の行政』

津吉伊定（1964）「地域開発における広域行政の問題」『自治研究』第 40 巻 6 号

東京市政調査会（2002）『分権改革の新展開に向けて』日本評論社

東京市政調査会編（2009）『地方自治史を掘る』財団法人東京市政調査会

東京大学社会科学研究所編（1951）『行政委員会』日本評論社

東京大学社会科学研究所編（1974）『戦後改革 3　政治過程』東京大学出版会

内政史研究会（1976）『鈴木俊一談話速記録』

中野晃一（2013）『戦後日本の国家保守主義－内務・自治官僚の軌跡』岩波書店

長野士郎（1962）「地方行政連絡会議の構想」『地方自治』178 号

長野士郎（1963）「『東海 3 県統合構想』を読む」『自治研究』第 39 巻 10 号

長野士郎（1987）『地方自治の展開』第一法規出版

長野士郎（2004）『わたしの 20 世紀－長野士郎回顧録』学陽書房

中村稔彦（2010）「地方財政委員会の創設について（一）」『自治研究』第 86 巻 12 号

中村稔彦（2011）「地方財政委員会の創設について（二）」『自治研究』第 87 巻 2 号

鳴海正泰（1983）「臨調・行革路線と地方自治の危機」『市政研究』No.60

鳴海正泰（1987）『戦後自治体改革史』日本評論社

西尾隆（1987）「セルズニックの『制度』理論」『社会科学ジャーナル』第 26 号（1）

西尾隆（1988）『日本森林行政史の研究』東京大学出版会

西尾隆（1995）「自治体総合計画の展開とその意義」辻山幸宣編『分権化時代の行政計画』財団法人行政管理研究センター

西尾隆（2001）「自治体計画の位置づけとその変化」自治研中央推進委員会『月刊自治研』第 43 巻 505 号

西尾勝（1977）「過疎と過密の政治行政」日本政治学会編『年報政治学 1977　55 年体制の形成と崩壊』

西尾勝（1980）「シンポジウム〈地方自治の新段階をめざして〉国と地方との新たな関係をもとめて」神奈川県公務研修所研究部『季刊自治体学研究第 4 号』

西尾勝（1990）『行政学の基礎概念』東京大学出版会

西尾勝（1998）「地方分権推進の推進過程と地方分権推進委員会の調査審議方針」西尾勝編著『地方分権と地方自治　新地方自治法講座⑫』ぎょうせい

西尾勝（1999）『未完の分権改革』岩波書店

西尾勝（2001）『行政学〔新版〕』有斐閣

西尾勝（2007）『地方分権改革』東京大学出版会

西村美香（1999）『日本の公務員給与政策』東京大学出版会

日本経済新聞社編（1995）『官僚−軋む巨大権力』日本経済新聞社

日本都市センター（1978）『都市経営の現状と課題』ぎょうせい

日本都市センター（1979）『新しい都市経営の方向』ぎょうせい

橋本勇（1995）『地方自治のあゆみ』良書普及会

秦郁彦（2001）『日本官僚制総合事典 1868-2000』東京大学出版会

林敬三／久世公堯（1979）「＜対談＞第 17 次地方制度調査会の答申をめぐる諸問題−林敬三会長に聞く−」『地方自治』384 号

林修三（1955）「内閣法における若干の問題点」『法律のひろば』第 8 巻第 12 号

林健久（1978）「地方財政委員会−シャウプ勧告の実験とその挫折」日高普／大谷瑞郎／斎藤仁／戸谷四郎『マルクス経済学　理論と実証』

林健久（2010）「シャウプ勧告の地方財政委員会論」『地方税』第 61 巻 8 号

林忠雄（1972）「広域市町村圏についての一考察」『自治研究』第 48 巻 1 号

日比野登（1987）『財政戦争の検証−美濃部都政崩壊期の研究』第一書林

平野孝（1994）『内務省解体史論』法律文化社

福良俊之（1964）「広域行政とは何か」『自治研究』第 40 巻 6 号

藤井龍子（1985）「効率的行政への着実な歩み−昭和 59 年度定員管理調査結果速報−」『地方自治』446 号

参考文献

藤田武夫（1960）「自治省昇格と地方自治」『地方自治資料』No.221

藤田武夫（1976）『現代日本地方財政史（上巻）』日本評論社

藤田武夫（1978）『現代日本地方財政史（中巻）』日本評論社

藤田武夫（1984）『現代日本地方財政史（下巻）』日本評論社

降矢敬義（1977）「地方自治を育てる」自治省編『地方自治 30 周年記念論文集』ぎょうせい

本間義人（1992）『国土計画の思想　全国総合開発計画の 30 年』日本経済評論社

本間義人（1994）『証言地方自治　内務省解体－地方分権論』ぎょうせい

前田直哉（1991）「行政のプロの知事　鈴木俊一」日比野登編『東京都知事』日本評論社

三宅太郎（1964）「広域行政と国の地方出先機関の問題」『自治研究』第 40 巻 6 号

牧原出（2003）『内閣政治と「大蔵省支配」－政治主導の条件－』中公叢書

牧原出（2009）『行政改革と調整のシステム』東京大学出版会

松村清之（1953）「地方制度調査会の任務」『自治研究』第 29 巻 9 号

松本英昭（1977）「『田園都市構想』実現のための財源確保に関する一試案」『自治研究』第 53 巻 1 号

松本英昭（1978）「『公営企業金融公庫の改組問題』の経緯及び結末について」『自治研究』第 54 巻 4 号

松本英昭（2011）『自治制度の証言－こうして改革は行われた』ぎょうせい

丸山高満（1977）「第 3 次全国総合開発計画と地方自治（下）」『自治研究』第 53 巻 12 号

丸山高満（1989）「日本における政府間財政関係の特質」大島通義／宮本憲一／林健久編『政府間財政関係論』有斐閣

丸山高満ほか（1978）「これからの地方自治行政－三全総と地域主義」『自治研究』第 54 巻 1 号

丸山康雄（1984）『証言第二次臨調』新地書房

御厨貴／飯尾潤編（2007）『地方自治に生きる－宮澤弘回顧録』第一法規出版

宮沢弘（1968）『新国土計画論』有斐閣

宮沢弘／岸昌（1952）「改正地方自治法解説」『自治研究』第 28 巻 9 月臨時号

水野清（2005a）「回想『行革会議』（一）」『時評』第 47 巻 7 号

水野清（2005b）「回想『行革会議』（六）各省ヒアリングの核心へ　自治省、防衛省」『時評』第 47 巻 12 号

水野清（2007）「回想『行革会議』（第二章二十二）」『時評』第 49 巻 4 号

三好重夫（1970）「地方自治の振興－その基本的な考え方を中心に－」『都市問題研究』第 22 巻第 1 号

村松岐夫（1981）『戦後日本の官僚制』東洋経済新報社

村松岐夫（1988）『地方自治』東京大学出版会

村松岐夫（1994）『日本の行政』中公新書

村松岐夫（1996）「日本における地方分権論の特質」日本行政学会編『年報行政研究31 分権改革』ぎょうせい

村松岐夫／水口憲人編（2001）『分権－何が変わるのか』敬文社

森田朗（1987）「行政組織の編成過程に関する一考察－アメリカ環境保護庁の設立過程を例として」『年報行政研究22 公務員制度の動向』ぎょうせい

森田朗（1988）『許認可行政と官僚制』岩波書店

森田朗（2003）「地方分権改革の政治過程－『三位一体改革』と地方分権改革推進会議」『レヴァイアサン』33号

森田朗編（1988）『行政学の基礎』岩波書店

森本恒雄（1973）「国土総合開発法案と新産業都市・工業整備特別地域」『自治研究』第49巻7号

矢野浩一郎（2005）「特別寄稿講演会『地方交付税発足50年、制度の持続可能性を問う』から　高度経済成長から安定成長へ－地方交付税の成長と質的転換」『地方財政』第44巻5号

山口健治（1966）「地方財政の景気調整機能」『地方自治』229号

山口二郎（1987）『大蔵官僚支配の終焉』岩波書店

山崎克明（1981）「自治体経営論をめぐって」日本行政学会編『年報行政研究15 行政と情報』ぎょうせい

山口務（1978）「特定不況地域対策」『通産ジャーナル』Vol.11, No.9

山本弘（1964）「広域行政をめぐる国と地方公共団体との連絡共同機構－地方行政連絡会議構想をめぐって」『自治研究』第40巻7号

吉岡健二（1962）「後進地域と地方財政－地方財政における財源配分の問題を中心として」『都市問題』第53巻第9号

吉岡健二（1981）『日本地方財政史』東京大学出版会

吉富重夫（1964）「県行政の発展と地域行政構造」『自治研究』第40巻5号

吉富重夫（1972）「日本における行政計画の展開－概念と実態－」日本行政学会編『年報行政研究9　行政計画の理論と実際』

蝋山政道（1953）「中央政府の地方自治に対する関係」『自治研究』第29巻3号

蝋山政道（1964）「広域行政における中央・地方の機構改革」『自治研究』第40巻6号

和田八束（1980）「地方行財政制度改革の方向と問題点－第17次地方制度調査会の答申を中心に」『ジュリスト増刊総合特集No19 地方自治の可能性』

和田八束（1982）『財政危機の克服　もう一つの行財政改革論』東洋経済新報社

〔外国語文献〕

Kurt, Steiner. Local Government in Japan. Stanford University Press.1965.

Selznik, Philip. Leadership in Administration: A Sociological Interpretation. Harper & Row. 1957.(University of California Press,1984, 北野利信 訳『組織とリーダーシップ』, ダイヤモンド社, 1963年)

あとがき

　本書は、法政大学大学院公共政策研究科に論文博士の学位を申請し、2018 年 3 月に学位授与された博士論文「中央政府の『地方自治の責任部局』は、なぜ存続するのか－『代弁・擁護』機能の効用・補完・代替－」を基にしており、出版に際しては、大幅な加筆・修正を行うとともに図表や年表を追加補強した。

　本研究は戦後半世紀 (1947 ～ 2000) の歴史を手がかりに、中央における「地方自治の責任部局」の存続メカニズムについて、組織の機能面からのアプローチにより考察を進めた。通説的な地方の「代弁・擁護」と「監督・統制」に加え、各省に対する「牽制・干渉」という機能を定義し、これらの機能が活性化する環境、組織変容と政策の相互関係を軸にしながら分析を行ったものである。

　戦後日本における「地方自治の責任部局」の組織特性として、中央地方関係を起点にした「代弁・擁護」と「監督・統制」の矛盾はこれまで指摘されてきたが、中央省庁としての組織それ自体に着眼し、組織存続のメカニズムの問題として機能の関係性を指摘した研究は管見の限り見当たらない。自治省の歴史的変遷と組織の特徴的な機能の形成過程をクロスさせながら分析と考察を進め、戦後日本で中央政府におかれた「地方自治の責任部局」の組織存続のメカニズムとして「代弁・擁護」機能と「監督・統制」機能との「補完」関係、そして「代弁・擁護」機能と「牽制・干渉」との「代替」関係といった特質を見出し、日本の省庁研究に一つの視座を提供したことがこの研究の成果といえる。

　他方で積み残した課題も多い。研究のアプローチとして内務省地方局を継承する「地方自治の責任部局」の機能特性に限定し、歴史的検証も地方行財政分野に焦点を絞ったことから、戦後の自治庁や自治省の内部組織を構成してきた、税務・地方公務員・選挙・消防の分野についてはカバーできていない。また、中央地方関係の視点から自治体に対して発揮された機能の検証作業についても

あとがき

不十分である。さらに、ほかの省庁との比較考察や諸外国における地方自治の省庁についての比較検討も対応するに至っていない。こうした材料は、今後さらなる精進に向け、課題としていきたい。

筆者がこのテーマに本格的に着手したのは、東京財団リサーチフェローとして学究に身を転じた2002年4月のことであった。その発端は法政大学大学院時代に地方自治をご教示いただいた岡田彰先生からの資料提供による。自治省研究が博士論文としての構想に堪え得るテーマだと投げ掛けてくださった岡田先生には、占領研究は勿論のこと、独自に収集された研究素材までも惜しみなくご提供いただいた。このきっかけなくして本書は誕生し得なかった。

そこから15年を超える歳月は筆者にとってひたすら試行錯誤の日々であった。論文完成までの期間、岡田先生曰く「ムダの積み重ね」の繰り返し作業には幾度も心が折れかけたが、振り返れば、自治体現場からの転身で研究者としての基礎鍛錬を欠いていた自身にとっては、不可欠な研鑽の時期であったと今は懐かしい。この間、度重なる論文構想の練り直しにもかかわらず、辛抱強く見守ってくださった師の懐深きご対応に感謝の意は尽きない。そうした中で、師からの信頼厚き西尾隆先生の著書『日本森林行政史の研究－環境保全の源流』との巡り合いにより本書の分析枠組みが完結へとたどり着けたことは、不思議な縁の回り合わせと感じている。

また、東京財団リサーチフェロー時代には、田中一昭先生のお計らいにより「道州制研究プロジェクト」や「政府の信頼に関する研究プロジェクト」「中央省庁改革検証プロジェクト」等の末席に名を連ねさせていただいた。政治学・行政学で業績豊富な先生方の議論に交わる中で得た知見の蓄積は、本書のベースラインとなり随所に生きている。

森田朗、金井利之両先生には、東京大学COEプログラム特任研究員の立場のみならず、分担執筆の機会までも与えていただいた。行政学研究をリードする先生方や、院生の皆さんによる研究報告と丁々発止のディスカッションを目の当たりにした研究会はかけがえのない経験で、博士論文執筆の大いなる励みとなった。ここでの研究成果は本書の後半構成にも活用されている。

205

あとがき

　2008 年から研究員として籍を置く公益社団法人神奈川県地方自治研究セン
ターは「地方の時代」の自治体を支えた組織でもあり、その資料の宝庫である。
これらの資料の存在は本書に不可欠であった。業務の合間に文献の渉猟に勤し
む姿を黙認いただいた関係諸氏には改めて深謝申し上げる。

　自身がここまで長きにわたり本書テーマの研究を継続することができたことに
は、多くの方々にいただいたご助力のおかげと、各所の研究会等でご一緒した諸
先輩方からの学びがある。お世話になった方々は枚挙にいとまがなく、紙幅の限
りからすべての方々のお名前まで掲載できない。しかしながら学究への歩みの過
程で、自治体学会企画部会での活動から学問への道筋を示唆してくださった新藤
宗幸先生、法政大学大学院での学びを支え、学位申請にもご尽力をいただいた武
藤博己先生のお力添えが欠かせなかったことは、特に記しておきたい。

　本書の出版に当たって、公人の友社の武内英晴氏には度重なる校正と期日の
遅れで大変ご迷惑をおかけした。赤字で埋め尽くされた原稿の手直しに快くご
対応いただいたことに、心より感謝申し上げたい。大矢野修氏からは編集に対
し有益なご助言と激励があり、単著の初出版に向けた不安の中で大変有難い後
ろ盾となった。また本書タイトル発案者の小島聡先生には、法政大学人間環境
学部でのお心配りとともに、学位申請に踏み出す勇気と応援もいただいた。ポ
ジティブ・マインドのサポートは、自身の向上心の糧となっている。ここで改
めて謝意を表したい。なお、ボランタリーに校正への協力を賜った小笹志都恵
さんには筆者が見落としていた重要なミスを指摘いただいた。日頃のお気遣い
と丁寧な仕事に心からお礼を申し上げる。

　本書は、他界した愛情深き両親、谷本浩一と谷本美枝子に捧げられる。

　2018 年 12 月

谷本有美子

索　引

あ

赤字団体　103, 104, 180
芦田内閣　39, 41, 46, 58
飛鳥田一郎　140
天川晃　2, 4
安定成長　22, 110, 134, 135, 140

い

生田和平　39, 43
池田内閣　130
池田正之輔　51
石原信雄　169-171, 170, 173, 177
五十川統通　150
一般財源化　154, 155, 158-160, 182-184
一般的監督権　32
委任事務　67
今村都南雄　153, 154, 177

え

遠藤文夫　145, 164

お

オイルショック　20, 132, 133, 140, 143, 150
大蔵省　3, 13, 14, 29, 40-42, 48-50, 54-56, 60-63, 76, 103, 107, 132, 150, 158, 164, 167, 170, 179, 181
　——設置法　62, 63

大蔵大臣　11, 42-44, 63, 132, 134, 161
大阪府知事　113, 146, 147
大平首相　157
大平内閣　129, 162
岡野清豪　94
荻田保　38, 40, 73, 147
奥野誠亮　10, 40, 62, 115, 131, 147

か

外局　9, 26, 35, 36, 48, 73, 74, 76, 87, 89, 93, 104, 110, 125-128, 172
格差是正　20, 107, 182
各省縦割り　20, 96, 110, 111, 115, 118, 120-124, 142, 149, 154, 155, 163, 166
革新首長　140, 141, 147
革新自治体　21, 140-146, 179, 181
革新政党　140
霞が関　3, 15, 16, 20, 22, 46, 108, 110, 112, 136, 140, 141, 163, 182, 185
過疎地域緊急措置法　122, 123, 129
過疎と過密　20, 111, 121, 122, 182
片山虎之助　176
片山内閣　41
金丸三郎　10
金丸試案　114
鎌田要人　11
関西経済団体連合会　113
関西経済同友会　113
官制　63, 67, 68, 148
官選知事　147

索引

官治 19
神戸勧告 91, 92, 94, 97, 98
神戸正雄 39, 43
官吏 32
元利償還金 131, 134
官僚機構 4, 5, 10, 19, 21, 26, 27, 45, 67,
　　　146, 178, 184

き

機関委任事務 15, 21, 91, 111, 120, 142,
　　　154-159, 161, 166, 167, 182,
　　　183
議決機関 50-52, 78
岸昌 92, 117, 124, 146, 147
基準財政需要額 131, 159
規則制定権 87
北村徳太郎 42
機能的集権体制 3
木村小佐衛門 69, 71
逆コース（の改革） 19, 21, 22, 66, 67, 91
行革審（臨時行政改革推進審議会） 14,
　　　142, 152, 155
　　第三次―― 166
行政委員会 6, 52, 74, 96
行政改革 14, 17, 140, 149, 150, 151, 153,
　　　158, 160, 163, 169, 176
行政改革会議（行革会議） 169, 171-176
行政監理委員会 157
行政管理庁 48, 58, 59
　　――長官 152, 157
行政機構改革 19, 34, 48, 89, 93, 125
行政機構刷新審議会 48
行政限界論 145
行政守備範囲論 145
行政審議会 125, 127
行政整理 48

行政調査部 34, 35, 37, 38, 61, 62
　　――機構部 34, 36, 61

く

国の行政機関 6, 8, 56, 73, 74, 185, 186
栗栖赳夫 42
クロスナショナル 7
黒田了一 147

け

経済安定9原則 48
経済安定本部 42, 43
経済企画庁 126-128, 135
警察 4, 26, 29, 35, 36, 44
ケーディス 29, 30, 38, 43, 44, 61
建設省 15, 110, 111, 116, 120, 124-126,
　　　128

こ

広域行政機構 111, 118
広域行政需要 110, 117
広域市町村圏 129, 134
公営企業金融公庫 132, 146
合議制機関 6
後見的 15, 26, 31, 33, 67, 140, 177
公社・公団 111
後進地域 20, 130, 131, 137, 140
厚生省 159, 182
厚生大臣 161
公団方式 116
高度成長 4, 19, 20, 22, 110, 111, 113,
　　　121, 122, 124, 132, 133, 136,
　　　140, 142, 180, 182
公吏 32
講和期 4, 19, 67, 180, 183, 185
国政事務 32

208

索引

国土交通省　128
国土政策　111, 127, 129, 136
国土総合開発法　117, 121, 128
国土・地方行政省　128
国土庁　123, 128, 129
　　——地方振興局　123, 128, 129
国土の均衡ある発展　121, 122, 124, 130,
　　136, 140
国土利用計画庁　127
国民所得倍増計画　130
国務大臣　6, 26, 39, 41, 42, 44, 49, 51,
　　56, 69, 71, 74-78, 83, 85, 86, 104
国家行政組織法　8, 74, 86, 158
国家公安委員会　9, 73, 74
国家公益　8, 39, 49, 50, 52, 71, 72, 85
国家財政　3, 11, 20, 41, 62, 95, 106, 133,
　　134, 161, 181
国家消防本部　110
国家地方連絡調整委員会　52, 53
国庫補助金（負担金）　123, 132, 133, 155,
　　158, 159, 163, 176, 181-183
コットレル　73
小林與三次　10, 45
個別行政　3, 15, 16, 20-22, 52-54, 96,
　　107, 108, 110-112, 120, 129,
　　130, 136-138, 140, 142, 155,
　　158, 164, 175, 177, 182, 184-
　　186

さ

再制度化　20, 112, 136
細郷道一　10
財政戦争　146
財政再建団体　104
財政措置　16, 20, 121, 130, 131, 136, 137
斎藤昇　30

財務省　3, 13
佐久間彊　40
佐藤内閣　120, 149
参議院地方行政委員会　55, 59
サンフランシスコ講和条約　66
3条委員会　74
三位一体の改革　14, 176, 184

し

GHQ/SCAP（連合国最高司令官総司令部）
　　3, 19, 26, 37, 44, 48, 60, 71, 79,
　　95, 179
　　——経済科学局（ESS）41, 43, 55
　　——民政局（GS）3, 13, 19, 22, 26,
　　28-34, 36-38, 41, 43-47, 55, 61,
　　62, 67, 90
次官会議　46, 47
自治官僚　5, 10, 13, 16, 17, 92, 95, 97,
　　112, 127, 128, 134-136, 141,
　　142, 145-149, 161, 163, 164,
　　167, 169, 171, 181
自治局　35, 36
自治事務次官　10, 11, 16, 113, 115, 134,
　　143, 160
自治省　2-6, 9-18, 20-23, 54, 66, 90,
　　93, 106, 110-118, 120-125,
　　127-138, 140-158, 162-164,
　　166-177, 180-185
　　——大臣官房地域政策課129
　　——行政局10, 11, 156, 180
　　——行政局長10, 113, 151
　　——財政局10, 11, 135, 136, 144, 156,
　　180
　　——調整室136
　　——財政局長　10, 11, 20, 113, 131, 144,
　　160

209

索引

自治省案　125
自治省設置法　9
自治制度官庁　2
自治大学校　145
自治大臣　10, 113, 115, 123, 131, 132,
　　　　157, 161
自治庁　4-6, 8-10, 12, 19, 22, 66-68,
　　　　89-93, 97, 99, 101-108, 110,
　　　　124-127, 180, 182
　　──長官　104
　　──設置法　8, 19, 89, 90, 110, 180
市町村合併　176
市町村の基本構想　122
市町村優先主義　68
柴田護　10, 40, 73
島田恵司　167
自民党　114, 115, 126, 132, 141, 147
諮問機関　50, 51, 93, 94, 130, 164
シャウプ勧告　4, 69, 72-80, 82-85, 94,
　　　　106
シャウプ使節団　69, 75
社会省　35, 36
衆議院地方行政委員会　50, 55, 83
　　──内閣委員会　50, 51
終戦連絡中央事務局　28, 29
住宅公団　116
首藤堯　136, 160
首都圏整備委員会　126
主任の大臣　93, 100, 101, 104, 110, 171,
　　　　182
主務大臣　35, 83, 98, 100
消防庁　6, 9
所掌事務　2, 8, 35, 36, 45, 49, 50, 53, 54,
　　　　72, 79, 80, 83, 85-87, 95, 104
新産業都市建設促進法　129, 130
人事院　8, 147

新々中央集権　142, 154, 155
新藤宗幸　53, 54

す

スウォープ　30
鈴木行革　158
鈴木俊一　8, 16, 45, 46, 52, 55, 57, 59, 73,
　　　　146, 147, 175
鈴木慶明　135

せ

税源移譲　14, 176, 184
政策革新　141
税制調査会　107
制度化　18, 20
制度官庁　120
制度の運営の時期　19, 112
制度の改革の時期　19, 112
『政府間関係』研究集団　154
政令諮問委員会　67, 89, 91-93, 95
設置法　8, 9, 12, 80, 87
戦後改革　3, 4, 6, 13, 15, 16, 18, 20-22,
　　　　26, 32, 33, 67, 68, 71, 90, 92, 96,
　　　　111, 142, 163, 167, 179, 180,
　　　　184
全国市長会　38, 44, 46, 101
全国選挙管理委員会　6, 8, 9, 49, 67, 89
全国総合開発計画　121, 127, 130
　　第三次──　129, 133, 162
全国知事会　101, 118, 119, 126
全国町村会　38
占領改革　33
占領期　6, 7, 13, 18, 136, 185, 186
占領政策　3, 4, 19, 26, 33, 40, 125

210

そ

総合行政　20, 111, 118-120
　　——主体　111, 120
総合研究開発機構（NIRA）　145
総合出先機関　117
総務省　2-4, 10, 14, 37, 128, 168, 170,
　　173, 176-178
　　——自治行政局　2, 173
　　——自治財政局　2, 173
　　——自治税務局　2, 173
総務大臣　176
総務庁　2, 4, 164, 167, 169, 170, 173, 176,
　　177
総理庁　4, 6, 26, 35, 45, 48, 49, 61
　　——官房自治課　4, 6, 7, 26, 45-49, 52,
　　54-60
総理府　4, 9, 73, 76, 87, 89, 93, 99, 104,
　　110, 127, 128, 145, 170, 171
組織の合理化　95, 96
存続メカニズム　2-4, 17, 21, 23, 167, 168,
　　179, 183, 185

た

大臣庁　9, 171, 172
竹田儀一　39
竹谷源太郎　39
田中内閣　128
団体事務化　158, 159, 161, 182, 183

ち

地域（間）格差の是正　111, 112, 121,
　　122, 129, 130, 137, 182, 183
地域政策　11, 20, 22, 112, 129, 137
地域総合整備事業　134
知事公選制　68, 95, 119, 147, 182
地方委員会　84
地方官官制　32, 35, 67, 68, 182

地方行革　14, 22, 142, 150, 152-154, 166,
　　176, 177, 182
地方行革大綱　153
地方行財政　58, 66, 105, 107, 118, 122,
　　128, 132, 138, 144, 150, 152,
　　162, 171, 172, 175, 181
地方行政　12, 19, 28-30, 32, 34, 35, 39,
　　46, 67, 68, 71, 72, 83-86, 89, 96,
　　99, 124, 125, 137, 148, 159
地方行政簡素化本部　93, 94
地方行政調査委員会議　91, 94
地方行政連絡会議　111, 116-118
地方交付税　11, 14, 106-108, 129,
　　131-134, 147, 159, 160, 176,
　　181, 184
地方公務員　45, 72, 143, 176
地方債　40, 50, 62, 80, 103, 129, 131-134,
　　137, 147, 148, 160, 161, 181
地方財政　3, 11, 13, 19, 20, 33, 38-41,
　　43, 44, 46, 47, 56, 61-64, 69, 71,
　　72, 76, 83-89, 95, 103, 105, 106,
　　108, 112, 129, 130, 132-136, 141,
　　143, 144, 150, 158, 161, 180,
　　181, 184
地方財政委員会　4-6, 8, 10, 19, 22, 26,
　　38-43, 44, 48, 49, 52, 54, 55, 59,
　　60, 62, 66, 67, 69, 71, 75-77,
　　80-91
　　——設置法　77, 79, 80, 83, 85
　　——法　39, 41, 48, 55
地方財政関係閣僚懇談会　42
地方財政計画　13, 104, 144, 160, 161
地方財政再建促進特別措置法　104
地方財政審議会　91
地方財政制度　19, 33, 38, 105
地方財政措置　16

211

地方財政対策　14, 132, 133

地方財政調整制度　14

地方財政の硬直化　141, 143, 144, 150

地方財政平衡交付金（制度）　66, 79, 87,
　　　106, 107

地方財政法　39, 40, 72, 107, 183

地方自治委員会　38, 48, 49, 55-60, 62,
　　　71-78, 84

地方自治委員会議　49-52, 78

地方自治観　4, 15, 19, 22, 26, 27, 29, 30,
　　　31, 33, 61, 67, 140

（財）地方自治協会　134

地方自治研究資料センター　145

地方自治省　171

地方自治政策研究会　163

地方自治庁　4, 6, 8, 19, 22, 26, 48-50,
　　　52, 54, 60, 63, 66, 67, 69, 71-78,
　　　83-90, 172, 175

　　──設置法　8, 48, 49-51, 71, 85

　　──長官　49, 69, 71, 77, 83, 94

　　──連絡行政部　50, 52

地方自治の責任部局　2-10, 12-23, 26, 27,
　　　37, 46, 52, 61, 63, 66-69, 71, 85,
　　　90, 91, 93, 101, 105, 108, 110-
　　　112, 118, 121, 123, 125, 136, 138,
　　　144, 154, 164, 165, 167-170, 173,
　　　175-186

地方自治の発達　19, 22, 26, 27, 33, 163

地方自治の本旨　8, 9, 16, 71, 72, 79, 85,
　　　90-92, 184

地方自治の擁護　31, 33, 36, 37, 90, 91, 172

地方自治法　4, 5, 19, 28, 31, 32, 46, 66,
　　　67, 72, 84, 86, 91, 92, 95, 97-
　　　100, 102, 111, 114, 122, 144,
　　　156, 157, 163, 183

地方自治連絡委員会　53, 54

地方税財政制度改革　40-43

地 方 制 度　2, 31-33, 35, 67, 91, 93-95,
　　　101

「地方」制答申　114, 118

地方制度調査会　93-95, 107, 110, 141,
　　　145, 157

　　第 1 次──　101, 103, 106

　　第 4 次──　113

　　第 8 次──　116

　　第 9 次──　114

　　第 10 次──　114, 115, 156

　　第 16 次──　144, 150

　　第 17 次──　21, 132, 154, 156-158,
　　　162, 163, 166, 180

　　第 18 次──　157

　　第 20 次──　152

地方団体金融公庫　132

地方庁　117, 118

地方長官　32, 68

地方出先機関　15, 30, 97, 116, 117, 159

地方特別官庁　34

地方に対する監督権　31, 32, 34, 36, 37

地方の時代　20-22, 140-142, 154, 162,
　　　163, 179

地方の利益　12, 72

地方配付税　39, 79

地方分権　28-31, 34, 97, 141, 162, 163,
　　　166-168, 172, 173, 174, 175,
　　　180

地方分権一括法　5, 166, 176

地方分権改革　2, 21, 163, 167, 168, 174,
　　　176-178, 186

地方分権改革推進委員会　177

地方分権推進委員会　21, 163, 164, 166-
　　　169, 174

地方分権の推進　21, 23, 154, 162-164,

166, 168, 173, 174, 176
中央行政機構　34, 36, 90, 127
中央集権　19, 20, 28, 64, 67, 90, 91, 104,
　　110, 111, 116, 126, 142, 154,
　　179, 180, 183
中央省庁改革／（中央）省庁再編　2, 4, 10,
　　23, 128, 164, 168, 169, 176, 177,
　　179, 186
中間的行政　102, 103
中部経済団体連合会　113
超均衡予算　79
町村合併　66

つ

通産省（通商産業省）　15, 137

て

定員管理適正化　149, 150, 151
定員適正化計画　153
低開発地域工業開発促進法　129, 130
低成長期　140, 144
ティルトン　43, 57, 59
田園都市構想　162

と

東海3県統合構想　113
東京都知事　43, 146, 147
同型化　74
特殊法人　115, 116
特定不況地域対策　137
独任制機関　49
特別交付税　137
特別地方公共団体　101, 114
独立行政委員会　74
都市経営論　145, 146
土地利用研究会　127

土地利用政策　127
ドッジ　79
都道府県合併促進特別法案　114
都道府県合併特例法案　1150
苫米地義三　42

な

内閣　6, 14, 30, 34, 42, 44, 53, 54, 56,
　　58, 73-75, 77, 78, 83, 84, 86, 94,
　　100, 107, 110, 119, 157, 169, 170,
　　171, 173, 185
内閣総理大臣　10, 35, 49, 52, 56, 59, 72,
　　74, 76, 86, 93, 94, 96, 99-101,
　　104, 170, 173
内閣の行政権　68, 74, 86, 96, 99-101,
　　181, 185, 186
内閣府　8, 93, 170, 177, 178
　　——地方分権推進室　177
内事局　4, 6, 19, 26, 44, 45
　　——官房自治課　45
　　——官房職制課　45
内需拡大　133, 161, 180
内政　19, 34, 35, 97, 112, 124, 127, 148,
　　155, 182
内政省　111, 125, 126
内政省構想　124, 125, 126, 127, 182
内政省設置法案　125, 126
内政の総合化　111, 155
内務官僚　5, 10, 13, 15, 16, 28, 45, 124,
　　125, 147, 162, 175
内務事務　35
内務省　4, 6, 19, 26, 28-32, 34-36, 38,
　　46, 48, 61, 71, 84, 89, 111, 120,
　　121, 123, 126, 127, 136, 162,
　　179, 184
　　——警保局　125
　　——国土局　124-126

213

索引

──地方局　2, 3, 4, 5, 10, 11, 15, 19, 20, 26, 27, 28, 29, 32, 33, 34, 37, 40, 45, 61, 62, 63, 67, 71, 84, 90, 112, 136, 157, 175, 181
──地方局官僚　5, 10, 19, 27, 32, 33, 40, 41, 52, 62, 86, 89, 103, 124, 147, 185
内務省改組（の指示）　26, 28-31, 34-36, 38, 84, 179
内務省解体　4, 10, 26, 27, 38, 44, 52, 66, 85, 86, 110, 124, 125, 141, 171, 179, 182
内務省分権化　28
内務大臣　32, 35, 67, 147
中島忠能　151, 152
中島守利　50
中曽根行革　158
中曽根首相（総理大臣）　152, 153
長野士郎　10, 113

に

西尾末広　42, 62
西尾勝　154, 163, 167
西尾隆　18, 20
二層制　68
（財）日本都市センター　145, 146
　　──都市行財政研究委員会　145-147, 149
二面性　12, 13, 15, 16
任務　4, 8-10, 12, 14, 19, 29, 32, 39, 49, 67, 71, 72, 78, 85, 90, 112, 118, 124, 126, 153

の

農水省（農林水産省庁）　110, 116, 128
農林省　96

ノーラン　57, 58
野溝勝　39, 41, 42, 44

は

橋本行革　4, 164, 169
橋本首相　166, 167, 169
パターナリズム　15, 140, 177
鳩山内閣　125
浜野清吾　147
早川崇　113, 115
林敬三　45, 157, 162
林忠雄　136
バラマキ福祉　144
阪奈和合併構想　113

ひ

非権力的関与　68, 96, 97, 98, 99
標準行政　159, 160

ふ

福祉の先取り　144, 145
福島慎太郎　46, 59
福祉見直し論　141
（都道）府県　2, 3, 19, 20, 32, 34, 35, 46, 51, 67, 68, 69, 78-80, 95, 97, 101-103, 110, 111, 113-123, 126, 137, 143, 153, 158
府県合併　110, 113, 114, 115
府県合併促進論　115
府県政白書　119
（都道）府県知事　32, 35, 39, 67, 68, 96, 98, 99, 100, 115, 116, 118, 122, 134, 147, 158
府県の総合計画　111, 121, 122, 123
府県連合構想　114
藤田試案　172, 173

索引

藤田宙靖　171, 172
普通地方官庁　111
ブラッドショウ　73
文官高等試験　136
分権化　3, 13, 26, 28, 31, 32, 34, 35, 67,
　　　90, 96
分担管理　76, 99, 100, 110, 171
分離型（行政体制）　4, 30, 66, 69, 168
分立体制　4, 6, 22, 66, 77, 83, 85, 88, 89

へ

平衡交付金　69, 80, 82
辺地事業債　131

ほ

ホイットニー　28
　　──覚書（メモランダム）　28, 30-32,
　　　34
ポーター　57
牧民官　33
補助金問題関係閣僚会議　160
補助金問題検討会　160
細川連立政権　166
北海道開発庁　126
本多市郎　77, 83

ま

マーカム　45
前田克巳　61, 62
増田甲子七　51
松浦功　136, 144
マッカーサー　48, 69, 75, 77

み

三木武夫　115
水資源開発公団　116

美濃部亮吉　140, 146
宮沢政権　166
宮澤俊義　61
宮沢弘　11, 92, 127
民主化　3, 13, 26, 40, 67, 92, 96, 179
民主政治　8, 9, 90
民政省　35-38

む

村山内閣　166

め

明治地方制度　32, 33, 35, 91

も

門司亮　83
文部省　96

や

安井誠一郎　39, 43
山田久就　29

ゆ

融合型（行政体制／制度）　2, 3, 4, 12, 167,
　　　168
郵政省　2, 4, 173, 176

よ

吉田内閣　48, 93

ら

ラスパイレス指数　143

215

索引

り

臨時行政調査会　118, 119, 157

　　——第2専門部会　117
　　第二次——（第二次臨調）　14, 20, 22,
　　　　142, 151, 154, 157, 158, 162,
　　　　163, 164, 166, 180
　　——第一次答申　158
　　——第三次答申（基本答申）　142, 158,
　　　　159

臨調答申　119

れ

連絡調整事務局　57, 59

ろ

労働省　137

【著者紹介】

谷本 有美子（たにもと・ゆみこ）

東京生まれ。

法政大学大学院社会科学研究科政治学専攻修士課程修了。

博士（公共政策学）。専門は行政学・地方自治。

北区（東京）職員、東京財団リサーチフェロー、東京大学 21 世紀 COE プログラム特任研究員などを経て、現在、公益社団法人神奈川県地方自治研究センター研究員及び法政大学人間環境学部兼任講師。

主な著作に、『分権社会と協働』（共著、ぎょうせい、2001 年）、『分権改革の動態』（共著、東京大学出版会、2008 年）、『資料から読む地方自治』（共著、法政大学出版局、2009 年）など。

「地方自治の責任部局」の研究

その存続メカニズムと軌跡〔1947-2000〕

2019 年 1 月 30 日　初版発行

　　著　者　　谷本有美子
　　発行人　　武内　英晴
　　発行所　　公人の友社
　　　　　　　〒112-0002　東京都文京区小石川 5 － 2 6 － 8
　　　　　　　TEL 0 3 － 3 8 1 1 － 5 7 0 1
　　　　　　　FAX 0 3 － 3 8 1 1 － 5 7 9 5
　　　　　　　E メール　info@koujinnotomo.com
　　　　　　　http://koujinnotomo.com/